租税理論研究叢書 ······························ 32

災害・デジタル化・格差是正と税制のあり方

日本租税理論学会［編］

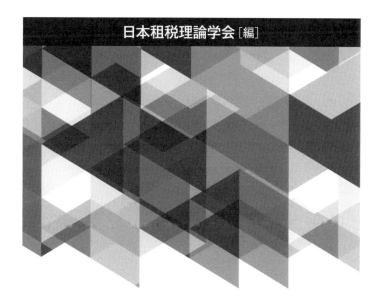

財経詳報社

租税理論研究叢書 32「災害・デジタル化・格差是正と税制のあり方」によせて

　2021 年度（第 33 回）日本租税理論学会の研究大会，会員総会および役員会は，2021 年 10 月 30 日（土）および 31 日（日）の両日，完全オンライン（遠隔）方式で開催された。当初，リアル（対面）開催する計画であった。しかし，新型コロナウィルスの感染状況（コロナ禍）を考慮し，オンライン開催に変更した。前年度に続き，オンライン開催に向けて汗をかかれた本学会事務局担当理事・監事の方々には心からお礼を申し上げる。

　租税理論研究叢書 32 は，2021 年度研究大会での講演，一般報告，シンポジウムでの報告と質疑応答「討論」を収録したものである。

　研究大会では，谷江武士名城大学名誉教授に「コロナ禍における内部留保と課税」についてご講演いただいた。

　続いて，シンポジウム「災害・デジタル化・格差是正と税制のあり方」では，次のテーマで報告が行われた。①東日本大震災被災自治体の復興格差と地方税（粟田但馬会員），② AI・ロボット税の導入論議（泉絢也会員），③デジタル課税における無形資産の取扱い～ネクサスと利益配分の議論を中心に（谷口智紀会員），④適格請求書等保存方式への移行と電子インボイスの課題（山元俊一会員），⑤格差拡大を加速させるインボイス制度～付加価値税の理論及び歴史から読み解く性格規定の再吟味と新付加価値税の構想（松井吉三会員），⑥アメリカ EITC のノンコンプライアンスにおける法的問題点～最近の裁判例を検討素材として（道下知子会員），⑦経済のデジタル化と課税をめぐる国際協調と米国の税制改革（篠田剛会員）。

　また，一般報告として，「課税所得計算調整制度の日米比較」（倉見智亮会員）のテーマで，研究成果が披露された。

　谷江講演では，コロナ禍でも積み増しされる大企業の内部留保に対する課税を積極化させる議論が展開された。

　①粟田報告では，2011 年 3 月 11 日に発生した東日本大震災被災から 10 年を経過した時点での自治体の復興格差と地方税の現状を財政学の視点から丹念に分析した成果を発表された。②泉報告では，AI・ロボット税導入の政策論議を展開された。高度先端技術の発展に伴うロボットという擬人的な存在に対す

る課税のあり方を探ったものである。③谷口報告では，とりわけホットな課題であるデジタル課税における無形資産の取扱いについて，法律的な視角から議論を展開された。④山元報告では，デジタルプラットフォームを介した付加価値税の電子インボイス（デジタルインボイス）について，EU諸国などの実情を中心に紹介された。わが国でも，2023年10月のインボイス方式（適格請求書等保存方式）への移行と同時に電子インボイス（デジタルインボイス）の導入が計画されており，先行的な報告といえる。⑤松井報告では，インボイス方式への移行の問題点を指摘，現行の消費型付加価値税に代えて，帳簿で税額計算ができる所得型付加価値税（外形標準課税）の導入を示唆された。だが，賛否はわかれる。⑥道下報告では，アメリカのEITC（勤労所得税額控除）について，裁判例を素材にして受忍義務の面から法学的に分析・紹介された。事実行為に対する税務支援制度が充実しているアメリカでも争訟が多発し，全員確定申告を前提とするEITCは納税者には余りフレンドリーでないかも知れない。⑦篠田報告では，経済のデジタル化，国境のないプラットフォームエコノミー，データ資本主義の興隆に伴う国際デジタル課税の動きについて，財政学の視角からわかりやすく分析された。ウクライナ戦争の影響もあり，2021年10月の国際合意以降，国際デジタル課税の動きは鈍っているようにもみえる。倉見報告では，課税所得計算調整制度について，自著を基にして，税務会計と税法との接点上の課題について，日米比較で研究成果を発表された。

　これら一連の成果をさらに精査するうえで，各報告者の研究「報告」を基に研究者と実務家が一体となって議論し，本叢書に収録された「討論」は論点を深掘りする意味でも貴重である。議論を深める質問をされた会員およびその質問に真摯に答えていただいた講演者や報告者の方々には，心からお礼申し上げる。

　シンポジウムが非常に充実したものになったのは，司会を務めていただいた望月爾理事および木村幹雄監事のお力によるところが大きい。ご両人に改めてお礼申し上げる。

　末尾ながら，本学会の租税理論研究叢書の発行にご尽力いただいている財経詳報社，同社の宮本弘明社長に心からお礼申し上げる。

石村耕治（日本租税理論学会理事長）

目　次

Ⅱ　一般報告

■執筆者紹介（執筆順）

谷江　武士（たにえたけし）　　名城大学名誉教授

桑田　但馬（くわだたじま）　　立命館大学教授

泉　　絢也（いずみじゅんや）　　千葉商科大学商経学部准教授

谷口　智紀（たにぐちとものり）　専修大学法学部教授

山元　俊一（やまもとしゅんいち）税理士

松井　吉三（まついよしみつ）　　税理士

道下　知子（どうげともこ）　　青山学院大学准教授

篠田　　剛（しのだつよし）　　立命館大学経済学部准教授

倉見　智亮（くらみともあき）　　同志社大学法学部教授

講演
コロナ禍における内部留保と課税

谷 江 武 士
（名城大学名誉教授）

はじめに

　日本では 2020 年 1 月以降，新型コロナ禍による深刻な感染を防ぐために国や地方自治体は，国内外の人々の移動等を規制したため，飲食業やホテル・旅館業そして運輸業等に経営の業績悪化をもたらした。それは非正規従業員や従業員の賃金・雇用の削減・解雇や国民生活に大きな影を落としている。2022年の半ばになってもまだコロナ禍は終息していない。コロナ禍による企業経営や労働者への影響が大きいこの危機打開のために，大企業がこれまで蓄積してきた内部留保を活用して，少しでも日本経済を好循環に回していくことができないだろうか。本稿はこうした問題意識のもとで「コロナ禍における内部留保と課税」と題して考察したものである。まずコロナ禍における企業経営の動向と内部留保概念を見ている。さらに民間の給与実態（人件費），人件費と利益剰余金（内部留保）の推移を見ている。この推移を見ることによって内部留保の大幅な増加と人件費が長期にわたり横ばい傾向となっているのがわかる。さらに利益処分と低率の法人税等負担率，高い配当性向と社内留保率，内部留保増大と賃金の横ばい・賃金格差拡大・雇止め等の実態，それを解決するための税制とりわけ内部留保と課税に関して考察している。

　内部留保（利益剰余金）の急速な増加の要因を付加価値で明らかにした。巨額にたまった内部留保の増加の要因が労働分配率の低下にあり，人件費を抑制したことにあるとの認識の上で，財務諸表における税引前利益に対する実質的な法人税等負担率の軽減，さらに当期純利益の株主への配当金の増額，配当性向の上昇，残りの利益の社内留保（留保利益）の蓄積，ストックの内部留保の

1

急速な増加と位置づけている。

　今日，コロナ禍において大きく積み上がった内部留保の取崩しや活用策の検討が重要になっている。賃上げの場合，税引前当期純利益が減少する。繰越利益剰余金（留保利益）が減少していくのは，賃上げがさらに進んだ段階で取崩しとなる。もう一つはコロナ禍における内部留保課税について見ている。留保金課税は二重課税でない点，さらに内部留保課税について見ていきたい。

I　コロナ禍における企業経営の動向と内部留保概念

1　コロナ禍における企業財務の動向

　財務省の「四半期別法人企業統計調査」（図表1）により，コロナ禍の企業経営の動向をI期（コロナ禍以前，2019年4〜6月），II期（コロナ禍，2020年4〜6月），III期（コロナ禍，2021年4〜6月）の3期に分けて見ていこう。全産業の売上高は，I期346兆円からII期285兆円へ61兆円減少，同様に営業利益も17兆円から6兆円へと11兆円減少している。売上高の落ち込みが△17.7ポイントであるが，営業利益の下落の方が△64.7ポイントで大きいことがわかる。費用のうち人件費は44兆円から41兆円へと3兆円（7.3ポイント）ほど減少している。この背景には，新型コロナ禍による関連倒産が2021年4月までに1400件を突破し，解雇・雇止めも10万人を超えるなど，雇用関係の悪化が続いていることによる。厚生労働省と総務省による雇用の悪化の調査によると完全失業者数は2019年度の162万人から2020年度の198万人へと36万人も増加している。非正規労働者数は，2019年度の2163万人から2020年度の2066万人へと97万人も減少している。[1]さらにII期とIII期を比較すると売上高は285兆円から314兆円に増加し，営業利益や経常利益も増加している。とりわけ営業利益は1.6倍も増えている。コロナ禍のIII期はII期に比べて増収増益であるが，人件費は41兆円から42兆円である。営業外差益（営業利益−経常利益）は6兆円から8兆円に増加している。

　つぎに，財務構造の動向のI期とII期を比較してみる。現金・預金がI期の202兆円からII期の224兆円へ23兆円も増加している。この増加要因は，コロナ不況による先行き資金繰りの不安のために手元に現預金を保有したと考えら

れる。また有価証券が 19 兆円から 15 兆円へ 4 兆円も減少している。これらの金融資産の合計は，221 兆円から 239 兆円へ 18 兆円も増加し，Ⅲ期になると 251 兆円へ 12 兆円も増加している。

長・短借入金や社債の有利子負債は，Ⅰ期の 493 兆円からⅡ期には 544 兆円へと 51 兆円も増加した。これは減収減益のため金融機関からの借入により資金を補充し資金繰りを支えている。また政府の政策による持続化給付金などの補助金が一定の条件（売上高が前年同月比で 50% 以下の場合）のもとで支給され，政府系の金融機関からの融資を受けて資金繰りを行っている。短期借入金が 182 兆円であり，前年同期比で 20.8 ポイントの増加となっている。借入企業は，金融機関に利息を支払い，また短期借入の借換えに際しても保証料（手数料）の支払いで負担が重くなっている。

純資産はⅠ期の 747 兆円からⅡ期の 737 兆円へと 10 兆円も減少し，このう

図表 1　コロナ禍における企業財務状況の変化（全産業）　　　　　　（兆円）

四半期決算 4 月～6 月期	① 2019.4 ～6 Ⅰ期（兆円）	② 2020.4 ～6 Ⅱ期（兆円）	前年 同期比 （兆円）	前年同期 比（%） 伸び率	③ 2021.4 ～6 Ⅲ期（兆円）	前年 同期比 （兆円）	前年同期 比（%） 伸び率
売上高	346	285	−61	−17.7	314	29	10.2
営業利益	17	6	−11	−64.7	16	10	166.7
経常利益	23	12	−11	−47.8	24	12	100.0
人件費	44	41	−3	−7.3	42	1	2.4
現金・預金	202	224	23	11.2	233	9	4.0
有価証券	19	15	−4	−21.1	18	3	20.0
設備投資	11	10	−1	−9.1	10	0	0
長・短借入金， 社債	493	544	51	10.3	582	38	7.0
純資産	747	737	−10	−1.3	751	14	1.9
利益剰余金 （内部留保）	467	459	−8	−1.7	458	−1	−0.2

（注）（1）金融業・保険業を含んでいない。
（出所）（1）財務省「四半期別法人企業統計調査」2020 年 9 月 1 日。
　　　　（2）ニッセイ基礎研究所，2021 年 1 月 12 日。
　　　　（3）半沢智「コロナ禍で見直される内部留保―人件費抑制はもろはの剣」2021 年 3 月 1 日日経 SG。
　　　　（4）財務省「四半期別法人企業統計調査」2021 年 9 月 1 日発表。

ち利益剰余金（内部留保）も I 期の 467 兆円から II 期の 459 兆円へ 8 兆円も減少している。これはコロナ禍で税引前当期純利益が減少したにもかかわらず株価維持のために配当性向を高くしたためにフローの内部留保が減少（繰越利益剰余金が減少）したためと考えられる（図表 5 参照）。

　さらに II 期と III 期とを比較すると，現金預金や有価証券の金融資産はやや増加している。設備投資は 10 兆円で横ばい傾向である。借入金や社債の有利子負債は，544 兆円から 582 兆円へ 38 兆円も増加している。利益剰余金は 459 兆円から 458 兆円へ 1 兆円の減少で，前期に比べ好転している。

2　内部留保概念とその取崩しについて

　あらかじめ複式簿記のもとで内部留保とその取崩しがどのように行われるかについて見ていこう。

　賃金や給与そして社会保険料などの人件費は，損益計算では費用となる。収益から人件費などの費用を控除することによって税引前当期純利益が計算される。

　賃金が現金預金で支払われるとき，仕訳は，（借）給与・賃金（貸）現金預金となる。給与・賃金が上がるとその分だけ現金預金が出ていく。同時に給与・賃金は費用であるので，賃上げ分だけ税引前当期純利益が少なくなる。さらに賃上げが行われると，税引前当期純利益が少なくなり留保利益も少なくなる。逆に賃金を削減し従業員をリストラすると賃金・給与は少なくなり税引前当期純利益が増え，利益剰余金（内部留保）が増える。

　税引前当期純利益をもとにして株主に対して配当金を支払う場合，会社法にもとづいて配当しなければならない。①配当金の 10 分の 1 以上を資本準備金もしくは利益準備金（これらは法定準備金）として積み立てることが義務づけられている。そして②積立限度額は，法定準備金が資本金の 4 分の 1 に達するまで積み立てる。①と②のいずれかの金額で少ない金額を利益準備金として準備しなければならないと定められている。このような法定準備金と「その他剰余金」は，ともに資本金とならなかった部分であり，資本市場から収奪された留保利益と同様に運用可能な利益留保ないし資金留保と考えられる。2006 年 5

月施行会社法では資本準備金を「その他資本剰余金」を組み替えることにより，これを分配可能な配当や処分する場合には株主総会や取締役会の決議により可能となったのである。こうした会社法の規定から赤字の場合，資本準備金の取崩しを行い株主配当をする場合に資本準備金をその他資本剰余金に振り替える実務が行われている。[2]

　税引前利益を超える額の賃上げをした場合に税引前当期純利益は少なくなり，さらに法人税等の支払いをすると当期純利益となる。これをもとにして株主に配当金を株価維持のために支払うとその残りは留保利益となる。留保利益とそれ以外の内部留保の部分つまり貸倒引当金や退職給付引当金そして資本剰余金等の内部留保は，その実態分析にもとづいて内部留保の項目について詳細な検討を行っている。[3]

Ⅱ　人件費と利益剰余金（内部留保）そして付加価値配分の推移

1　人件費の推移とその内容

　コロナ禍の中で人件費が44兆円から41兆円へと減少している点を見た。利益剰余金（内部留保）はⅠ期からⅡ期にかけて8兆円も減少している。コロナ禍の不況期に内部留保である利益剰余金が減少しているが，前述したように繰越利益剰余金が減少したと考えられる。

　この人件費の実態を国税庁が発表した「民間給与実態統計調査」によると民間の給与総額（図表2）では，2000年に216兆円であったが，2009年のリーマンショックで給与総額が192兆円，給与所得税7.5兆円，平均給与1人当たり405万円に落ち込んでいる。さらに2012年には給与総額が191兆円に減少しているが，2019年になって231兆円に回復している。また従業員1人当たりの平均給与は2000年の461万円から2009年の405万円へと年間56万円も減少している。このように平均給与は2000年の461万円と2020年の433万円と比べ20年間に28万円も減少している。このことは正規従業員・非正規従業員数が増えたことにより給与総額が増えているが，1人当たりの平均給与は20年間の長期スパンで見れば減少したと見ることができる。また，2009年以降の給与所得税は7.5兆円から2020年の10.3兆円へと2.8兆円も増えているが，

2020 年には女性の平均給与が，男性給与に比べ 55% で低いことがわかる。
　つぎに最近における人件費の内容について個別企業の経営者と従業員との年収格差を見ておこう。日本企業の上位 5 社の経営者報酬と従業員給与との年収格差を見ると，日産自動車の年収倍率は日本企業の中では 4 位で 25.3 倍の年収格差にもなっており，トヨタ自動車の 24.5 倍よりも高い格差となっている。日産自動車が年収格差で 4 位に入ったが，もし先送りされたとされるゴーン氏

図表 2　民間給与実態（人件費）の推移

年分	給与総額（兆円）	平均給与（万円）
2000 年分	216	461
2001 年分	214	454
2002 年分	207	447
2003 年分	203	443
2004 年分	201	438
2005 年分	201	436
2006 年分	200	434
2007 年分	201	437
2008 年分	201　（8.6）	429
2009 年分	192　（7.5）	405
2010 年分	194　（7.5）	412
2011 年分	195　（8.0）	409
2012 年分	191　（7.8）	408
2013 年分	200　（8.7）	413
2014 年分	203　（8.9）	415
2015 年分	204　（8.9）	420
2016 年分	207　（9.4）	男 521，女 279 計 421
2017 年分	215　（10.0）	男 531，女 287 計 432
2018 年分	223　（11.0）	男 545，女 293 計 440
2019 年分（R.元）	231　（11.1）	男 540，女 296 計 436
2020 年分（R.2）	219　（10.3）	男 532，女 293 計 433

　（注）（　）内の数字は税額を示す。
　（出所）国税庁長官官房企画課『民間給与実態統計調査』2021 年 9 月より。

への 10 億円の報酬を加えると，年収倍率は 40 倍強になる。このように個別企業の人件費の中身を見ると人件費の格差が経営者と従業員とで大きく開いていることがわかる。

　日本企業の中でも日産自動車は，東京エレクトロンやソニーの年収倍率 41.7 倍と並んでトップとなる。日産自動車が経営者と従業員の年収格差が最も大きいことを意味している。米国では，日本以上に高額の役員報酬[4]となっており，2018 年から経営者（CEO）報酬と従業員給与との格差指標であるペイレシオ（payratio）の開示が義務づけられている[5]。

　有価証券報告書の役員報酬額そのものが従業員の給与から見て年収格差が大きいという社会的な批判がある。日本でもペイレシオの開示とともに高額な経営者報酬の見直しが重要な課題となっている。

　富裕層は政府の金融緩和で株価が高くなり，金融資産が増えている。1 億円以上の金融資産を持っている人は税金の負担が軽く預貯金が多い。所得が 1 億円に到達するのを境に，所得税の負担率が低下する。「所得規模ごとに申告所得に対する納税額の割合（実質所得税負担率）を計算すると，所得規模が 1 億円超の人は 28.2% となり，2 億円超の人は 27.4%，5 億円超の人は 24.6%，100 億円を超える人は，18.8% と低下していきます。………応能負担原則に従えば，所得規模が 1 億円を超える人からもっと税負担を求めるべきです[6]。」

　今日，コロナ禍で生活が厳しくなっている現状から所得の再分配が必要となっている。

2　人件費の横ばいと利益剰余金の飛躍的増加の推移

　さらに図表 3 の人件費と利益剰余金の推移を長期的に見ると全産業の人件費は，2009 年から 2021 年にかけてほぼ横ばい傾向である。この期間の利益剰余金（内部留保）は 309.2 兆円から 550.7 兆円へ 241.5 兆円も増加している。この間の利益剰余金の伸び率は，1.78 倍である。また同期間の人件費は 197.2 兆円から 195.4 兆円へ 1.8 兆円の減少となっている。同期間の付加価値の伸び率は 1.03 倍で少ない。したがって 2009 年と 2021 年と比較すると労働分配率は 74.7% から 71.5% へと 3.2 ポイント落ち込んでいる。

図表 3　全産業（金融・保険業を含む）の人件費と利益剰余金の推移

年	2009.3	2010.3	2011.3	2012.3	2013.3	2014.3	2015.3	2016.3	2017.3	2018.3
①利益剰余金（兆円）	309.2	300.7	325.6	315.5	342.0	372.6	403.1	429.2	460.6	507.4
②人件費（兆円）	197.2	196.5	194.8	199.7	196.7	191.8	196.1	198.5	201.8	206.4
①／②（倍）	1.57	1.53	1.67	1.58	1.74	1.94	2.06	2.16	2.28	2.46
付加価値（兆円）	264	263	272	275	272	276	285	294	299	312
労働分配率（％）	74.7	74.7	71.6	72.6	72.3	69.5	68.8	67.5	67.5	66.2

年	2019.3	2020.3	2021.3	2021/2009
①利益剰余金（兆円）	526.0	538.6	550.7	1.78 倍
②人件費（兆円）	208.6	202.2	195.4	0.99 倍
①／②（倍）	2.52	2.66	2.82	1.81 倍
付加価値（兆円）	314	295	273	1.03 倍
労働分配率（％）	66.3	68.6	71.5	0.95 倍

（出所）財務省「年次別法人企業統計調査」各年版より作成。

　最近のコロナ禍で 2020 年から 21 年にかけて利益剰余金は，538.6 兆円から 550.7 兆円へ 1.02 倍も増加している。これに対して人件費は，202.2 兆円から 195.4 兆円へ 6.8 兆円も減少している。このことから利益剰余金の増加は人件費の抑制に依存していると考えられる。このことをさらに付加価値分析により見ていこう。

3　付加価値配分の推移

　つぎに図表 4 の法人企業統計調査により全産業における付加価値配分を見ていこう。リーマンショック後の不況期（2010 年 3 月）に付加価値額は，263.3 兆円，人件費は 196.7 兆円である。2010 年 3 月の労働分配率は 74.69％であった。その後 2012 年 3 月以降の労働分配率は 72.65％から 2017 年 3 月に 67.56％まで下落している。この要因として人件費が 2012 年 3 月の 199.9 兆円から 2014 年 3 月に 192 兆円まで下落したことによる。その後，人件費は 2019 年 3 月に 208.6 兆円に回復したが，労働分配率は，66.24％へ下落したのである。

図表4　全産業における付加価値配分の推移

年月	2010.3	2011.3	2012.3	2013.3	2014.3	2015.3
人件費（億円）	1,967,085	1,948,388	1,999,003	1,968,987	1,920,348	1,958,965
支払利息等（億円）	105,058	88,831	92,323	77,148	93,693	67,492
動産・不動産・賃借料（億円）	295,146	287,126	271,394	264,651	266,861	260,952
租税公課（億円）	95,897	92,846	91,293	89,523	89,429	94,072
営業純益（億円）	170,292	301,984	297,331	323,093	392,760	466,143
付加価値（億円）	2,633,478	2,719,175	2,751,343	2,723,402	2,763,090	2,847,624
労働分配率（％）	74.69	71.65	72.65	72.29	69.50	68.79
労働生産性（万円）	641	671	668	666	690	705

年月	2016.3	2017.3	2018.3	2019.3	2020.3	2021.3
人件費（億円）	1,982.228	2,018,791	2,064,805	2,086,088	2,022,743	1,954,072
支払利息等（億円）	66,952	62,464	61,994	64,966	56,291	60,123
動産・不動産・賃借料（億円）	283,852	271,768	276,195	273,143	266,095	261,616
租税公課（億円）	105,811	110,131	101,690	108,295	106,257	101,279
営業純益（億円）	497,986	524,820	612,446	612,329	495,336	356,197
付加価値（億円）	2,936,829	2,987,974	3,117,130	3,144,822	2,946,721	2,733,287
労働分配率（％）	67.49	67.56	66.24	66.33	68.64	71.5
労働生産性（万円）	725	727	739	730	715	688

（注）（1）人件費＝従業員給与・賞与＋役員給与・賞与＋福利厚生費
　　　（2）付加価値＝人件費＋支払利息等＋動産・不動産賃貸料＋租税公課＋営業純益
　　　（3）営業純益＝営業利益－支払利息等
　　　（4）労働分配率＝人件費／付加価値×100（％）
　　　（5）労働生産性＝付加価値／従業員数
（出所）財務省財務総合政策研究所「財政金融統計月報」第774号，2016年度版及び「年次別法人企業統計調査」2020年10月30日，及び2021年9月1日より作成。

　このように2011年3月以降には付加価値が増大に転じているが，人件費が
それに伴って増加していない。これに対して付加価値に含まれる営業純益は，
2013年3月の32兆円を基点として増加し，2019年3月には61兆円に増大し
ている。付加価値は増大しているが人件費への配分は下落しており労働分配率
は落ちている。

Ⅲ　コロナ禍における利益処分と法人税等負担率の課税問題

1　コロナ禍における利益処分の過程と法人税等負担率

　利益処分の過程（図表5参照）を見ると，税引前当期純利益から法人税等を控除して当期純利益を求める。この当期純利益から株主への配当金を控除し，その残りの利益を社内に留保する。この社内留保した部分は留保利益ともいう。この計算過程をもとに法人税等負担率，配当性向，社内留保率を求めている。

　図表5の法人企業統計年報により全産業の配当性向（配当金／当期純利益×100%）を見ると，2010年3月の当期純利益が9.2兆円に対して12.2兆円の配当金の支払いをしているので133.2%であり，社内留保率は△33.2%である。リーマンショックの不況の中，従業員の賃金や雇用を削減する一方，株主に対する配当金を増やしており，配当性向は100%を超えている。つまり，当期純利益以上に株主に配当金を支払っている。2011年3月以降になると当期純利益は2倍以上になり，社内留保率はプラスに転じ，2016年3月には46.9%，配当性向は53.1%に上昇している。2019年3月には配当性向は42.2%に下落したが，社内留保率は57.7%に上昇して利益の内部留保が進んでいる。コロナ禍で2019年3月に配当性向は42.2%であるが，2021年3月には68.1%へ26ポイントも上昇している。この反面コロナ禍で社内留保率は2019年の57.7%から2021年の31.9%へ25.8ポイントも下落している。社内留保率を低くして配当性向を高くして株主を優遇している。

　法人税等負担率は，2010年3月期に59.27%であったが，次第にその負担率は減少し，2019年3月期になると法人税等負担率は24.17%に減少し，税負担は半減している。この法人税等負担率の大幅な減少は，その分，当期純利益の増加をもたらしている。この増加によって配当金額が増え，内部留保（留保利益）が増えている。この結果，利益剰余金が増加している。

　法人税負担を軽減するために準備金制度によって所得の一部を当面課税の対象から除外し，企業の税負担を軽減することによって，その分だけ企業の内部留保を促進し，自己資本を増加させることを狙いとしている。準備金制度は，租税特別措置の1つの項目である。[7]

　経営者は，自社の株価を高めるために配当性向や配当金そして総配分性向を高くして株主を集め，企業価値を高める。上述のように企業内に純利益を内部留保する割合（社内留保率）を見ると，最近では税引後純利益の3割から6割

図表5　利益の処分と法人税等負担率及び社内留保（フロー）（全産業の場合，金融業，保険業を除く）

(単位　億円)

年	税引前当期純利益	法人税住民税及び事業税	法人税等負担率（％）	当期純利益	配当金（　）内は配当性向（％）	フローの内部留保	社内留保率（％）
2010.3	226,478	134,238	59.27	92,239	122,851（133.2）	△　30,611	△　33.2
2011.3	340,740	153,877	45.16	186,864	103,574（55.43）	83,290	44.6
2012.3	363,742	172,353	47.38	191,389	119,005（62.18）	72,384	37.8
2013.3	397,101	158,759	39.98	238,343	139,574（58.50）	98,769	41.4
2014.3	565,366	189,486	33.52	375,880	144,002（38.31）	231,878	61.7
2015.3	603,207	190,105	31.52	413,101	168,833（40.87）	244,268	59.1
2016.3	605,672	187,356	30.93	418,315	222,106（53.10）	196,210	46.90
2017.3	677,919	180,454	26.62	497,465	200,802（40.4）	296,663	59.6
2018.3	809,916	195,209	24.10	614,707	233,182（37.9）	381,525	62.0
2019.3	818,058	197,758	24.17	620,300	262,068（42.2）	358,232	57.7
2020.3	630,434	180,804	28.67	449,630	243,951（54.2）	205,679	45.7
2021.3	—	—	—	385,357	262,437（68.1）	122,920	31.9

　（注）（1）［2006年度調査以前］　内部留保＝当期純利益－役員賞与－配当金
　　　　　　［2007年度調査以降］　内部留保＝当期純利益－配当金
　　　（2）法人税等負担率＝法人税等／税引前当期純利益×100％
　　　（3）社内留保率＝（当期純利益－配当金）/当期純利益×100。内部留保率ともいわれる。
　（出所）財務省『法人企業統計年報特集（各年版）』。

近くが毎年社内留保されている。

2 上場企業の法人税等の課税と法人税等負担率

つぎに上場企業の法人税等負担率（図表6）は，2021年3月期に平均18.9%

図表6　上場企業の法人税等の課税と法人税等負担率

企業名		2020 年度			
		①税引前当期純利益（億円）	②法人税，住民税及び事業税（億円）	③法定実効税率（%）	④法人税等負担率②÷①（%）
トヨタ自動車		18,866	2,893	30.1	15.3
日本電信電話	連	16,525	5,247	30.6	31.8
ソフトバンク G		14,538	0 (注)	30.62	0.0
ソニー G	連	11,923	1,544	30.6	13.0
日立製作所		9,169	2,114	30.5	23.1
KDDI		8,149	2,460	30.6	30.2
ソフトバンク		6,121	2,006	30.6	32.8
任天堂		5,753	1,855	非開示	32.2
三菱商事		4,178	49	30.6	1.2
本田技研工業		3,804	483	30.2	12.7
武田薬品工業	連	3,662	99	30.6	2.7
日本たばこ産業		2,958	373	30.43	12.6
中外製薬		2,884	866	30.5	30.0
キーエンス		2,596	835	非開示	32.2
東京エレクトロン		2,592	569	30.62	22.0
セブン＆アイ H	連	2,587	463	30.6	17.9
大和ハウス工業		2,422	572	30.6	23.6
ダイキン工業	連	2,385	720	30.6	30.2
富士フイルム H	連	2,358	479	30.6	20.3
三菱電機		2,035	159	30.5	7.9
合計・平均		125,505	23,786	30.5	18.9

（注）持株会社，金融業は除く。法人3税（法人税，法人住民税，法人事業税）の負担金額を税引前純利益の
　　　金額で除して実際の負担率を計算。法定実効税率は各社の有価証券報告書に記載されている税率。ソフト
　　　バンクGの法人3税は5百万円（市民税均等割と推定）。
（出所）全国商工新聞　2021年8月30日（本図表は菅隆徳税理士作成）。

であり，全産業の法人税等の平均 28.67% と比べても税負担が軽くなるとその分だけ当期純利益が増えることになる。三菱商事の法人税等負担率は 1.2% である。世界的に活動する総合商社の法人税等は低いといわれている。三菱商事の税引前当期純利益 4178 億円のうち法人税等は 49 億円である。本田技研工業の法人税等負担率は三菱商事の約 10 倍である。ソフトバンク G の法人税等負担率は 0 % である。「なぜこのようなことがおこるのか。現行の外国税額控除制度の仕組みの中に，このような奇現象を必然的に招来する欠陥があるからだ[8]」。この「外国税額控除制度は国際的な二重課税を避けるために設けられたもの」「悪用の余地が多いので，結局は税金を払わない大企業も存在を許し，税源の海外流出をもたらしているのである[9]」。今日，法人税の軽減は世界的な傾向にある。このため法人税の負担は，欧米をはじめ世界的に高くする動きがある。

IV 連結納税制度による税負担の軽減効果と内部留保

1 連結納税制度による税負担の軽減効果

1977 年に連結財務諸表制度が導入されたが，この制度は 1964 年の証券不況期の中でサンウエーブや山陽特殊製鋼の経営破綻時に粉飾決算（親会社の赤字を子会社に移す）が発覚し，この防止策として連結財務諸表制度化の検討が行われた。この結果 1977 年になり証券取引法のもとで連結財務諸表制度が導入された。この制度は，親会社の株式所有による子会社支配が行われるようになり，親会社だけの単独決算から企業集団の連結決算に移行した。単独決算と連結決算の違いは，「個別企業の単独決算による損益は法人としての企業の損益ですからそれは処分可能な利益ということができ，法人所得課税の対象となり，株主への配当や役員賞与など利益処分の基礎になります。これに対して連結決算の損益は経済的実体としての企業集団全体の損益を示し，その大きさを誇示するのに役立ちますが，それは法人としての個別企業の損益ではないので，原則として『所得分配機能』は持ちえないものとされています。連結決算は，『情報提供機能』を持つだけで，その結果が黒字でも労働者への賃金原資とはなりません。[10]」といわれる。

日本では 2002 年度税制改正において連結納税制度が導入された。この制度

はグループ内の各法人の所得金額に必要な調整をした連結所得に税率（現行税率30%）を乗じて求める。連結納税制度は黒字会社の利益を赤字会社の損失と相殺し，全体としての課税所得を小さくし納税額を少なくすることができる。この「連結納税制度の導入に伴う税収減」について2002年の日本租税理論学会で取り上げられている。この学会での議論の中で八ッ尾順一氏は，「繰越欠損金だけの話をさせてもらうと，子会社の赤字を一時的に使えると，そうすると結果的に子会社の赤字が少なくなるということですから…連結納税制度を導入することによって本来切り捨てられるべき繰越欠損金が救済される，その分がいわゆる減収になるのではないか[11]」。と述べている。この制度では法人税を2％上乗せする連結付加税が設けられていたが2004年度の税制改正で，これが廃止された[12]。また木下勝一氏は，「今の連結納税は，減税効果が1番基本にあり，税収減と引き換えに付加税を課すというのが財務省の話でありますが，これではたまらないというのが財界の考えであると思います[13]」と税収減と引き換えに付加税を課すと述べている。

　三菱東京ファイナンシャル・グループが連結納税を導入した最初であるが，2005年度からは「りそなグループ」も連結納税を導入した。傘下銀行の欠損金を合算すると毎年100億円以上の税負担の軽減が見込めるといわれている。これによって利益の社外流出を抑え，内部留保を高め税務体質を改善できることになる[14]。

　また，連結納税「制度の利用は，連結グループ内の法人の欠損金と所得との通算により，節税効果をもたらす。…単体での申告では欠損金が発生した場合，欠損金の繰延制度により翌期以降に節税効果がもたらされるが，連結納税制度を利用した場合に欠損金の発生年度にグループ内の他法人の所得と通算され，早期に節税効果がもたらされるという観点からの利点もある[15]」。

2　グループ通算制度への移行（2022年4月）

　2020年度税制改正により連結納税制度から「グループ通算制度」という新しい制度に変わる。グループ通算制度は従来の損益通算という連結納税制度を維持しつつ，法人税計算から申告・納税は，企業グループ内の各企業が行う制度

である。税金計算に修正が発生した場合に再計算作業がグループ全体でなく当該修正企業だけで済むなど事務負担が軽減される。

　グループ通算制度が適用できる法人は完全支配関係にある他の内国法人であり，間接的に外国法人が介在する場合はこの制度は適応できない。外国税額控除や研究開発税制は従来と同じ税額控除が受けられる。「制度開始前に親会社が抱えていた繰越欠損金が使いにくくなることである。…連結納税の企業は自動的にグループ通算制度に移行し，親会社の繰越欠損金は親会社に限らずグループ全体の所得に使える。グループ通算制度は単体納税からよりも連結納税からグループ通算に移行したほうが税金の支払いを抑えるためには有利である」[16]といわれる。

V　コロナ禍における賃上げと内部留保課税

1　コロナ禍における個別企業の賃上げと内部留保の取崩し

　コロナ禍における賃上げや雇用維持のために賃金支払い等に資金が使われる。賃金が現金預金で支払われた場合には，通常複式簿記のもとでその仕訳は，（借）賃金（貸）現金預金となる。賃金支払いが増大すると，その金額だけ現金預金が支出される。同時に賃金は費用であるので，賃上げにより税引前当期純利益が少なくなる。さらに賃上げが行われた場合には税引前当期純利益が少なくなり税引前当期純損失（赤字）になる。赤字になると留保利益も少なくなり，取崩しとなる。

　このように各企業の賃上げの場合には税引前当期純利益を計算する前の段階で（借方）賃金（貸方）現金預金，この仕訳によって税引前当期純利益が減少していく。留保利益が減少していくのは，賃上げがさらに進んだ段階であり，同時に賃上げによって借方の現金預金が減少していくと同時に繰越利益剰余金（利益剰余金）も減少していくと考えられる。

2　コロナ禍における内部留保課税

　つぎにコロナ禍における内部留保への課税について見ていこう。今日ではコロナ禍を克服するために内部留保課税が注目されている。

醍醐聰氏は，特定同族会社における内部留保課税について検討したのち，日本における内部留保課税についてつぎのように述べている。「社会的にみて不公正な形で企業内部に留保された利益を社会に還元し，雇用と社会保障の充実のための財源として活用することを目的として，従来の法人税を補完する内部留保税を創設することには十分な正当性と有用性がある。ここでいう内部留保税は企業を取り巻くマクロのステークホルダーを犠牲にし，雇用と社会保障の負担を社会的弱者や国に押し付けることによって積み上げられた留保利益に対して現時点で低率の付加税を課して社会に還元させることを目的にしたものである」といわれており，「内部留保税は企業がこれまで社会的にみて不公正に得た利益のうち，過去の法人税で完全に回収されず，留保利益となった部分（＝不公正に得た税引前利益×［1－法人税率］）に対して低率の付加税を課そうとするものであるから，課税済みの留保利益に再度課税するものという指摘はあたらない」[17]。また「留保利益とは課税の履歴のない利益の累積である」[18]との観点から留保利益課税は，二重課税に当たらないという。

　石村耕治氏は，留保金課税制度についてアメリカの法人留保金課税制が参考になるといわれる。「連邦課税庁は，法人が『事業のための合理的必要性』もないにもかかわらず，配当を行わずに法定許容限度額を超える所得を留保していると判断する場合，それを租税回避目的での課税の繰り延べであると推定し，留保課税所得に対して39.6% の税率［個人所得税の最高税率/ただし 2012 年 12 月 31 日後，現在暫定的に 20%］で追加的に賦課課税することができる」[19]と述べている。アメリカでは事業のための合理的必要性もないにもかかわらず配当を行わないで法定許容限度額を超える所得を留保していると判断する場合留保課税を課すとしている。続けて石村耕治氏は「留保金税（AET）は，閉鎖会社であるか公開会社であるかを問わず適用される。」「法人が無条件で留保できる法定許容限度額は 25 万ドルである。法定許容限度額内であれば，無条件で事業のために合理的な必要性のある留保金額と見なされる。言い換えると，法定許容限度額を超えて過剰に留保金を積み立てる場合，AET のトリガー課税が行われ，法人は『事業のための合理的必要性』を立証できない限り，その留保課税所得（ATI）が過剰な留保額として賦課課税の対象となる。法人はその必要性の主張

を行うための準備が必要となる。[20]」といわれる。

　また小栗崇資氏は，内部留保課税に関して「2001 年以降に蓄積された利益剰余金 155 兆円に対する課税である。人件費削減・法人税減税になって積み上がった 01 年以降の利益剰余金を課税対象にすることは，労働者・国民からすれば自分たちの犠牲や負担分を取り返すことになるであろう。155 兆円の内部留保（利益剰余金）に 20% の課税をした場合，様々な控除についての考慮が必要であるが，単純計算では 31 兆円の税収が生まれる。多額な課税額であるが，内部留保の多くが金融投資（換金性資産）となっており，納税資金を捻出することは可能である[21]」と政策提言がされている。

おわりに

　付加価値配分では，人件費の推移を見ると 2000 年から 2020 年にかけての 20 年間には 1 人当たり平均給与は，国税庁の資料によれば，461 万円から 433 万円へ 28 万円も減少している。ここ 20 年間は平均給与が増えていない。また法人企業統計を見ても，この人件費と利益剰余金の関連を見ると，人件費は 2009 年の 197.2 兆円から 2021 年の 195.4 兆円へと 12 年間に総額で 1.8 兆円減少しているのに対して，利益剰余金は 309.2 兆円から 550.7 兆円へと 241.5 兆円（1.78 倍）に増えている。このように人件費の抑制が利益剰余金の増加に寄与したと考えられる。他方，営業純益は 2010 年の 17 兆円から 2021 年に 35.6 兆円に増加した。営業純益は短期的には減少しているが長期的に見ると増加している。このことも内部留保を増加させる要因になる。

　コロナ禍における利益処分では，賃金支払いは税引前当期純利益の計算前に計上される。賃上げをすれば労務費や給与賞与の費用増加として製造原価や販売費及び一般管理費に計上し税引前当期純利益が減少する。さらに税引前当期純利益から法人税等を控除すると当期純利益が計算される。法人税等負担率は 2010 年 3 月期の 59.27% から 20 年 3 月期の 28.67% に半減している。個別企業ではトヨタ自動車の法人税負担率は 15.3% であり，法定実効税率の約半分であった。法人税の実質負担率が少なくなることは，その分利益が内部留保されたのと同じこととなる。また連結納税制度やグループ通算制度の利用によっても

減税効果がある。ここ 20 年の内部留保の増加は，人件費削減と法人税負担軽減による。

　コロナ禍において大企業の内部留保の活用により，日本経済を好循環に回していくためには，労働組合の賃上げと内部留保への課税が考えられる。大企業では賃上げによる賃金の計上は税引前当期純利益を減少させ，ひいては繰越利益剰余金も減少させ，留保利益は少なくなる。結果として内部留保の取崩しになる。さらに内部留保への課税では日本では特定同族会社に適用されている制度であるが，「過去の法人税で完全に回収されず，留保利益となった部分に対して低率の付加税を課そうとするもの」であるので二重課税には当たらない[22]。さらにアメリカの留保金課税の日本での検討やコロナ禍における 155 兆円の利益剰余金を課税対象にする案（20% の課税で 31 億円の税収[23]）は今日ますます重要になっている。

報告関連論文

富岡幸雄［1992］『背信の税制』講談社，1992 年 3 月

日本租税理論学会編［2002］『連結納税制度の検証』法律文化社 2002 年 11 月

角瀬保雄［2005］『企業とは何か―企業統治と企業の社会的責任を考える―』2005 年 7 月

小栗崇資・谷江武士［2010］『内部留保の経営分析―過剰蓄積の実態と活用』2010 年 5 月

会計理論学会［2011］2010 年度スタディ・グループ（代表，谷江武士）「経営分析の現代的課題―内部留保を中心に―」2011 年 10 月

金子輝雄［2012］「確定決算基準が果たしてきた役割」『會計』第 181 巻第 6 号，2012 年 6 月号

醍醐聰［2013］「論攻　内部留保税―その根拠と社会的意義―」『會計』第 184 巻第 1 号，2013 年 7 月号

石村耕治［2013］「論説　法人留保金課税制度の日米比較～アメリカの留保金課税制度からわが制度の在り方を探る」『白鷗大学法科大学院紀要』第 7 号，2013 年 12 月

谷江武士［2014］『事例でわかるグループ企業の経営分析』中央経済社 2014 年 4 月

小栗崇資・谷江武士・山口不二夫編［2015］『内部留保の研究』唯学書房，2015 年 9 月 30 日

富田偉津男［2016］「内部留保分析の視角・最新の情報」『税制研究』第 70 号 2016 年 8 月

小栗崇資［2017］「大企業における内部留保の構造とその活用」『名城論叢』第 17 巻第 4 号，2017 年 3 月

田中里美［2017］『会計制度と法人税制―課税の公平から見た会計の役割についての研究』唯学書房，2017 年 4 月 1 日

谷江武士［2018］「第 12 章　生産性分析と従業員の状況」企業分析研究会『現代日本の企業

分析』新日本出版社 2018 年 3 月

金子宏［2019］『租税法（第 23 版）』有斐閣，2019 年

醍醐聰［2019］会計を公共政策にどう活用できるか〜日銀のバランスシート，留保利益課税を題材にして〜」会計理論学会第 34 回全国大会報告要旨集，2019 年 11 月 30 日

小栗崇資［2020］「コロナ禍で求められる内部留保の活用」『労働総研クオータリー』No. 118 労働運動総合研究所，本の泉社，2020 年 12 月 1 日

野中郁江・三和裕美子編［2021］『企業の論点』旬報社，2021 年 6 月 10 日

注

1) 中日新聞 2021 年 5 月 8 日。

2) 小栗崇資・谷江武士［2010］101-103 ページ。

3) 小栗崇資・谷江武士・山口不二夫編［2015］8-31 ページ。なお「内部留保項目の分析」については，同書 117-343 ページに詳しい。

4) 高橋康之「役員の報酬」『企業会計』2019 年，Vol.71 No.4. 44 ページ。米国では社長（CEO）の報酬総額が 18 億 1717 万円，英国では社長が 7 億 2053 万円である。日本の社長（CED）の報酬総額が 4491 万円である。

5) 『週刊ダイヤモンド』2018 年 12 月 15 日，49 ページ。

6) 田中里美・野中郁江「大企業に有利な日本の税制」（野中郁江・三和裕美子編）『図説 企業の論点』旬報社，2021 年 5 月，80-81 ページ。

7) 金子宏［2019］422 ページ。

8) 富岡幸雄［1992］46-47 ページ。

9) 富岡幸雄［1992］47 ページ。

10) 角瀬保雄［2005］112 ページ。

11) 日本租税理論学会編［2002］125 ページ。

12) 角瀬保雄［2005］110 ページ。

13) 日本租税理論学会編［2002］105-106 ページ。

14) 日本経済新聞 2004 年 9 月 7 日付。

15) 吉沢壮二朗「経済の金融化とわが国法人税制の変化」『会計理論学会年報』34 号，2020 年 162 ページ。

10) 日本経済新聞 2021 年 12 月 3 日。

17) 醍醐聰［2013］14 ページ。

18) 醍醐聰［2019］4 ページ。

19) 石村耕治［2013］111 ページ。

20) 石村耕治［2013］112 ページ。

21) 小栗崇資［2020］6 ページ。

22) 醍醐聰［2013］14 ページ。

23) 小栗崇資［2020］6 ページ。なお氏は，「企業からすれば内部留保を取り崩すことができない制度上の問題がある。なぜならば，会社法では内部留保（利益剰余金）は株主のものと解釈されるからである。株主の権利として剰余金に対する請求権があり，剰余金か

ら配当が行われることになっている。他方，非営利の組織では，剰余となった積立金を
取り崩して，非営利目的の事業に対して使うことが認められている」(同上書，4-5ペー
ジ) と指摘している。

谷江先生の講演についての質疑応答

コロナ禍における内部留保と課税

谷 江 武 士（名城大学名誉教授）

〔司会〕

望月　爾（立命館大学）

〔質問者〕

石村耕治（白鷗大学）／鶴田廣己（関西大学）

司会　それでは谷江先生のご講演への質疑を始めたいと思います。石村理事長と鶴田会員よりいくつか質問が出ております。まず，石村理事長より質問をお願いします。

石村（白鷗大学）　今般のコロナ禍で，「内部留保が潤沢にある企業が倒産などを回避でき従業者を護ることができた」とする見方もあります。仮に内部留保に課税するとしても，バランスある課税はどうあるべきか，教えてほしいのです。

谷江（名城大学）　コロナ禍で2020年4～6月の四半期決算では，前年同期比で経常利益が△11兆円も減収となったが，利益剰余金（内部留保）は前年同期比で△8兆円で内部留保が結果的に取り崩されたのと同じと考えられます。

　内部留保（利益剰余金など）が潤沢な企業は，その分だけ手元流動性（現預金や有価証券）が多いと思われますが，大企業によっては投融資（国内外への子会社への投資や企業買収など）に回されている場合などがあります。手元に現・預金が少なく資金繰りが苦しい企業もあります。内部留保（利益剰余金等）は，2000年に入ってから20年以上にわたり急速に増加しており，巨額に蓄積されています。これまで内部留保分析が中心でしたが，さらにその取崩しは可能かの分析，さらに内部留保に対する課税について分析が進められてきました。内部留保に対する分析から進んで，税制や会計理論の視点から内部留保課税を検討することはコロナ禍のもとで重要だと思います。すでに内部留保課税についてすでに述べましたように提言が出ています。新自由主義を克服し，日本の財政・経済政策の中で企業，労働者，中小企業，消費者などを利害関係者として総合的にバランスの取れた租税政策を検討していくことは重要と思います。

司会　次に，鶴田会員，質問用紙に沿って順番に質問をお願いします。

鶴田（関西大学）　内部留保の範囲について狭義と広義の定義が与えられているのですが，広義の資本剰余金をめぐって

は異論もあります。この点，どのように
お考えでしょうか。

谷江（名城大学）　内部留保の範囲は，
これを狭義と広義にわけて解される場合
に内部留保に含まれる項目が異なってき
ます。狭義の内部留保には留保利益，利
益剰余金，広義には資本剰余金，退職給
付引当金などがあります。広義の資本剰
余金をめぐっては，周知のように戦前か
ら今日まで内容は異なりますが論じられ
てきた経緯があります。資本剰余金に関
しては以前から議論もあります。資本準
備金は「資本蓄積過程のうち，資本集積
でなく資本集中に属する蓄積項目であ
る」ので内部留保に含めないとの見解が
あります。他方，「資本準備金は，財務・
金融活動を通じて実現した利益を資本化
するものであって利益留保に含めて分析
を進めなければならない」（大橋英五氏
等）とし実態分析を重視し資本準備金を
内部留保に含めています。

　資本準備金を理論的に内部留保とする
か議論が残りますが，実証的には内部留
保分析としては資本準備金を内部留保に
加えて分析すべきといわれています。
2006年の会社法施行以降，資本剰余金を
取り崩して配当に回す企業が増えていま
す。いずれも損失による利益剰余金がマ
イナスになったため，資本剰余金を取り
崩して配当金支払いを行った事例があり
ます（「日本経済新聞」2009年6月4日
付）。

鶴田（関西大学）　内部留保に対する課
税は「二重課税」との批判がありますが，
この点についてどのようにお考えでしょ
うか。

谷江（名城大学）　法人が一括仮払いの
法人税は，株主の受取配当金への課税の
前払いなので，もし法人の段階で課税さ
れたうえに，株主段階でふたたび課税さ
れると，同一の所得について「二重課
税」になります。それを排除するために
大企業が法人株主として他企業から配当
をうけとると，企業会計上は，収益に計
上されるが，課税所得上では，益金不算
入として取り扱われる仕組になっていま
す。内部留保に対する課税は「二重課
税」といわれます。しかし「内部留保税
は，企業がこれまで社会的に見て不公平
に得た利益のうち，過去の法人税で完全
に回収されず，留保利益となった部分
……に対して低率の付加税を課そうとい
うものであるから，課税済みの留保利益
に再度課税するものという指摘はあたら
ない」（醍醐聰）といわれます。また留保
金課税は，二重課税との見解があります
が，「留保利益は課税の履歴のない利益
の累積である」（醍醐聰）との観点から
二重課税には当たらないといわれます。

鶴田（関西大学）　内部留保の還元の仕
方について，賃金の引上げ，内部留保課
税の新設，法人税の引上げなどがありう
ると思います。先生は，法人税の引上げ
というお考えのようですが，ほかの手段
についてどのように評価されますか。

谷江（名城大学）　まず従業員の賃上げは，

株主への配当金と異なり，税引前利益が出される前に必要費用として差し引かれます。この段階では，賃上げは大きければ大きいほど税引前利益は減少します。この賃上げを一層進めると留保利益を減らし，留保利益の取崩しと同じことになります。さらに内部留保課税の新設については，人件費の抑制，法人税の減税によって巨額の利益剰余金が蓄積されています。この積み上がった内部留保を課税対象にすることによって従業員や中小企業者そして国民に再分配に使っていきます。内部留保の還元方法や課税に関して今後さらに検討する必要があると考えます。

鶴田（関西大学） 連結納税は内部留保の存在を曖昧にするのではないかと思われますが，連結法人の内部留保の実態は現在，どのような状況なのでしょうか。

谷江（名城大学） 連結納税の内部留保について，これまで経営分析を行ってきませんでしたので今後考察していきたいと思います。連結法人の内部留保の実態分析については，これまで多くの研究者によって研究が進んでいます。連結法人の内部留保の実態は，下記の表のトヨタ自動車の場合で見ますと連結利益剰余金はコロナ禍の2020年から2022年にかけて23兆円から26兆円へと3兆円も増加しています。資本剰余金は4,893億円から4,986億円へと83億円の増加にとどまっています。現金及び現金同等物の貨幣性資産も4.4兆円，5.1兆円，6.1兆円です。内部留保に対する現金及び現金同等物の割合はトヨタ自動車の場合でも3期平均で21％です。

司会 以上で谷江先生のご講演への質疑を終わります。谷江先生ご講演と質疑への応答ありがとうございました。

表　連結法人の公表内部留保の実態 (トヨタ自動車)

(億円)

内部留保	2019年3月	2020年3月	2021年3月	2022年3月
連結利益剰余金	209,875	234,276	241,042	264,531
資本剰余金(参考)	4,872	4,893	4,973	4,986
内部留保計	214,747	239,169	246,015	269,517
現金及び現金同等物	37,065(17%)	44,122(18%)	51,008(21%)	61,136(23%)
設備投資	—	—	—	27,373

(注)　設備投資＝(当期末有形固定資産－期首有形固定資産)＋当期減価償却費
　　　（　）内の数字は，現金及び現金同等物÷連結利益剰余金
(出所)　有価証券報告書（各年版）より作成。

I　シンポジウム

災害・デジタル化・格差是正と税制のあり方

2021年 10 月 30・31日　第 33 回大会（オンライン開催）

1　東日本大震災被災自治体の復興格差と地方税

桒　田　但　馬

（立命館大学教授　報告時は岩手県立大学教授）

I　はじめに

　東日本大震災からの復旧・復興に対して，国や地方自治体が大きな役割を果たしてきたことはいうまでもないが，被災自治体の財政対応においては，特例法制度上，国から大規模な財政措置が講じられてきた。そのうち東日本大震災復興交付金（以下，復興交付金）や震災復興特別交付税（以下，復興特別交付税）などの主要な措置は，発災から10年を経過し，復興事業の進捗等を理由に廃止，縮減に至っている。したがって，とくに被害が大きい地域の自治体にとっては，復興状況の見極めが事業実施に影響する一方で，被災自治体共通の中長期的な課題として，ポスト復興を見据えた財政対応が重要になっている。この場合，被災自治体の自主財源である地方税の税収確保が問われる。そのためには大震災下での地方税を総括しておく必要があるにもかかわらず，その実態は復興庁スタッフの制度解説を除くとほとんど明らかにされていない。

　宮﨑（2021）は岩手，宮城，福島の3県の沿岸市町村を対象にして，東日本大震災下の地方税収の推移を整理し，分析した唯一の研究である。それは税収の回復に関して悲観的な見通しを示し，新たな基盤産業の構築を求めている。宮﨑（2021）は掲載誌の紙幅の関係上，詳細な分析に至っていないので，本研究はそれをフォローする。ここでは宮本（2013）を踏まえて復興特区税制を分析対象に加える。また，近藤（2019）などに学び，沿岸と内陸の両方からアプローチしてみる。

　本論は，岩手県と宮城県の沿岸市町村を主たる対象にして，被害の状況や復興の進捗，税制改正の影響などの違いから，市町村間の税収格差に着目し，市

町村税務担当職員等へのインタビュー調査により，地方税の実態を明らかにする。

　本研究では，被災市町村における東日本大震災以降の地方税収の構造的な特徴が鮮明になり，そして，ポスト復興に対する地方税収の可能性あるいは限界が示唆される。したがって，とくに地方財政学の側面から，大災害地方税制の分析方法論の展開に加えて，大災害下での地方税の問題や課題を把握することができる点で重要な意義がある。

II　東日本大震災復興に対する地方税制に関する先行研究

　宮﨑（2021）は被災市町村を対象とする市町村税の分析の意義として，「復旧・復興事業による税収増がなくなれば，地方交付税の動向によっては厳しい財政運営となる可能性」があり，「被災自治体の復旧・復興事業終了後の将来を考える上で大きな手がかりとなる」点をあげる。そして，分析手法として，主な税目の税収を震災前後で把握し，変化率を分析することがあげられる。ここでのポイントは，政令市である仙台市を含む，含まない，という2パターンとなる。宮﨑（2021）では，主な税目の税収は固定資産税の土地分と家屋分を除いて，震災前の水準を上回っていることが明らかにされている。そして，そのなかで大きな税収源である個人住民税所得割の増収の理由として，課税対象所得の増加があげられている。それは税制改正というよりも，復旧・復興事業とくにハード事業の影響であり，主に建設業にかかる個人・企業所得の増加をさす。したがって，増収効果が一時的に終わることがあり，ポスト復興における税収水準の維持可能性に関して悲観的な見通しが示されている。

　こうした分析結果は，被災市町村の市町村税の実態把握やポスト復興に向けた財政対応の課題などにとって示唆に富む。しかし，分析方法論としてはいくつかの不十分さがある。まず，岩手や宮城などの3県，各県の沿岸市町村を個別にみる視点はほとんどなく，したがって，市町村間の差異に注目する発想も見いだせない。また，税収変化の理由の解明にあたっては，基本的なデータの範囲での分析にとどまっており，表面的な説明に終わっている。税制改正はある程度考慮されているが，特例法にもとづく復興増税の影響が考慮されている

かは不明である。さらに，地方税収減に対しては，国が復興特別交付税でカバーする部分があり，この影響を見極める必要がある。

宮﨑（2021）では，東日本大震災復興特別区域法（以下，復興特別区域法）にもとづき導入された復興特区税制が分析対象になっていない。この点では，宮本（2013）は地方税全般を研究対象にしたわけではないが，国内外における過去の経済特区税制を踏まえて，復興特区税制を分析している。宮本（2013）からは，被害の状況や復旧の進捗などを考慮したうえで，復興に向けた地域間格差是正を進めるのであれば，特区対象地域が非常に広範になり，一律適用の措置ばかりとなりつつあることは，制度の効果的な対応の点で望ましくない，という懸念が読み取れる。

以上の点をフォローして分析を進めるにあたって，拙著等において個々の被災市町村の分析を重視してきたことを踏まえて，災害財政研究上の独自の分析視点を簡潔にあげておく。市町村間で被害の大きさが違えば，復興の進捗にも差異が生じうるが，復興のプロセスは地域・自治体の自己努力の他に，国の復興政策や財政措置，国内経済の状況なども影響する。筆者は，それらの影響による復興の進捗の差異に何らかの重大な問題があれば，差異というよりも「格差」と批判的に呼称し，その是正策を検討しようとするスタンスである。本論は，そのことに対して，地方税からアプローチし，たとえば市町村間の税収の差異というよりも，格差が目立ってみられるのであれば，復興格差の一側面として捉えようとするが，まず税収等の構造を明らかにしようとするものである。

本節の最後に，大震災地方税制について復興特区税制を含めて分析する意義を確認しておく。災害税制の役割として災害からの被災者の救済，復興の促進があげられるなか，復興特区税制は復興特別区域制度における主要な措置の1つである。この制度は，東日本大震災からの復興を円滑かつ迅速に進めるため，一定の被害が生じた地方自治体が[1]，2011年12月施行の東日本大震災復興特別区域法にもとづく計画（復興特区税制の場合は復興推進計画）を作成し，国に認められた場合等に，規制・手続の特例や税制，財政，金融上の特例を受けられる仕組みをさす（図1）。復興を進めるうえで，法制上の規制や手続の複雑さなどがその阻害要因になることが問題にされうるので，それを緩和しようとする

図1 復興特区制度の概要

《制度のポイント》
①復興特別区域での規制・手続等の特例，税・財政・金融上の支援
②地方自治体の取り組みにワンストップで総合的な支援を行う仕組み

┌─────────┐
│ 特例措置 │
└─────────┘
- 《規制・手続等の特例》
  - （住宅）公営住宅の入居基準の緩和
  - （産業）漁業権の免許に関する特例
    - 医療機器製造販売業等への参入を円滑にする許可基準の緩和
- 《土地利用再編の特例》
  - 既存の土地利用計画（都市，農地，森林等）の枠組みを超えて迅速な土地利用再編を行う特別措置
- 《税制上の特例》
  - 被災地の産業集積のための投資・雇用・研究開発を促進する税制
  - 地方税減免の減収補填
  - 優良賃貸住宅の投資促進税制
  - 地域貢献会社への出資にかかる所得控除
- 《財政・金融上の特例》
  - 復興交付金
  - 復興特区支援利子補給金
- 《国と地方自治体の協議会を通じて特例措置を追加・充実》

(注) 各特例の内訳は一例にすぎない。
(出所) 復興庁ホームページ・復興特別区域制度欄から筆者作成。

ものである。

　復興庁スタッフの執筆による近藤（2019）にしたがえば，復興特区税制を分析対象にする意義として，以下の点があげられる。「平成29年度末までの復興特区税制の指定件数は5,068件，投資実績は2兆8,352億円となっている様に，被災地の復旧・復興への効果は極めて大きく，また，被災者（個人）や被災事業者（個社）の資産等に対する個別直接的な補助等には自ずと一定の限界があることを踏まえると，税制上の特例措置に期待される部分は決して少なくない」。そのうえで，近藤（2019）は，「税制特例の多くが2020年度末をもって終了することから，被災自治体においても，当該特例の実績や今後の需要等について積極的に調査検証する必要がある」と述べる。この点を本研究に位置づけると，地方税収を時系列で把握するなかで，復興特区税制が与える税収増減インパクトを見極めながら，個人・地域レベルの仕事（経済）の復興に対する効果を分

析することが重要になる。

Ⅲ　東日本大震災被災市町村における地方税収の実態

1　岩手と宮城の沿岸地域の経済復興状況

　東日本大震災の被害の特徴は宮入（2012），桒田（2016a）などに委ねるとして，ここでは岩手，宮城の沿岸市町村の被害状況ならびに復興状況を簡潔に整理しておく（表1）。

　最初に，被害状況である。人的被害は岩手沿岸南部，宮城沿岸に集中している。表には記載していないが，住家被害もおおよそ同様である。全半壊の場合，仙台市は約14万棟に及び，それ以外の宮城沿岸は8.9万棟であり，そのうち石巻市，気仙沼市，東松島市が6割超を占める[2]。

　次に，地域経済の復興状況である。人口の推移は市町村によって大きく異なり，岩手沿岸では大槌町，陸前高田市，山田町，宮城沿岸では女川町，南三陸町，山元町が震災前の水準から20％以上減少している。逆に，仙台市，名取市，利府町は増加している。

　市町村内生産額はほとんどの市町村で震災前から増加している。岩手沿岸の2010年〜2018年の増加率は釜石市21.9％〜田野畑村112.7％で大きく異なるが，いずれの市町村も20％を超えており，宮城沿岸に比して高い水準となっている。

　1人当たり市町村民所得は全市町村で震災前から増加している。岩手沿岸の2010年〜2018年の増加率は久慈市32.3％〜田野畑村66.1％であり，普代村（61.0％），大槌町（59.4％）が上位を占める。宮城沿岸では被害の大きい南三陸町（50.0％），女川町（48.6％），気仙沼市（38.7％）が上位を占める。

　ここで注意を喚起しておきたいのは，市町村内生産額や1人当たり市町村民所得の推移から，地域経済の全般的な復旧は十分になしえたようにみえるが，個々の産業あるいは市町村に着目すると，異なる状況がある。岩手沿岸の市町村内生産額の増大に最も大きなインパクトを与えたのは，建設業である。建設業の生産額をみると，田野畑村は5倍超になり，当村を含め2018年にピークを迎えた市町村における市町村内生産額の増加率が高い[3]。宮城沿岸の場合，建

表1 岩手、宮城の沿岸市町村の社会経済指標

	住民基本台帳人口（人）			人口減少率（10年3月→20年1月、%）	65歳以上人口比率（%）	就業人口（人）	産業構造（%）			市町村内生産額（億円）		1人当たり市町村民所得（千円）		面積（km²）	自治体財政に占める地方税の割合（%）	自治体財政に占める地方交付税の割合（%）	大震災による死者・行方不明者（人）
	2001年3月	2010年3月	2020年1月				第1次産業	第2次産業	第3次産業	2010年	2018年	2010年	2018年				
洋野町	22,054	19,514	16,436	−15.8	30.5	7,728	21.4	30.3	48.3	366	485	1,867	2,576	303	10.5	46.5	0
久慈市	41,557	38,264	34,696	−9.3	26.4	16,255	9.8	27.8	62.4	1036	1,298	2,144	2,836	623	19.6	32.3	6
野田村	5,498	4,884	4,220	−13.6	30.1	2,052	17.7	30.0	52.3	101	158	1,769	2,764	81	9.3	48.7	39
普代村	3,544	3,099	2,628	−15.2	31.5	1,396	21.8	28.9	49.2	88	149	1,952	3,143	70	6.8	53.4	1
田野畑村	4,684	3,976	3,313	−16.7	33.9	1,771	26.4	27.6	46.0	102	217	1,826	3,033	156	4.9	41.9	32
岩泉町	13,360	11,318	9,158	−19.1	37.8	4,896	26.3	21.8	51.9	317	424	1,856	2,596	993	7.9	52.2	10
宮古市	67,727	60,548	51,744	−14.5	30.9	25,568	10.0	25.4	64.7	1,623	2,285	2,002	2,744	1,260	17.7	42.0	569
山田町	21,730	19,461	15,330	−21.2	31.8	8,324	18.6	28.5	52.9	390	558	1,764	2,523	263	15.8	42.7	832
大槌町	18,106	16,171	11,663	−27.9	32.4	6,669	7.8	35.5	56.7	297	518	1,793	2,858	201	17.5	38.7	1,272
釜石市	46,733	40,338	32,977	−18.2	34.8	16,889	7.1	29.5	63.4	1440	1,756	2,197	3,033	441	23.9	27.6	1,146
大船渡市	44,871	41,016	35,849	−12.6	30.8	18,645	10.6	29.2	60.1	1266	1,623	2,144	2,913	323	20.9	33.5	502
陸前高田市	26,746	24,277	18,931	−22.0	34.9	10,587	15.1	28.5	56.4	533	713	1,869	2,585	232	15.3	42.1	1,808
盛岡市	296,064	291,709	288,470	−1.1	21.6	135,535	3.7	13.5	82.8	10,042	10,670	2,744	3,179	886	37.9	15.6	6
気仙沼市	82,728	74,926	62,601	−16.4	30.8	31,603	9.9	26.6	63.5	2,014	2,523	2,014	2,794	332	21.9	36.2	1,432
南三陸町	19,873	17,815	12,691	−28.8	30.1	8,243	23.4	28.0	48.5	404	588	1,993	2,989	163	15.5	43.1	831
石巻市	176,056	163,594	142,638	−12.8	27.2	70,290	8.9	29.7	61.4	4,669	5,908	2,082	2,845	555	27.2	31.8	3,971
女川町	11,748	10,232	6,416	−37.3	33.4	4,907	15.2	32.5	52.3	709	562	2,608	3,876	65	64.7	0.4	872
東松島市	43,409	43,337	39,775	−8.2	23.1	19,885	9.1	25.4	65.4	947	1,103	1,906	2,450	101	20.9	32.3	1,155
松島町	17,144	15,540	13,896	−10.6	30.9	6,842	5.6	19.9	74.4	1,073	376	1,926	2,470	54	30.6	28.9	7
利府町	30,485	34,171	36,090	5.6	16.3	15,844	2.1	21.9	76.0	822	1,018	2,432	3,068	45	46.3	9.0	2
塩竈市	62,089	57,837	53,975	−6.7	27.4	24,714	1.0	23.8	75.2	1,577	1,703	2,099	2,479	17	26.7	22.9	42
七ヶ浜町	21,487	20,991	18,716	−10.8	21.6	9,286	3.3	26.0	70.7	277	376	2,042	2,292	13	38.4	21.9	81
多賀城市	60,660	62,658	62,416	−0.4	18.3	28,453	1.1	21.2	77.7	1,667	1,690	2,330	2,760	20	38.1	11.8	219
名取市	67,119	72,150	79,197	9.8	19.1	32,282	4.5	22.3	73.3	2,088	2,789	2,380	3,052	98	44.7	12.7	992
岩沼市	41,341	44,308	43,995	−0.7	19.7	20,465	3.4	27.1	69.5	1,842	1,975	2,540	3,039	60	48.2	11.5	187
亘理町	35,521	33,648	33,577	−5.8	23.2	16,013	9.4	30.1	60.5	743	932	1,943	2,435	74	34.8	24.8	287
山元町	18,514	16,892	12,227	−27.6	31.6	7,344	11.5	31.8	56.8	368	465	1,918	2,290	65	23.5	40.5	718
仙台市	981,398	1,010,256	1,064,060	5.3	18.3	444,108	0.9	15.1	84.0	40,980	49,314	2,717	3,203	786	40.3	5.3	950

（注）1. 2001年3月末住民基本台帳人口については合併市町の人口の合計としている。
2. 65歳以上人口比率、面積は2010年の数値。就業人口、産業構造は2010年国勢調査による。
3. 地方税と地方交付税の割合は2009年度の数値である。ただし、合併市町のうち宮古市と気仙沼市は2010年度の数値である。
（出所）宮城県ホームページ・統計課報。いわての統計情報。総務省ホームページ・決算カード欄。国勢調査（各年度版）などより筆者作成。

設業のインパクトは大きかったものの，気仙沼市や多賀城市などのように，基幹産業である製造業の業況悪化が著しい。

岩手沿岸の基幹産業である漁業における水揚量・金額（魚市場ベース）は回復のきざしがあったものの，震災前の水準に大きく届いていない[4]。岩手の観光客入込数では田野畑村は40％近く減少し，南部の市町は山田町の増加を除いて震災前には程遠い[5]。製造品出荷額は県単位でみると，震災前の水準を大きく上回っているものの，宮城では石巻圏や気仙沼・本吉圏は震災前の水準にも届いていない[6]。生産額を市町村別でみると，名取市では卸売・小売業や不動産業などが非常に好調であり，また，仙台市に至っては多くの業種で堅調な伸びを記録している。

最後に，未曾有の被害を受けた公共施設等の復旧状況である。この点は既に桒田（2021）で整理されており，簡潔に記載すると，公共施設の整備にせよ，いわゆる面的事業（防災集団移転促進事業など）にせよ，ほぼ終了している。ここで後述する税収との関係で注意を喚起したいのは，面的整備により，民間ベースの宅地造成や住宅再建が進めば，固定資産税収入が回復することになる。他方で，防災公園や災害公営住宅などの整備や被災住宅用地の公有化（復興事業にかかる市町村の購入・被災者の売却）にみるように，民間に代わって公共の用地や施設が増えれば，課税客体が縮減する。

2　岩手と宮城の沿岸市町村における地方税収の推移と特徴

ここでは岩手，宮城の沿岸市町村（仙台市を除く）を主な対象にして，両県の県庁所在地である盛岡市や仙台市との比較を交えながら，市町村税収の推移を多角的に分析し，その特徴を明らかにする。

分析にあたっては，沿岸市町村および仙台市，盛岡市の税務担当職員等に対して書面等によるインタビュー調査を行った。具体的には，2021年8月に，筆者が書面により事前に研究目的や質問一覧を示し，後日，回答をいただくことにし，電話，対面により補足質問を提示した。この作業の意義は，税収増減等の要因を詳細かつ正確に把握しようと思えば，市町村の担当者に直接コンタクトをとるのが，最も合理的である点に見いだせる。

⑴　地方税全般

本研究では各市町村の 2009 年度から 2019 年度までの主な税目の税収および税収の伸び率を整理した。まず，ここでは紙幅の関係上，盛岡市と仙台市，各県の沿岸市町村の合計，岩手と宮城のそれぞれの沿岸で最も伸び率の高い 2 自治体，最も伸び率の低い 2 自治体の 2009 年度，2014 年度，2019 年度の税収の状況を表にした（表 2 ）。

表 2 から次の特徴がみられる。第一に，岩手と宮城の沿岸市町村の市町村税収（合計）は 2019 年度時点で同程度の伸び率を示すが，そのプロセスには大きな違いがある。前者は早々に震災前の水準を超えている一方で，後者はそうでない。前者の場合，市町村民税法人分の増収インパクトが早くから大きく，後者の場合，固定資産税収の伸びが後になってさらに大きくなった[7]。

第二に，市町村税収の伸び率の差異は岩手と宮城の沿岸市町村間において同程度で，いずれでも大きいが，宮城沿岸市町と仙台市の差異はさらに大きい。大槌町，女川町，七ヶ浜町は税収の回復に時間を要しており，固定資産税収が深刻である。女川町では，当町に立地する女川原子力発電所を管理運営する東北電力の大規模償却資産の減収の影響が非常に大きい。

第三に，固定資産税に次ぐ第 2 位の税収源である市町村民税所得割は，宮城沿岸の半数近くの市町を除いて震災前の水準を回復している。大槌町の場合，岩手沿岸で最も税収が落ち込んだものの，著しい増加を示す。これは 1 納税義務者当たりの所得の増加である。宮城では名取市，岩手沿岸北部の多くの市町村の所得割の伸びが大きく，仙台市はさらに大きい。

⑵　固定資産税

次に，固定資産税収を詳細に分析する。その内訳の推移を土地，家屋，償却資産で整理すると，表 3 のとおりである。

第一に，土地分の固定資産税収は岩手，宮城のいずれの沿岸も震災前の水準よりも低下している。この主な要因として，固定資産税評価額の低下（災害危険区域の指定による）や非課税地積の割合の増大があげられる。とくに岩手沿岸の場合，税収は大きく落ち込み，その後も回復が思わしくない。課税の減免等の減収作用が強くみられる。逆に，仙台市の場合，税収の落ち込みは小さく，

震災前の水準を大きく上回っている。震災後の被災家屋の建て替え需要や地価の上昇の影響がより大きい（仙台市の回答による）。

第二に，家屋分では宮城沿岸の税収は震災前の水準までほぼ回復しているが，岩手沿岸のそれはかなり下回っている。岩手沿岸ではとくに陸前高田市，大槌町の税収の回復が遅く，非課税家屋の割合が突出して高い状況である。宮﨑（2021）で分析されているように，土地分と家屋分は相関関係がみられ，両市町のように，面的事業に時間を要し，新たに課税される土地の造成や家屋の建設が進まないと，税収への影響はさらに大きくなる。

第三に，逆に，償却資産分は岩手沿岸では震災前の水準を大きく上回っており，宮城沿岸では震災前の水準を維持している。とくに被害が大きい市町村ほど，土地分，家屋分とは対照的に増加の程度が大きい（女川町を除く）。この主な要因は国・自治体の復興ハード事業や企業の設備等（再）取得の増大の影響である。仙台市の場合，税収はいったん低下したものの，顕著に増加している。

(3)　市町村民税所得割

次に，市町村民税所得割である。第一に，所得割収入の伸び率は野田村や田野畑村，名取市，仙台市などで大きく，また，個人均等割でも同様の傾向がみられるが，その構造は大きく異なる。岩手の両村では村民税法人均等割，同法人税割も著しく伸びている[8]。この主な要因は，税制改正というよりも，ハードの復興事業の影響であり，主に建設業にかかる個人・企業所得の増加や雇用創出（大手企業の社員の転入など）である。両村の所得割納税義務者数は震災前の水準を超えており，田野畑村の2009年度から2019年度までの伸び率は17.8%に及ぶ[9]。表4は岩手，宮城の沿岸市町村等の1納税義務者当たり市町村民税所得割の推移である。それは岩手沿岸，宮城沿岸北部で大きく伸びている。結果，岩手沿岸では市町村間に加えて，盛岡市との所得割の税収格差は大きく是正されている。

第二に，名取市の所得割の2009年度から2019年度までの伸び率は宮城沿岸で突出して高い。これは，多くの人口流入や好調な地域経済などを背景に，納税義務者の増加率が20.5%で宮城沿岸のなかで最も高く，また，震災前から1納税義務者当たり税収がトップクラスで，かつ震災前の水準を上回っているこ

表2　岩手，宮城の沿岸市町村における

		盛岡市			野田村			田野畑村		
		2009年度	2014年度	2019年度	2009年度	2014年度	2019年度	2009年度	2014年度	2019年度
市町村民税	小計	18,892	21,095	21,228	120	138	190	93	110	127
		100	111.7	112.4	100	114.9	158.7	100	118.1	136.2
	個人均等割	413	489	516	5	7	7	4	5	5
		100	118.4	124.9	100	147.0	148.8	100	119.0	120.1
	所得割	14,587	15,276	16,130	108	111	145	80	79	103
		100	104.7	110.6	100	102.2	134.1	100	98.7	128.8
	法人均等割	1,055	1,125	1,152	6	8	9	7	10	10
		100	106.6	109.2	100	130.4	159.5	100	138.2	134.3
	法人税割	2,836	4,206	3,429	1	13	29	2	16	9
		100	148.3	120.9	100	1239.2	2832.5	100	880.1	504.1
固定資産税		17,710	17,039	17,106	139	128	141	107	108	123
		100	96.2	96.6	100	91.9	101.3	100	100.6	114.9
市町村たばこ税		1,727	2,228	1,972	29	40	30	13	17	14
		100	129.0	114.2	100	137.0	103.0	100	123.8	101.3
事業所税		—	—	—	—	—	—	—	—	—
		—	—	—	—	—	—	—	—	—
都市計画税		2,258	2,097	2,136	—	—	—	—	—	—
		100	92.9	94.6	—	—	—	—	—	—
合計		41,044	42,973	43,150	298	316	376	223	245	277
		100	104.7	105.1	100	106.2	126.1	100	109.9	124.5

		仙台市			名取市			石巻市		
		2009年度	2014年度	2019年度	2009年度	2014年度	2019年度	2009年度	2014年度	2019年度
市町村民税	小計	80,760	89,456	116,320	4,197	4,817	5,199	7,096	7,353	8,183
		100	110.8	144.0	100	114.8	123.9	100	103.6	115.3
	個人均等割	1,400	1,768	1,896	96	123	136	210	236	243
		100	126.3	135.4	100	127.7	141.2	100	112.5	115.7
	所得割	58,650	59,845	88,832	3,375	3,618	4,138	5,742	5,313	6,275
		100	102.0	151.5	100	107.2	122.6	100	92.5	109.3
	法人均等割	4,446	4,981	5,357	266	280	312	388	435	448
		100	112.0	120.5	100	105.4	117.2	100	112.1	115.5
	法人税割	16,263	22,861	20,235	460	795	613	755	1,369	1,217
		100	140.6	124.4	100	172.7	133.2	100	181.2	161.1
固定資産税		68,258	64,275	75,205	4,978	4,814	5,092	7,992	6,404	8,599
		100	94.2	110.2	100	96.7	102.3	100	80.1	107.6
市町村たばこ税		6,740	8,831	7,685	377	586	541	1,086	1,488	1,266
		100	131.0	114.0	100	155.3	143.6	100	137.0	116.6
事業所税		4,756	5,190	5,661	—	—	—	—	—	—
		100	109.1	119.0	—	—	—	—	—	—
都市計画税		13,535	13,013	15,080	778	780	841	1,083	685	1,092
		100	96.1	111.4	100	100.3	108.1	100	63.2	100.8
合計		175,213	182,135	221,797	10,439	11,128	11,870	17,563	16,274	19,584
		100	104.0	126.6	100	106.6	113.7	100	92.7	111.5

（注）　1．仙台市，盛岡市以外は各県沿岸で市町村税収の伸びが最も大きい団体，最も小さい団体の上位2つを
　　　　2．主な税目を記載しているため，各税目の数値を足しても合計の数値にはならない。
　　　　3．各税目の下段は2009年度の税収を100とした場合の増減指数をさす。
（出所）総務省ホームページ・決算カード欄から筆者作成。

市町村税収の推移（主な税目）　　　　　　　　（単位：百万円）

陸前高田市			大槌町			沿岸12市町村		
2009年度	2014年度	2019年度	2009年度	2014年度	2019年度	2009年度	2014年度	2019年度
723	787	824	477	424	509	9,694	11,476	11,823
100	108.9	114.0	100	88.9	106.7	100	118.4	122.0
31	32	31	20	22	20	352	402	392
100	103.1	100.4	100	109.6	100.9	100	114.4	111.4
601	501	638	414	303	424	7,915	7,695	8,794
100	83.4	106.2	100	73.3	102.4	100	97.2	111.1
41	53	56	22	28	29	632	743	762
100	130.0	137.4	100	127.7	132.5	100	117.7	120.6
50	201	99	21	71	36	796	2,636	1,876
100	400.7	196.8	100	336.9	171.1	100	331.2	235.7
883	577	781	511	304	376	12,764	10,717	11,301
100	65.3	88.4	100	59.5	73.6	100	84.0	88.5
118	150	144	125	159	138	1,533	2,138	1,851
100	126.8	121.4	100	126.8	110.0	100	139.5	120.7
—	—	—	—	—	—	—	—	—
24	0	—	—	—	—	24	0.1	—
100	0.4	—	—	—	—	100	0.5	—
1,800	1,567	1,815	1,144	916	1,059	24,576	24,931	25,746
100	87.0	100.8	100	80.1	92.6	100	101.4	104.8

七ヶ浜町			女川町			沿岸14市町（仙台市を除く）		
2009年度	2014年度	2019年度	2009年度	2014年度	2019年度	2009年度	2014年度	2019年度
906	858	872	473	339	478	30,801	31,663	33,901
100	94.7	96.2	100	71.6	101.0	100	102.8	110.1
28	32	33	14	12	11	887	1,007	1,050
100	114.2	115.4	100	87.0	76.1	100	113.5	118.4
824	773	788	359	224	341	25,706	24,268	27,591
100	93.8	95.7	100	62.4	94.9	100	94.4	107.3
28	30	27	34	37	36	1,608	1,745	1,824
100	106.7	95.3	100	111.2	108.8	100	108.5	113.4
26	23	24	67	65	90	2,600	4,643	3,435
100	91.1	92.9	100	97.6	135.3	100	178.6	132.1
1,371	1,104	1,033	3,587	2,846	2,729	37,689	31,162	36,414
100	89.0	81.2	100	79.4	76.1	100	82.7	96.6
72	91	80	58	57	55	4,010	5,529	4,761
100	126.3	110.8	100	98.2	94.0	100	137.9	118.7
—	—	—	—	—	—	—	—	—
85	66	81	—	—	—	4,193	3,195	4,086
100	77.9	95.2	—	—	—	100	76.2	97.5
2,373	2,190	2,119	4,145	3,261	3,289	77,928	72,911	80,954
100	92.3	89.3	100	78.7	79.3	100	93.6	103.9

取り上げている。

表3 固定資産税（市町村分）の内訳の推移

	税収・土地分（百万円）			土地（宅地のみ）非課税地積の割合（%）			税収・家屋分（百万円）			家屋 非課税家屋の割合（%）			税収・償却資産分（百万円）		
	2009年度	2014年度	2019年度	2009年度	2014年度	2019年度	2009年度	2014年度	2019年度	2009年度	2014年度	2019年度	2009年度	2014年度	2019年度
洋野町	165	158	149	8.1	8.6	9.2	286	298	304	2.8	3.1	3.2	97	126	255
久慈市	650	573	525	8.2	8.5	7.8	788	802	817	1.1	1.3	1.3	245	308	374
野田村	37	28	33	6.1	11.9	11.7	73	59	71	1.2	2.3	2.2	27	39	36
普代村	20	20	19	16.1	16.2	17.2	45	42	45	2.0	2.8	2.9	31	38	35
田野畑村	19	15	17	12.3	22.5	17.7	60	48	55	5.6	1.7	1.7	28	45	51
岩泉町	109	90	75	10.7	12.1	12.4	134	128	134	0.9	1.1	1.2	97	113	111
宮古市	1,105	635	708	13.2	13.7	12.6	1,167	955	1,017	1.5	1.7	1.9	564	665	607
山田町	188	98	125	8.9	17.3	26.3	258	165	226	1.4	1.9	3.2	77	121	113
大槌町	146	46	55	11.9	29.5	39.4	258	122	180	1.7	4.6	7.2	88	128	112
釜石市	885	484	549	5.4	11.0	16.4	906	648	711	5.6	0.3	1.1	525	565	604
大船渡市	703	492	543	13.6	14.4	19.9	898	765	894	0.9	1.7	1.3	391	587	454
陸前高田市	322	139	200	7.3	21.4	25.5	449	232	391	2.0	3.0	5.2	107	201	154
沿岸12市町村	4,348	2,777	2,999	10.1	13.5	16.7	5,325	4,267	4,843	2.0	1.8	2.2	2,279	2,936	2,906
盛岡市	6,936	5,899	5,815	10.1	10.2	9.6	8,072	8,252	8,393	2.7	2.8	2.8	2,433	2,655	2,699
気仙沼市	1,142	694	832	7.0	31.7	18.6	1,539	942	1,221	2.2	2.5	3.0	431	593	645
南三陸町	205	79	117	6.9	27.0	36.4	366	193	344	2.5	3.4	3.1	105	184	190
石巻市	2,537	1,540	2,258	7.1	10.5	17.4	3,497	2,451	3,564	1.4	9.0	0.6	1,915	2,376	2,725
女川町	148	68	85	9.6	48.2	54.8	978	834	883	0.5	9.2	17.9	2,458	1,944	1,760
東松島市	561	446	473	9.8	28.4	27.0	775	567	725	0.5	2.4	3.6	212	318	328
松島町	282	227	205	4.3	4.6	5.3	460	407	407	0.3	0.3	0.4	163	188	204
利府町	604	573	650	4.4	5.7	5.4	927	924	904	2.1	2.0	1.8	597	633	623
塩竈市	872	628	715	6.9	10.5	9.7	1,192	840	1,101	1.3	2.6	2.3	344	384	391
七ヶ浜町	364	238	309	7.2	14.5	14.0	340	313	346	0.4	0.3	0.4	567	581	377
多賀城市	1,142	779	1,089	21.2	21.6	20.3	1,441	1,086	1,532	2.3	2.5	2.3	651	533	560
名取市	1,901	1,711	1,744	8.0	9.7	13.4	2,023	2,052	2,311	0.4	1.1	1.4	973	905	891
岩沼市	969	810	897	7.3	15.2	12.1	1,339	1,049	1,246	0.4	0.4	0.4	1,127	1,048	1,155
亘理町	603	430	501	4.0	13.3	11.6	722	569	677	0.3	0.5	1.0	254	270	410
山元町	225	135	151	9.6	43.7	28.1	313	185	250	0.8	13.7	1.7	143	133	293
沿岸14市町村	11,554	8,359	10,026	8.1	18.2	17.8	15,913	12,412	15,509	1.4	4.2	7.1	9,939	10,091	10,551
仙台市	23,381	22,551	26,293	17.5	19.3	17.7	34,450	31,999	36,316	6.9	7.2	7.1	10,049	9,424	12,207

（注）1．非課税地積の割合は非課税地積（m²）と評価総地積（m²）の合計から算出した。非課税家屋の割合は非課税家屋と総棟数（非課税家屋は含まれない）の合計から算出している。
2．宮古市、気仙沼市の2009年度税収は、それぞれが後に合併した川井村、本吉町の分を含む。
（出所）総務省ホームページ・地方財政状況調査個別データ欄、同固定資産の価格等の概要調書欄から筆者作成。

表4　1納税義務者当たりの市町村民税所得割収入の推移　　（単位：千円）

	2009年度	2011年度	2012年度	2014年度	2019年度		2009年度	2011年度	2012年度	2014年度	2019年度
洋野町	72.7	65.9	69.1	72.7	78.8	気仙沼市	82.0	60.3	89.8	88.3	91.3
久慈市	82.7	77.5	85.0	88.6	94.0	南三陸町	77.0	41.0	88.5	82.5	85.4
野田村	67.6	43.3	67.1	79.5	87.1	石巻市	90.9	56.9	97.3	102.7	101.7
普代村	66.3	62.5	66.0	65.0	82.5	女川町	90.5	46.8	111.6	108.0	130.9
田野畑村	69.0	55.1	62.0	67.8	75.5	東松島市	85.9	46.0	85.1	98.3	93.2
岩泉町	74.5	66.1	71.7	71.0	77.2	松島町	84.1	72.4	83.2	88.4	88.6
宮古市	82.8	65.3	87.3	89.8	91.3	利府町	111.5	99.7	113.0	113.1	111.2
山田町	72.1	44.5	77.5	77.8	82.5	塩竈市	95.2	79.6	89.6	88.5	93.0
大槌町	73.7	31.9	76.6	87.6	89.3	七ヶ浜町	95.3	80.1	97.4	97.0	92.8
釜石市	83.5	62.5	91.9	91.2	94.8	多賀城市	106.3	84.9	109.4	105.2	105.7
大船渡市	82.8	59.0	88.3	89.3	93.3	名取市	111.5	94.4	117.0	113.7	113.4
陸前高田市	71.9	36.9	73.1	80.6	82.6	岩沼市	103.3	88.4	105.4	104.5	102.4
沿岸12市町村	79.3	60.1	83.2	85.8	89.6	亘理町	89.3	66.6	89.4	91.7	89.1
盛岡市	113.9	108.5	113.3	116.3	118.0	山元町	78.8	49.0	81.0	83.1	81.7
						沿岸14市町	95.2	71.6	100.1	100.4	100.3
						仙台市	126.1	107.3	127.8	128.4	172.8

（注）宮古市，気仙沼市の2009年度分は後に合併した川井村，本吉町を含む。
（出所）総務省ホームページ・市町村税課税状況等の調欄，総務省提供資料から筆者作成。

とによる。

　第三に，固定資産税収入と同様に，所得割収入も仙台市と宮城沿岸，さらに岩手沿岸との格差が目立つ。仙台市の市税収入（合計）の大きな伸びはとくに所得割の増収によるものであり，所得割の伸び率は宮城沿岸の水準を大きく上回る。実は，これは税制改正がかなり影響している。[10]とはいえ，その分を割り引いても，人口および納税義務者の増加などを背景に，増収の程度が大きい点に顕著な特徴がある。

　第四に，視野を広げて，全国と比較してみる。2009年度から2018年度までの全国市町村の市町村民税所得割収入の伸び率は10.0％，固定資産税収入のそれは0.6％であるので，岩手沿岸では所得割がわずかに上回る一方で，固定資

産税は大きく下回る[11]。宮城沿岸は両税目ともに下回る。これに対して，仙台市は両税目とも大きく上回っており，対照的な状況がみられる。

(4) 復興増税

次に，復興増税と地方税収の関わりである。復興増税とは，東日本大震災復興や防災，減災にかかる国・自治体の諸事業の財源確保（主に復興国債の償還財源）のための特別課税をさす。復興増税については桒田（2016b）で詳細に説明，分析されているので，それに委ねるとして，ここでは地方税収への影響を簡潔に整理する。復興増税のうち地方税の主な対象は道府県民税，市町村民税それぞれの個人均等割であり，年間500円ずつ，計1,000円の引き上げとなる。それは2014年度〜2023年度に全国で適用となり，市町村税にとっては増収を意味する。

以上の制度改正により，個人均等割の納税義務者が震災前の水準を上回る岩手沿岸北部の5市町村，宮城沿岸の4市2町（名取市，利府町など），仙台市，盛岡市では増収効果はより大きい。名取市の2019年度の納税義務者数は約3.5万人であるので，約1.8千万円の増収となる[12]。

3 岩手と宮城の沿岸市町村に対する復興特別交付税と地方税収

復興特別交付税は通常の特別交付税とは別枠であり，被災自治体の復旧，復興に関わる国庫補助事業に伴う財政負担や，復興交付金事業に伴う補完財源を軽減，ゼロにするために相当規模が交付されている。ここで取り扱う地方税法等の特例措置による地方税の減収に対する補塡も算定項目に含まれる[13]。復興特別交付税による補塡（措置）は次の3つのパートからなる。第一に，地方税法等の改正による減収額，第二に，復興特区にかかる減収額，第三に，条例による減免額である。これらに対する補塡額の推移をみたのが，表5である。ここでは紙幅の制約等から，各市町村でどの税目がどの程度補塡されているかまで示していない。各市町村の市町村税収の推移を踏まえて表をみると，次のような特徴が明らかになる。

第一に，各市町村において震災直後で地方税収が最も落ち込む時期に，復興特別交付税による非常に大きな規模の補塡がみられる。たとえば，大船渡市の

2011 年度の市税収入は 2,688 百万円であり，復興特別交付税収入の 1,231 百万円を足すと 3,919 百万円となり，2009 年度（3,906 百万円）や 2010 年度（3,842 百万円）の市税収入を若干上回る水準となる。このことから，東日本大震災で創設された復興特別交付税の存在意義が大きいことがわかる。

　第二に，年度の経過，すなわち，復旧，復興が進むにつれて，地方税法等の規定にもとづく税収見込額に対する補填が小さくなる一方で，2013 年度あるいは 2014 年度から復興特区における課税免除または不均一課税による減収額に対する補填がスタートし，その規模は増大する。それは，被害が大きく，復興に時間を要する市町村では，2017 年度あるいは 2018 年度にピークを迎える。なお，ここから市町村間の税収格差の直接間接の是正あるいは拡大に関して特定の傾向は見いだしにくい。

　第三に，これに対して，条例による地方税等の減免額に対する補填の傾向は，復興に時間を要する市町村であれば，岩手と宮城で異なる。それは，前者の場合，2019 年度，2020 年度にピークを迎えるのに対して，後者の場合，2015 年度，2016 年度にピークを迎える（震災直後の時期を除く）。岩手沿岸のなかで，その補填の金額が 2020 年度までの期間で最も大きい釜石市の場合，固定資産税の減免（津波浸水区域内の土地や家屋を対象とする減免措置）が主な要因である。その根拠条例は「東日本大震災の被災者に対する固定資産税の減免に関する条例」であり，2021 年 3 月 31 日で廃止されている（釜石市の回答による）。

Ⅳ　岩手と宮城の市町村における復興特区税制の実態

　本節では復興特区税制の実態を整理しておく。その枠組みは，復興特区法第 37 条から第 43 条に規定されている。この主な目的としては，被災事業者の事業再建や産業集積の形成・促進，新たな産業創出の支援があげられる。同法第 37 条から第 40 条は主に国税に関する特例であり，地方税への自動連動の影響が及ぶ。また，同法第 43 条は地方自治体の地方税にかかる課税免除等による減収に対する補填措置である。具体的には，復興産業集積区域における地域の雇用機会の確保に寄与する事業にかかる事業税，不動産取得税または固定資産税の課税免除または不均一課税を行った場合の地方自治体の減収に対し，復興

表 5　復興特別交付税・

	2011 年度			2014 年度			
	地方税法等の規定にもとづく減収見込額	条例減免による地方税等の減収額	計	地方税法等の規定にもとづく減収見込額	復興特区における課税免除また は不均一課税による減収額	条例による地方税等の減免額	計
洋野町	3,739	4,804	8,543	6,787	4,311	1,102	12,200
久慈市	20,460	108,572	129,032	44,674	29,179	6,346	80,199
野田村	51,679	23,600	75,279	10,988	5,116	0	16,104
普代村	2,442	7,111	9,553	3,577	6,798	3,174	13,549
田野畑村	21,345	7,276	28,621	6,847	10,606	1,108	18,561
岩泉町	16,109	4,104	20,213	8,660	5,649	2,460	16,769
宮古市	770,649	306,420	1,077,069	265,090	88,468	17,189	370,747
山田町	331,910	191,015	522,925	121,530	23,112	4,039	148,681
大槌町	377,402	223,833	601,235	40,988	8,527	18,211	67,726
釜石市	904,933	428,634	1,333,567	340,814	66,338	12,923	420,075
大船渡市	698,141	532,690	1,230,831	375,686	62,934	24,520	463,140
陸前高田市	432,258	474,579	906,837	103,872	25,469	5,699	135,040
盛岡市	54,304	50,298	104,602	447,761	0	1,915	449,676
気仙沼市	1,857,901	541,198	2,399,099	503,558	98,538	40,608	642,704
南三陸町	420,281	213,051	633,332	165,827	32,195	27,147	225,169
石巻市	5,319,502	3,694,694	9,014,196	1,998,872	179,825	123,168	2,301,865
女川町	229,099	51,764	280,863	71,981	42,398	3,541	117,920
東松島市	1,293,196	721,442	2,014,638	176,674	29,151	20,011	225,836
松島町	64,599	133,001	197,600	18,174	0	3,000	21,174
利府町	64,515	80,241	144,756	52,722	0	3,329	56,051
塩竈市	713,250	347,870	1,061,120	284,201	57,597	274,776	616,574
七ヶ浜町	378,952	415,828	794,780	84,233	0	6,830	91,063
多賀城市	1,720,531	616,865	2,337,396	664,191	6,092	8,774	679,057
名取市	623,139	321,231	944,370	275,755	14,049	19,333	309,137
岩沼市	963,765	335,590	1,299,355	224,118	2,120	16	226,254
亘理町	614,561	216,136	830,697	232,874	3,480	4,857	241,211
山元町	236,422	208,082	444,504	261,904	5,906	24,853	292,663
仙台市	5,743,299	11,717,543	17,460,842	3,712,908	319,717	180,472	4,213,097

（出所）復興庁提供資料から筆者作成。

地方税等減収補填分の推移 (単位：千円)

2017年度				2019年度			
地方税法等の規定にもとづく減収見込額	復興特区における課税免除または不均一課税による減収額	条例による地方税等の減免額	計	地方税法等の規定にもとづく減収見込額	復興特区における課税免除または不均一課税による減収額	条例による地方税等の減免額	計
1,274	67,073	194	68,541	1,722	51,565	0	53,287
12,333	68,992	1,061	82,386	9,322	112,056	0	121,378
6,662	1,347	1,298	9,307	6,469	3,189	13	9,671
2,842	15,237	573	18,652	536	7,967	0	8,503
4,631	7,715	2,533	14,879	3,643	964	1,468	6,075
2,808	6,269	980	10,057	3,873	48,297	331	52,501
58,617	243,784	187,275	489,676	45,395	186,727	191,289	423,411
40,003	42,769	51,532	134,304	34,938	39,378	41,798	116,114
25,949	46,293	39,093	111,335	37,732	38,196	37,846	113,774
52,002	198,075	195,725	445,802	57,339	175,837	223,259	456,435
102,845	260,164	52,309	415,318	80,152	238,424	45,918	364,494
71,014	68,117	97,822	236,953	65,942	49,045	125,470	240,457
97,472	1,571	69	99,112	86,119	1,994	73	88,186
162,725	451,854	174,553	789,132	206,470	374,292	153,790	734,552
68,463	55,674	27,998	152,135	64,753	60,276	11,951	136,980
266,807	400,784	359,959	1,027,550	207,711	391,175	159,570	758,456
35,262	94,377	7,220	136,859	29,230	77,282	957	107,469
75,972	34,106	27,841	137,919	66,580	33,133	40,979	140,692
18,052	2,795	1,704	22,551	14,503	2,722	532	17,757
16,113	0	2,132	18,245	12,163	0	2,829	14,003
50,483	148,880	29,837	229,200	38,115	106,137	5,299	149,551
27,474	2,443	2,446	32,363	20,431	1,693	919	23,043
78,014	44,123	6,290	128,427	56,962	70,885	56	127,903
68,962	68,628	19,251	156,841	53,001	70,918	10,062	133,981
44,018	19,075	722	63,815	35,029	37,494	0	72,523
73,632	55,752	5,619	135,003	45,149	50,371	1,379	96,899
28,666	47,185	21,925	97,776	24,621	40,100	17,554	82,275
1,042,451	643,265	90,991	1,776,707	865,711	552,124	58,368	1,476,203

特別交付税により補塡される（事業税，固定資産税は投資から5年）。

国の認定を受けた復興推進計画において定めた復興推進事業を実施する者が対象となり，当該計画を作成した認定地方自治体の指定を受けた者（以下，「指定事業者」）をさす[15]。当該計画で定める復興産業集積区域等において行う事業活動に関して各税制上の特例が適用される仕組みとなっている。復興特区税制それ自体は地方税収の点ではマイナスインパクトになるが，それによって産業集積の形成・促進や新たな産業創出などが効果的に進めば，増収インパクトがもたらされる。

課税の特例別の指定件数（指定事業者がどの課税の特例の指定を受けているか）は全国ベースでは，復興特区法第37条，第38条で97.8％，前者で57.7％を占める（2020年3月末現在[16]）。すなわち，ほぼ全ての指定件数が第37条にもとづく投資促進税制（機械等の取得にかかる特別償却または税額控除（所得税・法人税））と第38条にもとづく雇用促進税制（被災雇用者等を雇用した場合の給与等支給額の税額控除（同））である。見方を変えれば，他の特例の少なさが目立つ結果となっている。これに対して，業種ごとの指定件数をみると，それは幅広い業種に及んでいるものの，製造業で半分以上を占める（2020年12月末現在[17]）。こうした特徴は岩手，宮城にも当てはまる。

岩手と宮城における復興特区制度のなかの復興推進計画の認定状況は表6，復興推進計画のなかの税制特例の認定状況は表7のとおりである。表7で課税

表6　復興特区制度・復興推進計画の認定状況（2019年2月現在）

	岩手	宮城	福島	その他	合計
規制・手続等の特例	7	18	6	10	41
税制上の特例	7	17	4	2	30
金融上の特例	20	46	102	30	198
県合計	34 (33)	81 (79)	112	42 (37)	269 (261)

（注）1．1つの復興推進計画に複数の特例が盛り込まれている場合には，該当する特例の数を計上した。
　　　2．県合計の下段のカッコ内の数値は複数の特例に該当する重複を排除し，当該県内で認定された復興推進計画の数を表記したもの。
（出所）近藤（2019）p. 67の参考2から筆者が一部加工して作成（原典は復興庁ホームページ・復興推進計画の認定状況欄）。

表7　岩手と宮城における復興推進計画・税制特例の認定状況（2019年3月15日現在）

	認定日	申請主体	計画の概要
岩手	2012年3月30日（4回変更）	岩手県	電子機械製造関連産業，医薬品関連産業，繊維工業等
	2013年3月26日（2回変更）	釜石市	商業等
	2016年3月29日	大船渡市	商業等
	2016年6月2日（1回変更）	山田町	商業等
	2016年12月20日	陸前高田市	商業等
	2016年12月20日	大槌町	商業等
	2017年7月4日	岩手県	被災者向け優良賃貸住宅
宮城	2012年2月9日（6回変更）	宮城県・34市町	ものづくり産業（自動車関連産業，高度電子機械産業等）
	2012年3月2日	仙台市	農業及び農業関連産業
	2012年3月23日	塩竈市	観光関連産業
	2012年3月23日（1回変更）	石巻市	商業，福祉・介護業等，まちづくり会社
	2012年6月12日（1回変更）	宮城県・17市町	情報サービス関連産業（ソフトウェア業，コールセンター，データセンター等）
	2012年7月27日（1回変更）	石巻市	商業および観光関連産業等
	2012年9月28日（1回変更）	宮城県・11市町	農業および農業関連産業
	2012年12月14日	多賀城市	商業および飲食業等
	2012年12月14日	東松島市	商業およびツーリズム関連産業等
	2013年3月26日（2回変更）	岩沼市	小売業，医療・福祉産業等
	2013年3月26日（2回変更）	石巻市	被災者向けの優良賃貸住宅
	2013年4月12日	仙台市	水族館，飲食店，小売業等
	2013年6月11日	気仙沼市	観光関連産業
	2013年10月29日	山元町	小売業・サービス業等
	2014年12月17日（1回変更）	南三陸町	観光関連産業，再生可能エネルギー関連産業，まちづくり会社
	2015年5月8日（2回変更）	女川町	商業，観光関連産業，まちづくり会社
	2018年12月19日	名取市	商業

（出所）近藤（2019）p.76の表6を参考にして筆者が作成（原典は復興庁ホームページ・復興推進計画の認定状況欄）。

特例にかかる計画概要をみると，第37条分が中心とはいえ，宮城の方が多様にみえる。また，復興特区税制の適用期限が延長されるなか，沿岸市町が復旧，復興の厳しさを踏まえて個別に計画認定を申請する状況が散見される。業種としては，岩手における「商業等（商業特区）」が目立ち，一見シンプルであるが，それを構成する業種は幅広い。

ここで注意を喚起しておきたいのは，とくに宮城における税制特例は，初期に県が大型の計画認定を次々に申請し，内陸も含めていることから，その出発点から県内一律の性格が強くみられる。宮本（2013）は，「例えば宮城県では，特例を利用した情報サービスの新規立地が計画に盛り込まれているが，他の各県でも同様のものがみられ，復興推進計画を野放図に進めていくことになれば，各特区の特徴が非常に見えにくくなるということが問題点として挙げられる」と指摘したが，県内の市町村でも同様のことがいえよう。

次に，復興特区税制にかかる投資や雇用の実績は表8，表9のとおりである。表から岩手，宮城のいずれにおいても，2016年度ないし2017年度まで投資や雇用の実績が高い水準であったことがわかる。まず，復興特区税制の適用期限が当初，2015年度までであったので，その是非はともかく，早期投資の誘因効果がみてとれる。そして，地域の実状から適用期限は延長され，投資や雇用が既述の実績になった。投資額や雇用数をみると，沿岸と内陸はかなり異なる。岩手では，①指定件数の比率は8：2，②投資額のそれは7：3，③1件当たりの投資額のそれは3.5：6.5，④雇用数のそれは6：4である。これに対して，宮城では，①は7：3，②は5.5：4.5，③は3：7，④は5：5であり，内陸の比重が高くなっている。宮城の場合，とくに内陸エリアで，県が産業集積の中核をなす自動車関連産業や高度電子機械産業を中心とする製造業の復興推進を後押しする結果がみられる。[18]

以上のとおり整理すれば，復興特区税制の実績からみた復興にかかる効果に関しても岩手と宮城は切り分けられることになる。すなわち，前者では市町村間の税収等の格差是正に対するインパクトが大きいことが示唆される。これに対して，後者ではそれは小さいか，あるいは，沿岸に含まれる仙台市を除外すれば，格差拡大に向かって，逆に作用していることが示唆される。

表8　復興特区税制の指定・投資実績（2019年6月末現在）

| | 岩手県 | | | | | | | | |
| | 小計 | | | 沿岸 | | | 内陸 | | |
	指定件数（件）	投資額（億）	1件当たりの投資額（億）	指定件数（件）	投資額（億）	1件当たりの投資額（億）	指定件数（件）	投資額（億）	1件当たりの投資額（億）
2011・12年度	205	408	2.0	159	345	2.2	46	62	1.3
2013年度	147	591	4.0	126	443	3.5	21	147	7.0
2014年度	129	538	4.2	105	393	3.7	24	145	6.0
2015年度	128	448	3.5	101	286	2.8	27	162	6.0
2016年度	87	452	5.2	76	317	4.2	11	135	12.3
2017年度	72	496	6.9	63	325	5.2	9	171	19.0
2018年度	50	76	1.5	43	41	1.0	7	35	5.0
合計	818	3,008	3.7	673	2,151	3.2	145	858	5.9
沿岸・内陸の割合（%）	—	—	—	82.3	71.5	35.2	17.7	28.5	64.8

| | 宮城県 | | | | | | | | |
| | 小計 | | | 沿岸 | | | 内陸 | | |
	指定件数（件）	投資額（億）	1件当たりの投資額（億）	指定件数（件）	投資額（億）	1件当たりの投資額（億）	指定件数（件）	投資額（億）	1件当たりの投資額（億）
2011・12年度	443	1,436	3.2	250	844	3.4	193	592	3.1
2013年度	317	1,081	3.4	249	770	3.1	68	310	4.6
2014年度	241	961	4.0	191	551	2.9	50	411	8.2
2015年度	152	1,660	10.9	114	716	6.3	38	944	24.8
2016年度	139	1,201	8.6	109	599	5.5	30	602	20.1
2017年度	109	832	7.6	77	341	4.4	32	490	15.3
2018年度	120	185	1.5	84	110	1.3	36	75	2.1
合計	1,521	7,355	4.8	1,074	3,930	3.7	447	3,425	7.7
沿岸・内陸の割合（%）	—	—	—	70.6	53.4	32.5	29.4	46.6	67.5

（注）　1．特区法第37条，同法第39条，同法第40条，同法第41条の税制の適用を受けた指定事業者の投資実績をさす。
　　　　2．仙台市は宮城野区と若林区を沿岸としている。
　　　　3．四捨五入のため，合計が合わない場合がある。
（出所）復興庁ホームページ・東日本大震災の復興施策の総括に関するワーキンググループ欄から筆者が作成。

表 9　復興特区税制の雇用実績（2020 年 12 月末現在の特区法第 38 条分）

（単位：人）

	岩手県			宮城県		
	小計	沿岸	内陸	小計	沿岸	内陸
2011・12 年度	3,804	2,753	1,051	15,178	6,312	8,866
2013 年度	5,585	3,799	1,786	17,659	8,899	8,760
2014 年度	7,709	5,017	2,692	19,197	9,251	9,946
2015 年度	10,663	6,609	4,054	18,814	9,918	8,896
2016 年度	11,824	7,131	4,693	19,177	10,513	8,664
2017 年度	11,081	7,065	4,016	17,200	9,565	7,635
2018 年度	7,779	4,466	3,313	9,346	5,979	3,367
2019 年度	6,111	3,668	2,443	5,690	2,852	2,838
合計	64,556	40,508	24,048	122,261	63,289	58,972
沿岸・内陸の割合（％）	—	62.7	37.3	—	51.8	48.2

（注）　1．指定事業者等による被災雇用者等の人数をさす（被災雇用者等の人数は，当該年度以前の指定事業者分を含む）。
　　　　2．被災雇用者等とは，2011 年 3 月 11 日において特定被災区域内に所在する事業所に雇用されていた者または特定被災区域内に居住していた者をさす。
（出所）復興庁ホームページ・復興推進委員会欄・第 37 回会議資料から筆者が作成。

　国は自らが設定する「復興・創生期間」（2016 年度〜2020 年度）の終了後の2021 年度から，復興特区税制の対象地域を大幅に縮小している。具体的には，それは 5 県 143 市町村から 1 / 3 以下，すなわち，岩手，宮城，福島 3 県の沿岸42 市町村のみとなる。それまでも制度改正としては，福島県とそれ以外で線引きが行われたり，措置率が引き下げられ適用期限が延長されたりしたが，2021年度から復興にかかるさまざまな特例制度が廃止，縮小されるなかで，復興特区税制も国の「復興総仕上げ」の性格を帯びている。

　復興特区税制そのものは継続していることから，その最終的な評価はもう少し先が妥当かもしれないが，被災地における産業集積の形成・促進あるいは雇用機会の確保などの目的に照らせば，一定の積極的な評価は与えられてよい。他方，復興特区制度は，前例や既存の枠組みにとらわれない，地域限定で思い切った措置を講じたり，地域の創意工夫を生かしたオーダーメイドの仕組みを

展開したりするのであれば，復興特区税制は，市町村間税収格差の是正の側面からみると，無条件に制度にふさわしい効果をもたらしたとはいえない。というのも，大震災ならではの制度の設計や運用とはいえない側面がある。

　今回のインタビュー調査により，いくつかの市町から次のような回答を得た。①発災直後の混乱や避難所対応等に人手が割かれたことなどの理由により，市町税の減免に関する検討が後手に回りがちとなった。②産業側の意向と実際に税の減免等を行う課税側との相互の理解が進まないままに制度が進んでしまった。③制度の内容が複雑であり，制度が事業者に浸透していたとは思えないし，税務担当側も事業者との意思疎通が不十分となり，うまく機能しなかった時があった。④復興特区税制に限ったことではないが，不慣れな事務手続きや税務担当職員不足に終始悩まされ，また，固定資産税等の減免の終了時期の判断にも苦慮した。

V　おわりに

　本論では，被災市町村にとってポスト復興における地方税収確保が問われるなか，大震災下での地方税の総括の重要性を見いだし，岩手と宮城の沿岸市町村を主な分析対象にして，地方税収入の 2009 年度から 2019 年度までの実態を明らかにした。また，個々の市町村の特徴や，内陸と沿岸の違いなどを鮮明にして，市町村間の税収格差を可視化できるようにした。

　岩手と宮城のそれぞれの沿岸市町村全体でみると，市町村税収（合計）の伸び率はほぼ同じであるが，その構造はかなり異なる。市町村税全体ならびにいくつかの税目の市町村間税収格差は，岩手沿岸では縮小しているのに対して，宮城沿岸では拡大している。さらに，宮城沿岸市町と仙台市の間の格差も拡大している。宮城の復興特区税制では，内陸および仙台市にも広範に重点が置かれ，必ずしも格差が是正されているとはいえない。沿岸市町村における地方税の減収額は復興特別交付税によってカバーされていることから，表面的には問題とならないようにみえるが，構造的にはむしろ格差として深刻になっている。

　岩手において沿岸市町村間あるいは沿岸市町村と盛岡市の税収格差が是正されている要因としては，膨大なハードの復興事業に伴う建設業にかかる個人・

企業所得の増加や雇用創出があげられる。ここには復興特区税制との関わりもあるが、いわゆる復興特需の経済効果に支えられた、「持続性なき増収効果」の側面が強い。この背景には、租税政策（税制改正）よりも、国の復興政策や財政措置のインパクトが格段に大きいことがあげられる。多くの大災害を研究対象にしてきた宮入興一が東日本大震災以前から指摘しているように、そこには国土保全・公共施設復旧優先主義があり、被災者の救済、支援の優先順位が低い。

　沿岸市町村と仙台市の税収格差はさらに拡大する可能性が高いことから、その是正は重要な課題として残るし、そのことがまずもって共有される必要がある。

【謝辞】
　インタビュー調査では市町村の税務担当職員等にお世話になりました。この場を借りて感謝を申し上げます。

注

1）　震災により一定の被害を生じた区域は特例被災区域に設定され、それは11道県227市町村の区域（岩手、宮城、福島の3県は全市町村）に及んだ。

2）　宮城県土木部（2018）『東日本大震災7年目の記録』p.262
（https://www.pref.miyagi.jp/documents/54/724241.pdf/　最終閲覧2021年7月30日）

3）　岩手県ホームページ・いわての統計情報欄
（www3.pref.iwate.jp/webdb/view/outside/s14Tokei/top.html）。

4）　岩手県（各年度版）「岩手県水産業の指標」。

5）　岩手県（各年度版）「岩手県観光統計概要」。

6）　宮城県ホームページ・工業統計調査欄
（https://www.pref.miyagi.jp/soshiki/toukei/kougyou.html）。

7）　盛岡市の地方税全般の推移は沿岸市町村とはかなり異なる。盛岡市の回答によれば、震災の影響はほとんどなく、2012年度以降、震災復興需要や景気の緩やかな回復基調により、市税収入（合計）は微増傾向にある。2015年度～2018年度の伸び悩みの要因としては、震災復興需要が落ち着いた後、県内経済は緩やかな回復基調にあったものの、税制改正の影響が一定程度あった。たとえば、市民税法人税割において、その算出基礎となる法人税の税率が大きく引き下げられた。また、地方法人税（国税）の2014年創設、2019年拡充があげられる。

8）　沿岸市町村間では、市町村民税法人分の収入が2011年度に大きく落ち込んだケースに対して、大きく増大したケースがある。たとえば、田野畑村の回答によれば、被害を受け

た沿岸地域には，商店や旅館が複数存在したが，そのほとんどが個人事業者であり，法人税割には影響しなかった。他方で，被災建物の解体やがれきの撤去，ライフラインの復旧，復興ハード事業の増大にかかる個人・企業の所得の増加の影響が大きくなったということである。

9) 総務省ホームページ・市町村税課税状況等の調欄
（https://www.soumu.go.jp/main_sosiki/jichi_zeisei/czaisei/czaisei_seido/czei_shiryo_ichiran.html）。

10) 2018年度分の市民税個人分から，県費負担教職員の給与負担事務の道府県から政令市への移譲に伴う税源移譲が実施された。具体的には，政令市の所得割の税率が6％から8％になった。

11) 総務省ホームページ・地方財政統計年報欄
（https://www.soumu.go.jp/iken/zaisei/toukei.html）。

12) 総務省ホームページ・市町村税課税状況等の調欄
（https://www.soumu.go.jp/main_sosiki/jichi_zeisei/czaisei/czaisei_seido/czei_shiryo_ichiran.html）。

13) 近藤（2019）では，「通常の大規模災害であれば，地方税法の改正による非課税措置等の減収額や被災自治体による地方税の条例減免分については，普通交付税の算定や歳入欠陥債等により措置がされるところであるが，東日本大震災においては，震災復興特別交付税により措置されることとなった」と説明されている。

14) 近藤（2019）は復興特区税制について，「年度別の投資実績をみると，5県計では平成27年度の5,524億円がピークとなっている。要因としては，被災事業者の復旧投資のタイミングに加え，復興特区税制の適用期限が当初平成27年度までだったことによる早期投資誘因効果もあった」と推察する。

15) 復興庁ホームページ（復興特別区域制度欄）によれば，2019年度末時点の「指定事業者」の数は岩手沿岸608，同内陸137，宮城沿岸1,086（うち仙台市334），同内陸287である。

16) 復興庁ホームページ・復興特別区域制度欄
（https://www.reconstruction.go.jp/topics/main-cat1/sub-cat1-13/）。

17) 前掲注16）。

18) 復興庁ホームページ・復興推進計画の認定状況欄
（https://www.reconstruction.go.jp/topics/000500.html）など。

参考文献
岩手県（2013）『岩手県東日本大震災津波の記録』
岩手県（各年度版）「岩手県観光統計概要」
岩手県（各年度版）「岩手県水産業の指標」
岩手県ホームページ・いわての統計情報欄
　　（https://www3.pref.iwate.jp/webdb/view/outside/s14Tokei/top.html　最終閲覧2021年8月1日）

桒田但馬（2016a）『地域・自治体の復興行財政・経済社会の課題—東日本大震災・岩手の軌跡から—』クリエイツかもがわ

桒田但馬（2016b）「東日本大震災に伴う特別課税と災害対策の課題」（日本租税理論学会編『中小企業課税』財経詳報社，pp. 151-167）

桒田但馬（2021）「大災害に対する県の生活復興財政の分析と評価」（日本地方自治学会編『2040問題と地方自治』敬文堂，pp. 165-212）

近藤貴幸（2019）「復興特区税制の概要と活用実績等について—平成31年度税制改正を踏まえて—」（『地方財政』第58巻第4号，地方財務協会，pp. 65-94）

近藤貴幸・森川世紀（2021）「令和3年度以降の東日本大震災に係る復興の取組等について—税制特例及び減収補てん措置等を中心に—」（『地方財政』第60巻第5号，地方財務協会，pp. 62-93）

総務省提供資料（2009年度の市町村民税所得割納税義務者数等）

総務省ホームページ・課税状況の調欄・固定資産の価格等の概要調書欄（各年度版）
（https://www.soumu.go.jp/main_sosiki/jichi_zeisei/czaisei/czaisei_seido/czei_shiryo_ichiran.html　最終閲覧2021年8月11日）

総務省ホームページ・決算カード欄（各年度版）
（https://www.soumu.go.jp/iken/zaisei/card.html　最終閲覧2021年8月10日）

総務省ホームページ・地方財政統計年報欄
（https://www.soumu.go.jp/iken/zaisei/toukei.html　最終閲覧2021年8月1日）

復興庁提供資料（各年度の復興特別交付税の内訳）

復興庁ホームページ・東日本大震災の復興施策の総括に関するワーキンググループ欄
（https://www.reconstruction.go.jp/topics/main-cat7/sub-cat7-2/20190719173656.html　最終閲覧2021年8月5日）

復興庁ホームページ・復興推進委員会欄
（https://www.reconstruction.go.jp/topics/000813.html　最終閲覧2021年8月12日）

復興庁ホームページ・復興推進計画の認定状況欄
（https://www.reconstruction.go.jp/topics/000500.html　最終閲覧2021年8月9日）

復興庁ホームページ・復興特別区域制度欄
（https://www.reconstruction.go.jp/topics/main-cat1/sub-cat1-13/index.html　最終閲覧2021年8月1日）

宮入興一（2012）「震災復興と税財政—東日本大震災と復興制度改革課題を中心に—」（日本租税理論学会編『大震災と税制』法律文化社，pp. 94-118）

宮城県ホームページ・工業統計調査欄
（https://www.pref.miyagi.jp/soshiki/toukei/kougyou.html　最終閲覧2021年7月1日）

宮城県ホームページ・統計情報欄
（https://www.pref.miyagi.jp/life/sub/1/　最終閲覧2021年8月2日）

宮城県ホームページ・東日本大震災復旧期の取組記録誌欄
（https://www.pref.miyagi.jp/site/ej-earthquake/fukkyuuki-kiroku.html　最終閲覧2021年7月25日）

宮城県土木部（2018）『東日本大震災7年目の記録』

（https://www.pref.miyagi.jp/documents/54/724241.pdf/　最終閲覧2021年7月30日）

宮﨑雅人（2021）「被災自治体の税収と経済」（『現代思想』第49巻第3号，青土社，pp. 79-87）

宮本十至子（2013）「復興特区税制とその課題」（『立命館経済学』第61巻第6号，立命館大学経済学会，pp. 360-373）

2　AI・ロボット税の導入論議

泉　　絢　也
（千葉商科大学商経学部准教授）

I　はじめに

　AIやロボットによる自動化が人間の労働者の雇用を奪い，これによって労働所得が減少することで国家の税収や社会保険の拠出金が枯渇するという見方があり，このような事態への対策を企画し，実行するための時間稼ぎとして，あるいは失業者対策等を含む必要な財源を確保するために，AIやロボットに対して課税する提案が示されている。やや近視眼的な失業対策のみならず，AIアプリケーションのプログラミングや開発といった専門的スキル，あるいは創造性等の補完的スキルなどのための従業員教育（特に，自動化による代替リスクが高い低・中賃金労働者に対するもの）ないし学校教育の必要性も考慮すると，財源確保は喫緊の課題である。

　かような文脈で提案されるAI・ロボット税は，所得税や（アメリカのpayroll tax などの）給与税ないし社会保険料（税）の減少によって引き起こされる国家の歳入不足を補塡し，新たに得られた資金で労働市場からはじき出された人間の労働者を支援し，再教育するという一石二鳥の効果を狙いとするものである。AI・ロボット税は，財政的な目的と分配的な目的の両方を達成し，AI・ロボット経済の新時代への移行をより円滑なものとすることで，労働市場の混乱を緩和するための提案であるとみることもできよう。

　AI・ロボット税に関する世界的な議論状況に目を向けると，かような税に対する賛成派と反対派の見解が鋭く対立している。賛成派の論拠は，おおむね，次のとおりである。

①　AIやロボットによる自動化が，人間の雇用を奪い，失業者が増える。

②　これにより，国家の税収が減り，社会保険の拠出金も枯渇する（ここで
は，税や社会保険料が労働所得に依存していることが強調される）。

③　失業者の再教育等の資金が必要となる。

④　企業や資産家が生産性向上の恩恵を抱え込み，富の不平等が進む。

　上記に加えて，人間の労働者と自動化された労働者（AIやロボット）の間の
課税の中立性を重視する見解もある。[4]

　賛成派の見解に対して，AIやロボットによる自動化が人間の雇用を奪うと
いう事実の有無を精査する余地はある。例えば，自動化による雇用喪失の全体
的影響については，専門家の間でも大きく異なる予測が示されていることが指
摘されている。[5]自動化による労働力の置換ないし代替効果と生産性の向上効果
は業種や職種によって異なるし，各国の産業構造等にも左右される上，技術的
に代替可能であるからといって直ちにすべての仕事がAIやロボットに代替さ
れるわけではない。正確な予測は困難であろう。新型コロナウイルス感染症に
よるパンデミックの時間的・空間的広がりがどのような影響を及ぼすのか不透
明であり，このこともかような予測を難しくさせる。パンデミックの所得分配
への影響とパンデミック対策としてのロボットの採用に触れた上で，過去数十
年にわたる自動化の進展がもたらした変化にパンデミック関連の影響を加味す
ると，所得と不平等のトレードオフがさらに複雑化する可能性があるという指
摘もなされている。[6]

　また，AI・ロボット税に対する反対派は，AI・ロボット税はイノベーショ
ンや投資を阻害する，[7]仮にAI・ロボット税を導入するとしてもAIやロボット
の定義が困難である，ある国がAI・ロボット税を導入した場合，その国の企
業はこれを導入しない他国との関係で国際競争上，不利な立場に陥るし，企業
の国外移転や租税回避を招来しかねない[8]などの観点から批判や反論を展開して
いる。

　以下では，現在提案されているAI・ロボット税について，納税主体・納税
義務者，課税物件，課税標準という側面から整理し，見解を示す。なお，本稿

において AI・ロボット税とは，課税対象ないし課税要件の根幹に AI，ロボット又はこれらによる自動化を据える租税をいうものとする。AI やロボットの所有者又は使用者等に対する追加的な租税のほか，AI やロボットを納税義務者とするような租税やこれらへの投資を奨励する租税上の優遇措置の廃止・縮小をも包摂する。

Ⅱ 納税主体・納税義務者

以下，AI・ロボット税に係る納税主体や納税義務者について考察する。[9]

1 概　要

AI・ロボット税の納税義務者として誰を想定するかという点については，税法の解釈論においても，立法論においても，税法以前の民事法の段階で AI やロボットに対して法人格が認められるか，法人格が付与されるかという点の影響を大きく受ける。[10]

また，採用される又は採用すべき AI・ロボット税の種類は，一定の範囲で，AI やロボットの法的地位に依存する。[11] この点については，AI やロボットに法人格が付与されることで AI やロボットが電子的な支払能力を得ることにつながる可能性があり，このことが課税の目的上，認識されるべきであるし，ここから発展して，法律が十分なレベルの自律性に基づいて AI やロボットを定義することができる範囲で，特定の税の法律関係において法人格が当該 AI やロボットに対して付与される可能性があるという見解もある。[12]

現時点では，AI やロボットは，民事法上，権利義務の帰属主体ではないが，これらに法人格を付与することの是非については様々な議論がなされている。[13] そこで，第 1 段階として，短期的視点に立ち，AI やロボットが民事法上，権利義務の帰属主体でないことを前提とした AI・ロボット税を検討し，続いて，民事法上，AI やロボットそれ自体に法人格を付与するような制度が導入されたことを前提とする第 2 段階における AI・ロボット税を検討するアプローチがありうる。

後述するように，第 1 段階に属する AI・ロボット税の案は，基本的には，

ロボットの所有者や使用者を納税義務者として想定する。少なくとも税金を支払う経済的能力は，ロボットを使用することで，本来ならば課税対象となるはずの給与やその他の報酬を節約するロボットの雇用者又は所有者に帰属することになる。[14]アメリカ内国歳入法についていえば，AIやロボットは "person"，"taxpayer" に該当しないため（IRC §7701 (a)(1)，(14)），少なくとも現行法の下では，AI・ロボット税の第1段階としては，AIやロボットを所有する，使用する，使用することで利益を得る人間又は人間によって形成され運営される団体に課される税である，という見解もある。[15]我が国の所得課税法越しに眺めた場合にも類似の光景が広がるであろう。

　これに対して，アメリカのチェック・ザ・ボックス規則[16]をみるとわかるように，民事法上，法人格のない事業体にその構成員とは別個の納税主体性を認めることもありうるし，民事法における取扱いと切り離して，租税法独自にAIやロボットを法人格のあるものとみなすような規定の制定を検討する道も絶無ではない。

　第2段階は，長期的視点に立つものである。[17]ここでは，まず，民事法領域において，AIやロボットそれ自体に法人格を付与するような制度が導入された場合を想定する。この場合には，AIやロボットを法人と同じように自然人とは独立した別の納税主体として取り扱う道が拓ける。AIやロボット自体が財産権の帰属主体となることで，AIやロボット自体の納税義務を観念することが可能となり，自然人のアナロジーとして課税のバリエーションが増える。AIやロボットに法人格が認められるならば，所得課税のみならず，消費課税，資産課税を含む種々の租税との関係でAIやロボット自体が納税義務の主体となりうる。この場合でも，消費課税など，所得課税よりも，課税標準の計算構造が簡易な租税の賦課から始めることが穏当といえるかもしれない。[18]

　ただし，個人・法人間の二重課税の排除に類似する新たな課題も出てくる。[19]上述のとおり，AIやロボットに対して，自らの労働等から得られる所得に対して課税するという案がある。この場合，法人の株主のような存在がAIやロボットにも観念される場合には，その背後に存在する者に対して利益を分配するときに発生する二重課税は回避されるべきであるという。所得概念がAIや

ロボットに課税する場合に適切な指標になるか，暗号通貨やブロックチェーンを利用して課税することができるのではないか，AI やロボットに費用控除を認めるべきではないなどの議論もある[20]。AI やロボットは心理的満足を観念できないことを前提とした場合に，そのことが所得概念や，比例税率又は累進税率などといった税率の設計にどのような影響を及ぼすかという点も検討の対象になりうる。

　また，第 2 段階においては，AI やロボットが所有する資産に対する課税や[21]，付加価値税（消費税）の課税が議論の射程に入ってくる[22]。ただし付加価値税の納税義務者については，必ずしも法人格の存在を前提としていないという理解に基づいて考察が進められる場合もある[23]。このほか，付加価値税の目的上，事業体を納税主体として認めるには，サービスの提供や財の供給における単なる独立性や自律性だけでは足りない，すなわち，より具体的にいえば，（特定の）ロボットに法人格が与えられて，顧客と契約関係を築くことができるようになり，上記提供や供給に対して支払われる対価もそのロボット自身に法的に帰属する資金の一部とされる場合にのみ，付加価値税の目的上，納税主体とみなすことが合理的であるという見解も示されている[24]。

　もっとも，民事法上，AI やロボットに法人格が認められることがあらゆる場面において AI やロボット自身に対する課税に直結するわけではないことに留意する必要があろう。民事法における法人格の付与がどのような制度として設計されるかにもよるが，人間の労働者も雇い主である企業とは別の人格を有するものの，労働者として稼ぎ出した利益はまずは当該企業に帰属することとパラレルに考える必要がありそうである。契約関係等がどうなっているか，AI やロボットに経済的な支払能力があるかどうかという検討視点も必要となる。

　この点に関して現在の民事法の基準によれば，ロボットを使用したことで生じる所得や利益は，そのロボットの所有者や使用者に直接的に帰属することになるため，将来的に，ロボットの所有者や使用者におけるそのロボットが稼ぎ出した資金へのアクセスが大幅に制限され，その資金がロボットのレベルで保持され，その受益者（beneficial owner）が直ちには処分できない利益が一般的なものになるのであれば，ロボットは所得や財産の帰属のために法人や少なく

ともパートナーシップと同等のものとされるという見解も示されている。[25)]

2 AI・ロボット税と法人格の問題

AI・ロボット税と法人格の問題に関して，もう少し補足しておこう。民事法上，AIやロボットに対して，法人格が付与される場合，基本的には，税法上も権利義務及び損益の帰属主体として，AIやロボットが独立の納税主体ないし納税義務者となりうる。法人格を付与する民事法制度が既存の法人格の枠組みの範囲内で設計されることを前提とすると，かような制度によって法人格を付与されたAIやロボットは，税法上の法人として認識されることになる可能性が高い。

他方，民事法上，AIやロボットに対して，法人格が付与されないからといって，かかるAIやロボットが税法の法律関係において法人として取り扱われる道が完全に遮断されているわけではない。税法固有の観点から，税法の適用上，AIやロボットを法人や会社とみなすことは立法技術的に可能である（法人税2八，3，4の3，所得税4等参照）。ただし，自然人に寄せるべきか，法人や会社に寄せるべきかなど，議論すべき点は残されている。AIやロボットの所有者，あるいはAIやロボットが納付する税金の負担者が存在するかといった論点も議論されるであろう。

もちろん，民事法上，AIやロボットに対して法人格が付与されないにもかかわらず，税法の法律関係において，これを別個の納税主体とみなす実質的な根拠ないし正当化理由の存在も問われるであろう。差し当たり，AI自体に人権を認め，人間と同様に扱う世界が到来しない限り，AIの所有者が納税をすれば足り，AI自身に納税させるという法制度を実現させる必要性は考え難いという指摘[26)]には共感できるところがある。

他方で，DEX（Decentralized Exchange：分散型取引所，非中央集権型取引所。管理者が存在せず，契約を自動的に執行する仕組みであるスマートコントラクトにより，暗号資産の取引を仲介する取引所）や，特定の中央管理者や階層構造を持たず，構成員・参加者によって，ブロックチェーン等の分散台帳に記録されたコード等に基づき自律的に運営されるガバナンスシステムを持つ新しい組

織ガバナンスの形態として注目されている DAO（Decentralized Autonomous Organization：分散型自律組織）を想定すると，税法においてこれらを法人とみなして課税関係を構築することも1つの制度設計として議論の対象になりうる。[27]

　このように考察を進めてくると，上記のとおり，民事法上，AI やロボットに対して，法人格が付与される場合であっても，税法固有の観点から，AI やロボットを独立した納税主体とみなさない制度設計もありうることに気が付く。AI やロボットに法人格が認められたとしても，国家がこれらを課税上，人間と同様に取り扱うかどうかという点は，更なる考察を要する。[28] AI やロボットに帰属するとみられる所得や財産について，当該 AI やロボットの所有者や使用者に帰属するものとみなして，課税関係を構築するような立法を行う可能性も皆無ではないであろう。ただし，この点については，例えば当該 AI やロボットの所有者や使用者が AI やロボットに帰属するとみられる所得や財産に対する管理支配権ないしアクセス権[29]のようなものを有している場合に限り，当該 AI やロボットではなく当該所有者や使用者に対してのみ課税することに一定の説得力が認められる。

　いずれにしても，AI・ロボット税の導入に当たり，AI やロボットに法人格が付与されることが必要条件というわけではないことや，少なくとも，AI やロボットの法人格の問題は，税法の立法者が考慮しなければならない重要な論点であること[30]を指摘しておく。また，仮に，我が国の民事法又は税法が AI やロボットに対して積極的に法人格を付与しないとしても，他国の法律が AI やロボットに法人格を付与するならば，このことが我が国税法の法律関係に与える影響について別途考察しておく必要があろう。

　なお，これまで，AI やロボットそれ自体を納税義務者とするか，AI やロボットの所有者や使用者を納税義務者とするかという二者択一的な観点から考察を進めてきたが，実際には，AI やロボットの製造者や AI やロボットによって製造される商品や提供されるサービスの消費者を AI・ロボット税の納税義務者として想定することも可能である。[31]

Ⅲ　課税物件・課税標準

　現時点では，税法以前の民事法の段階において，AIやロボットに法人格は付与されていないし，現時点におけるAI・ロボット税に関する研究は理論的に検討している段階にとどまるものが多い。以下では，課税物件や課税標準という観点から，現在提案されているAI・ロボット税を概観・整理するが，その納税義務者は基本的にはAIやロボットを所有ないし使用する企業である。

1　AIやロボットが生み出す経済的価値への課税

⑴　人間が生産活動を行った場合の給与相当額に対する課税

　AIやロボットが生み出す経済的価値に対して課税をするという提案がある。

　Oberson教授は，AIやロボットの所有者又は使用者に対するみなし給与税（帰属給与税）を提唱する。[32] これは，雇用喪失の原因であり，その代わりに経済的価値を生み出すAIやロボットの活動に着目し，その活動の経済的価値を人間が行った場合に支払われる給与相当額で評価し，これを課税標準として課税するものである。いわば，AIやロボットが経済的価値を生み出している場合に，そのAIやロボットの所有者又は使用者を納税義務者，当該経済的価値（上記給与相当額）を課税標準として課税するということであろう。

　このような課税を正当化するために，上記案は，帰属所得（自己の労働や所有資産の利用から生じ，市場を経ないで自己に直接帰属する所得）[33] も所得に包摂され，課税の対象になりうることを理論的背景とするようである。担税力，租税を支払う能力が認められることや，企業が，自動化により，労働者に対して支払う給与を節約できることにも触れている。このことによって，経済的にも法的にも課税が正当化されるという。また，人間の労働者を雇う場合とAIやロボットを使用する場合における中立性に資するという補強が加えられる。

　もっとも，上記案については，次のとおり，課税標準の算定の困難性という問題がある。[34]

　・短期的には，過大な役員給与を損金不算入とするような規定やarm's length

基準など既存の税制の経験をいかすことはできそうであるし，近似値や平均値などで対応することも考えられるが，長期的にはその実現可能性に不安がある。[35]

・過去に導入した AI やロボットが日を追うごとに進化し，タスク内容が時間をかけて高度化していく場合に，逐一，課税標準を算定しなおすべきであるとすれば，非常に手間がかかり，執行コストが高くなる。

・高度に自動化が進展した場合に，比較対象としうる人間の賃金が存在するのであろうか。この場合に，過去の一時点の賃金水準を基準にすることも考えられるが，いつまでもそのような過去の基準に固執することに合理性が認められるのかが問われる。

このほか，上記案については，次のような批判や疑問がありうる。

・AI やロボットが事業用として用いられている場合には，AI やロボットの働きはその所有者や使用者の実際の所得稼得に貢献し，稼得された所得は通常の所得課税の対象になっているため説得力に欠ける。[36]

・帰属所得の観点からの説明に依拠するのであれば，帰属所得に課税する法律上の素地や経験があるかないかで，上記案に対する各国の態度は分かれるであろうが，複雑で技巧的な制度は実現性や実効性を確保できるか，一般に許容されるのか（もっとも，かような帰属所得に関する議論は，個人の家庭で使用するような家庭用のロボットに対する課税関係を検討する際に 1 つの視点を提供するとともに，評価や把握・捕捉の困難性，公平負担の問題など，従来から認識されている帰属所得に対する課税上の問題に向き合う必要性を想起させる）。[37]

・所得課税の計算の際に，AI やロボットの代替により，人間の労働者に対する給与相当額の費用控除がなくなることを考慮すべきではないか。その分は，（通常，即時償却は認められないが）AI やロボットの減価償却費の計上で相殺されうるとしても，例えば，リアルタイムでデータを収集し，システムにフィードバックし，日々，パフォーマンスを向上させる機械学習アルゴリズムを実装する AI などが，時の経過により価値が減少する減価

償却資産に該当するか，という問題を提起することは可能である。

・減価償却の代わりに又は減価償却と調整を図りつつ併用する形で，給与相当額の費用控除を認めるべきか。

・給与相当額に対して社会保険料（税）を賦課する場合には給与相当額の費用控除の方が相性がよいと考えるべきか[38]。

いずれにしても，上記提案は細かい点も含めて検討すべき課題を残している。

(2)　AIやロボットがもたらす利益に高率の課税

AIやロボットがもたらす利益に高率の課税を行うという提案がある。

Oberson教授は，パテントボックスに似たAI・ロボットボックスという案を提唱している。イノベーションを奨励するための優遇税制であるパテントボックスとは対照的に，AIを実装したロボットに基因する一定の適格所得に対して，異なる―潜在的には追加的な―税率で課税するという。自動化による利益に照準を合わせており，AIやロボットによる利益に通常よりも高い税率を適用する。いわば，AIやロボットが一定の経済的価値を生み出している場合に，そのAIやロボットの所有者又は使用者を納税義務者，当該経済的価値，あるいは所得のうちAIやロボットがその稼得に貢献した部分を課税標準として追加的な課税又は高率の課税をするということであるが，ロボットと人間が協働で仕事を行っていることなどを想定した場合に適格所得の定義付けが困難となるという問題がある[39]。

レント（超過利潤）に対する課税という観点から，AI・ロボット税をデザインすることもありうる。それは，次のような見解である。ロボットの価値の大部分はその設計とプログラミングによって構成されており，これらはいずれも情報財であり，非競合性という性質を有する。他方，ロボットの物理的な器は伝統的な意味での物理的な資本を構成しており，資本に課税しないことが望ましいという議論が当てはまる。結局，物理的な器としてのロボットに課税するのではなく，ロボットのデザインやロボットの動作プログラムがレントを生み出す情報財であるため，これに対して課税すべきであるという[40]。また，効率化コストが資本所得に対する課税の引上げによるコストよりもはるかに小さくなることなどを指摘して，レントに対するマークアップ税に着目する見解もある[41]。

かようなレントに課税の照準を合わせた提案についても，どのようにレント
を測定し，どのように課税するかという点については様々な見解がありえよう。

2 自動化による生産に対する課税（負担を免れる社会保険料（税）の代替額に対する課税）

人間の労働者を雇用せずに生産する企業に対して，追加的な税負担を課す提案がある。

Abbott 教授らは，人間の労働力を使わずに生産を行う企業に対して，企業レベルの課税を強化する法人自営業者税（corporate self-employment tax）を提案する。具体的には，企業が自動化によって負担を免れる社会保険料（税）の代替額，仮に人間の労働者が仕事を続けていた場合に労働者及び雇用者が負担することになる金銭相当額を当該企業に納税させるという。また，自営業者税は企業利益と従業員の総報酬費用の比率に基づいて計算されうるし，自営業者税の総額は，企業が自動化によって負担を免れる賃金税の額と一致するように設計することができる[42]とされている。いわば，企業が労働者を雇用せずに AIやロボットを使用して生産を行っている場合に，その AI やロボットの所有者又は使用者である企業を納税義務者，企業が自動化によって負担を免れる社会保険料（税）の代替額を課税標準として追加的な課税をするということであろう。

上記提案では，企業利益と従業員の総報酬費用の比率に基づいて税額を計算しうるとされているが，売上に対する従業員数の比率で計算されるようなコンピューターの利用に対する課税の提案は以前にも存在した[43]。これに対して，Abbott 教授らの上記案は，ディスカウントストアのように薄利多売の企業にとっては負担が重くなること，ハイテク産業では利幅の大きい企業で自動化が進むことを考慮して，売上ではなく利益を用いる点で相違する[44]。上記のみなし給与税とも似ているが，人間の仕事に相当する理論上の給与ではなく，企業の自動化に対して，その自動化のレベルに連動する一定の比率に基づいて，一般的な課税を行うような設計をすると両者の違いが強調される。

この案においては，いかに適正な税率を設定するかが課題となる。機械的な

比率を用いる場合には，様々なタイプの産業に異なる影響を与える可能性があり，平等原則に抵触する可能性もある。[45)]

3 自動化による解雇に対する課税

企業が自動化に基因して労働者を解雇する場合に，当該企業に追加的税負担を課する提案がある。

Abbott 教授らは，労働者が解雇される又は機械に置き換えられる範囲で，自動化税（automation tax）を課すという案を示している。労働者を解雇することが多い企業は失業保険の保険料負担も増えるのと同じような仕組みで，解雇が自動化によるものであると認められる場合に追加的に自動化税を課すというのである。ただし，実効税率が上昇し，税制が複雑化し，国際的な租税競争の観点から負の影響があるなどの欠点があるという。また，企業がかかる課税の法案が可決されたことを受けて，法律施行前に解雇を加速することが考えられるという欠点もあることから，課税のための雇用水準の測定を遡及適用して実施すべきであるとしている。[46)] いわば，企業が AI やロボットを使用することに伴い，労働者を解雇した場合に，その AI やロボットの所有者又は使用者である企業を納税義務者とするものであるが，課税標準ないし税額をどのように設定すべきであるかという論点は残されている。とりわけ，各企業が負担すべき適正な税額について合理的な説明が求められる。

さらにいえば，複雑化という観点について，上記案が，仮に，解雇が自動化によるものであるかを判断する際に多面的な要素を考慮するのであれば，課税の仕組みや実務は複雑化し，執行が難しくなることへの懸念を払しょくできない。解雇が自動化によるものと断定できるのか，自動化が解雇にどの程度寄与しているのかという点を合理的に判断できるのか，といった疑念が残る。複雑化を避けるために，何らかの比率を利用して税額を算出するとしても，合理性を確保できるか。[47)] 当初から人間の労働者を雇わずに AI やロボットを導入して起業するなど労働者を解雇しないが雇用もしないような場合はどうなるのかといった問題もある。[48)]

Ⅳ 結びに代えて

最後に，AI・ロボット税について，種々の議論や問題があるものの，次の点を考慮すると，少なくとも分析と議論を重ねておくことは有意義であることを指摘しておく。[49]

- 将来の状況を正確に予測することは不可能であるものの，長い目で見れば，AI やロボットによる自動化が深刻な税収減や雇用喪失等をもたらすという予測について完全なる杞憂であるとは論断できないこと
- AI やロボットによる自動化がさらに加速し，その影響が社会全体に及ぶようになると，AI・ロボット税を求める声も増えてくることが予想されること[50]
- AI・ロボット税に関して国際的コンセンサスの必要性を訴える見解があること
- 国内的にも国際的にもコンセンサスを得るには相当の時間を要すること
- AI やロボットに法人格を付与する議論があること
- 財源の問題に対処するだけで足りるのであれば，AI・ロボット税の採用という選択肢を排除した上での課税制度の見直し，あるいは社会保障制度の見直しというアプローチも考えられるが，さりとて，AI・ロボット税というアプローチの検討自体を軽々に否定すべきではないこと

本研究は JSPS 科研費 19K13498 の助成を受けたものである。

注

1) *See* OECD, ARTIFICIAL INTELLIGENCE IN SOCIETY 107-108 (2019); Soundous Bouchouar, *The Future Is … Robot? Women in the Workforce, Automation, and Tax Policy*, 42 WOMEN'S RTS. L. REP. 220, 238 (2021).

2) *See* Joachim Englisch, *Digitalisation and the Future of National Tax Systems: Taxing Robots?*, 21 (2018), https://papers.ssrn.com/sol3/papers.cfm?abstract_id=3244670; *See also* Robert Kovacev, *A Taxing Dilemma: Robot Taxes and the Challenges of Effective Taxation of AI, Automation and Robotics in the Fourth Industrial Revolution*, 16 OHIO ST. TECH. L. J. 182, 183 (2020). なお，本稿で引用する URL の最終閲覧日はいずれも

2022 年 6 月 30 日である。

3) *See e.g.*, Ryan Abbott & Bret Bogenschneider, *Should Robots Pay Taxes: Tax Policy in the Age of Automation*, 12 HARV. L. & POL'Y REV. 145 (2018). なお，現行のアメリカの税制を前提として，自動化コストの持続的な低下が所得格差の大幅な拡大につながることを認めた上で，非定型的な職業につくことができない定型的な職業についている労働者が労働市場で活動している間は，ロボットに対する課税が最適であるという見解として，Joao Guerreiro et al., *Should Robot Be Taxed?*, NBER WORKING PAPER 23806 (2020), http://www.nber.org/papers/w23806 参照。なお，Valentine P. Vishnevsky & Viktoriia D. Chekina, *Robot vs. Tax Inspector or How the Fourth Industrial Revolution Will Change the Tax System: A Review of Problems and Solutions*, 4 JOURNAL OF TAX REFORM 6 (2018); Uwe Thuemmel, *Optimal Taxation of Robots*, CESIFO WORKING PAPER No. 7317 (2018), http://uwethuemmel.com/wp-content/uploads/2017/02/Thuemmel2018_OptimalTaxationOfRobots_August.pdf; Julien Daubanes & Pierre-Yves Yanni, *The Optimal Taxation of Robots*, IEB REPORT 2/2019, 7-9 (2019); Hideto Koizumi, *Optimal Taxation of Intermediate Goods in A Partially Automated Society* (2019), https://mackinstitute.wharton.upenn.edu/wp-content/uploads/2021/06/FP0387_WP_2021Feb.pdf; Emanuel Gasteiger & Klaus Prettner, *Automation, Stagnation, and the Implications of a Robot Tax*, ECON WPS, No. 02/2020 (2020), https://www.econstor.eu/handle/10419/215429 も参照。

4) *See* RYAN ABBOTT, THE REASONABLE ROBOT: ARTIFICIAL INTELLIGENCE AND THE LAW 36-49 (2020). なお，ロボットのような特定の生産過程を対象とした課税は，課税の公平性又は効率性のいずれかの観点から正当化されなければならないという見解として，Joachim Englisch, *Taxation of Robots*, in RESEARCH HANDBOOK ON INTERNATIONAL TAXATION 369, 374 (Yariv Braune ed., 2020) 参照。

5) *See* OECD, ARTIFICIAL INTELLIGENCE IN SOCIETY 108 (2019). *See also* Kovacev, *supra* note 2), at 187-188; Erin Winick, *Every Study We Could Find on What Automation Will Do to Jobs, in One Chart*, MIT TECHNOL. REV. (Jan. 25, 2018), https://www.technologyreview.com/2018/01/25/146020/every-study-we-could-find-on-what-automation-will-do-to-jobs-in-one-chart/. 総務省『令和元年版　情報通信白書』88〜91 頁 (2019) も参照。

6) Andrew Berg et al., *For the Benefit of All: Fiscal Policies and Equity-Efficiency Trade-offs in the Age of Automation*, IMF WORKING PAPER WP/21/187, at 5-6, https://www.imf.org/en/Publications/WP/Issues/2021/07/16/For-the-Benefit-of-All-Fiscal-Policies-and-Equity-Efficiency-Trade-offs-in-the-Age-of-462133 (2021).

7) *See e.g.*, *Why Taxing Robots is Not a Good Idea*, THE ECONOMIST (Feb. 25, 2017), https://www.economist.com/finance-and-economics/2017/02/25/why-taxing-robots-is-not-a-good-idea; Orly Mazur, *Taxing the Robots*, 46 PEPP. L. REV. 277, 299-300, 318 (2019); Robert D. Atkinson, *The Case Against Taxing Robots*, ITIF (2019), https://itif.org/publications/2019/04/08/case-against-taxing-robots; Sami Ahmed, *Cryptocurreny & Robots: How to Tax and Pay Tax on Them*, 69 S. C. L. REV. 697, 731 (2018).

8) *See e.g.*, Englisch, *supra* note 2), at 12-13; Mazur, *supra* note 7), at 300-301.

9) 以下，Ⅱ1及びⅢは，主として泉絢也「AI・ロボット税の議論を始めよう―『雇用を奪う AI・ロボット』から『野良 AI・ロボット』まで―」千葉商大紀要 59 巻 1 号 25 頁以下（2021）の記述に基づいて整理を行っている。

10) ロボットに法人格を認めるべきという主張は馬鹿げているという批判として，Atkinson, *supra* note 7), at 8.

11) Xavier Oberson, *Taxing Robots? From the Emergence of an Electronic Ability to Pay to a Tax on Robots or the Use of Robots*, 9 WORLD TAX J. 247, 254（2017）.

12) Oberson, *supra* note 11), at 260.

13) AI 又はロボットとこれらの法人格の議論に関する邦語（邦訳）文献として，例えば，青木人志「『権利主体性』概念を考える― AI が権利をもつ日は来るのか―」法教 443 号 54 頁以下（2017），大屋雄裕「外なる他者・内なる他者―動物と AI の権利―」論究ジュリ 22 号 48 頁以下（2017），斉藤邦史「人工知能に対する法人格の付与」情報通信学会誌 35 巻 3 号 19 頁以下（2017），ウゴ・パガロ〔新保史生監訳〕『ロボット法』169〜207 頁（勁草書房 2018），栗田昌裕「AI と人格」山本龍彦編著『AI と憲法』201 頁以下（日本経済新聞出版社 2018），深町晋也「ロボット・AI と刑事責任」弥永真生＝宍戸常寿編『ロボット・AI と法』209 頁以下（有斐閣 2018），第二東京弁護士会情報公開・個人情報保護委員会編『AI・ロボットの法律実務 Q&A』14 頁以下〔大島義則〕（勁草書房 2019），岡本裕樹「AI への法人格付与に関する私法上の覚書（1）・（2・完）」筑波ロー・ジャーナル 28 号 1 頁以下，29 号 21 頁以下（2020），川口浩一「ロボット・AI に対する刑罰をめぐる最近の議論」法律論叢 94 巻 4 = 5 号 99 頁以下（2022）など参照。

14) *See* XAVIER OBERSON, TAXING ROBOTS: HELPING THE ECONOMY TO ADAPT TO THE USE OF ARTIFICIAL INTELLIGENCE 32-33, 113;(2019); Oberson, *supra* note 11), at 254, 260-261.

15) *See* Kovacev, *supra* note 2), at 196.

16) *See e.g.*, Treas. Reg. §301.7701-1〜3.

17) *See* OBERSON, *supra* note 14), at 33.

18) 参考として，Englisch, *supra* note 2).

19) *See* OBERSON, *supra* note 14), at 131-134.

20) *See* OBERSON, *supra* note 14), at 131-134.

21) *See* OBERSON, *supra* note 14), at 134.

22) *See* Germana Bottone, *A Tax on Robots?: Some Food for Thought*, DF WORKING PAPERS 16-17（2018）, https://www.finanze.it/export/sites/finanze/.galleries/Documenti/Varie/dfwp3_2018.pdf. 消費課税へのアプローチに関して，野田昌毅＝西原隆雅「AI・ロボット課税について」中里実ほか編『デジタルエコノミーと課税のフロンティア』233〜234 頁（有斐閣 2020）参照。

23) *See* OBERSON, *supra* note 14), at 135.

24) Englisch, *supra* note 4), at 373-374.

25) *See* Englisch, *supra* note 2), at 5-7.

26) 野田＝西原・前掲注 22），229 頁参照。

27) 自由民主党政務調査会デジタル社会推進本部「デジタル・ニッポン 2022 ―デジタルに

よる新しい資本主義への挑戦—」72 頁（2022）参照。https://www.jimin.jp/news/polic
y/203427.html.

28)　参考として，Stefano Dorigo, *Robots and Taxes: Turning an Apparent Threat into an Opportunity*, 92 TAX NOTES INT'L 1079, 1081-1082 (2018); Englisch, *supra* note 4), at 371 参照。

29)　Englisch, *supra* note 2), at 6.

30)　参考として，OBERSON, *supra* note 14), at 23 参照。

31)　Kovacev, *supra* note 2) at 197.

32)　*See* OBERSON, *supra* note 14), at 32-33, 114-115, 126-127. *See also* Oberson, *supra* note 11), at 254-255.　かかる提案の内容については，浅妻章如「AI やロボットに課税すべきか— Oberson 論文紹介—」税通 73 巻 2 号 2 頁以下（2018），野田＝西原・前掲注 22），229〜233 頁も参照。

33)　佐藤英明『スタンダード所得税法〔第 3 版〕』14 頁（弘文堂 2022）参照。

34)　この点については，Mazur, *supra* note 7), at 301-302 も参照。

35)　*See* OBERSON, *supra* note 14), at 114-115.

36)　*See* Englisch, *supra* note 2), at 8-9.

37)　*See* Englisch, *supra* note 2), at 9; Englisch, *supra* note 4), at 374-374.　現行制度上，帰属所得が非課税とされる理由について，佐藤・前掲注 33）13 頁も参照。

38)　*See* OBERSON, *supra* note 14), at 116-120; Oberson, *supra* note 11), at 255-256.

39)　*See* OBERSON, *supra* note 14), at 122-123.

40)　*See* Anton Korinek, *Taxation and the Vanishing Labor Market in the Age of AI*, 16 OHIO ST. L. J. 244 (2020). *See also* Jože P. Damijan et al., *Tax on Robots: Whether and How Much*, GROWINPRO WORKING PAPER 39/2021 (2021), http://www.growinpro.eu/tax-on-robots-whether-and-how-much/.

41)　Berg et al., *supra* note 6), at 17.　なお，この IMF のワーキングペーパーは，課税と再分配の政策パッケージの必要性を強調するとともに，財政政策により，自動化がもたらす平均所得の上昇と不平等の拡大というトレードオフを改善しうるという見解を示している。また，次の点を指摘している。*Id.* at 34.
・政策的介入がなければ，自動化による利益は主に資本所有者と熟練労働者が享受し，コストは主に非熟練労働者が負担する。資本所有者に課税し，非熟練労働者に移転するという，政策主導の所得の再分配が必要である。
・資本と資本所得への課税は，長期的には本質的にコストが高いという特徴につながる。格差是正のために社会がどの程度，所得を諦めるかは，政治的・経済的に重要問題であり，社会的選好に強く依存する。
　この点については，森信茂樹「AI の発達とロボット・タックス—デジタル社会の分断を避ける公共政策—」東京財団政策研究所連載コラム「税の交差点」第 97 回（2022.5.23）も参照。https://www.tkfd.or.jp/research/detail.php?id=3998.

42)　*See* Abbott & Bogenschneider, *supra* note 3), at 171-172.

43)　*See* WILLIAM MEISEL, THE SOFTWARE SOCIETY: CULTURAL AND ECONOMIC IMPACT 220-223 (2013).

44) *See* Abbott & Bogenschneider, *supra* note 3), at 171-172.

45) *See* Oberson, *supra* note 14), at 121.

46) *See* Abbott & Bogenschneider, *supra* note 3), at 170-171.

47) *See* Vincent Ooi & Glendon Goh, *Taxation of Automation and Artificial Intelligence as a Tool of Labour Policy*, Research Collection School of Law (2019), https://ink.library.smu.edu.sg/sol_research/2918.

48) *See* Daniel Hemel, *Does the Tax Code Favor Robots?*, 16 Ohio St. Tech. L. J. 219,238 (2020).

49) 参考として, Oberson, *supra* note 14), at 3参照。

50) *See* Mazur, *supra* note 7), at 297.

3 デジタル課税における無形資産の取扱い
——ネクサスと利益配分の議論を中心に——

谷 口 智 紀

（専修大学法学部教授）

I　はじめに

　多様化するデジタル経済取引に貢献する GAFA に代表される IT 企業（以下「プラットフォーマー」という。）が稼得する巨額の所得に対する課税の限界が顕在化し，いわゆるデジタル課税問題の解決は国際社会における喫緊の課題となっている。BEPS 問題を出発点とするこの問題は一国で対応できるものではなく，税源浸食と利益移転に関する OECD/G20 包括的枠組み（OECD/G20 Inclusive Framework on Base Erosion and Profit Shifting）（以下では，単に「OECD」という。）などで議論が進められ，多くの報告書等が公表されてきた。もっとも，議論の深化とともに，各国間の利害調整が複雑になり，最近では新しい国際課税ルールの導入までもが検討されている。

　国際課税の基本的な考え方は，企業が稼得する所得の源泉地を特定し，当該源泉地国が課税権を行使するというものである。ところが，デジタル経済取引に係る所得配分における各国間の合意形成が難しい中で，一部の国が先行してデジタルサービス税（Digital Services Tax）を導入しており，財源の奪い合いともいえる状況である。デジタル経済取引に対応する所得配分ルールが速やかに構築されるべきであるが，政治的妥協の産物として玉虫色のルールが構築されることで，多国籍企業に過度な租税負担を課されることは，担税力に応じた課税の視点から問題がある[1]。多国籍企業による国際的租税回避という負の側面ばかりが注目されるが，新型コロナウィルス感染症（COVID-19）という未曾有の災害の中で私たちの社会生活を支えたのは経済のデジタル化であり，その基盤を構築するプラットフォーマーの租税法律関係における法的保護の視点を軽

視すべきではないと思料する。筆者の問題意識はこの点に集約される。

　本稿の目的は，デジタル課税問題に対応するための新しい国際課税ルールを概観し，その構成ブロックにおける問題，具体的には，ネクサスと利益配分に関連する無形資産の特徴に基因する問題を明らかにすることにある。

　本稿の構成は以下のとおりである。Ⅱでは，日本租税理論学会におけるデジタル課税問題に関する議論を整理し，デジタル課税問題とは何かを明らかにし，本稿の位置づけを確認する。Ⅲでは，統一的な法典が編纂されていない国際税法における法規範のうち，本稿に関連する移転所得適正化規範を概観する。Ⅳでは，デジタル課税問題をめぐる最近の動向，とりわけ，2021年4月のアメリカの提案と，同年7月と10月のOECDの包括的枠組みの合意に関する声明を紹介する。Ⅴでは，新しい国際課税ルールの構成ブロックであるネクサスと利益配分に関連する無形資産の特徴に基因する問題を明らかにする。Ⅵでは，本稿で明らかにした内容を整理し，デジタル課税問題をめぐる今後の課題を述べる。

Ⅱ　デジタル課税問題とは何か

　OECDにおいてデジタル課税問題への対応をめぐる議論が進められる中で，わが国でも2018年頃から「デジタル課税」の用語を含む論文等が散見され[2]，現在ではデジタル課税問題を論じる多くの論文等が発表されている[3]。

　日本租税理論学会においても，2019年度研究大会では，鶴田廣巳教授が「プラットフォーマーとデジタル課税」と題する報告（以下では，同報告の内容をまとめた論文を「鶴田論文」という[4]。），2020年度研究大会では，望月爾教授が「国際的デジタル企業課税と各国のデジタル企業課税の動向─ OECDにおける『2つの柱』とデジタル・サービス税を中心に─」と題する報告（以下では，同報告の内容をまとめた論文を「望月論文」という[5]。）をなされ，活発な議論が行われた。以下では，鶴田論文と望月論文の内容を紹介し，デジタル課税問題とは何かを明らかにし，両論文を踏まえた本稿の位置づけを確認する。

1　鶴田論文の概要

　鶴田廣巳教授は，2015年10月に公表されたBEPSプロジェクト最終報告書[6]から，デジタル経済の主要な特徴には，①可動性（mobility），②ビッグデータの収益源，③ネットワーク効果，④マルチサイド・ビジネスモデルの利用，⑤独占または寡占，⑥ボラティリティの6つがあるとされ，デジタル経済に共通する特質は，無形資産（無形投資）の果たす役割と，その持つ意義が決定的に重要である点にあると整理されている。そのうえで，経済のデジタル化により巨大プラットフォーマーが好業績を上げ，市場を独占する一方で，国際課税に深刻な影響を及ぼしていると指摘されている。具体的には，①デジタル経済では，ユーザーや顧客が所在する市場国に物理的存在（恒久的施設：PE）がないため，市場国（源泉地国）は課税権を行使することができないという問題と，②無形資産を低税率国やタックス・ヘイブンに所在する子会社などに移転し，そこに所得を集中させて課税を回避するという問題があると指摘され，これらの問題に対するOECDの取り組みを整理されている。

　同教授は，OECDがBEPS最終報告書を土台として公表してきた，2018年3月に中間報告書[7]，2019年1月にポリシー・ノート[8]，2019年2月に公開討論文書[9]，2019年5月に作業計画[10]をそれぞれ紹介されている。そして，2019年10月の第1の柱に関する統一アプローチの提案[11]と，翌11月の第2の柱に関するGloBE（Global Anti-Base Erosion）の提案[12]の2つの公開討議文書を概観され，2020年1月の声明[13]までを紹介されている。

　そして，同教授は，恣意的な国際的な所得移転を防止するためにアメリカで導入された移転価格税制や，OECDモデル租税条約で採用されている独立企業原則に基づく所得配分の限界を指摘されている。すなわち，経済のデジタル化が進展し，無形資産への依存が高まり，独立企業原則に基づく移転価格制度を採用する現在の国際課税ルールの欠点が明らかとなり，また，移転価格の算定方法が利益法に傾斜し，独立企業原則の限界を示唆していると指摘されている。そして，定式配分法がこれらの問題を解決する一つの方法であると結論づけられている。

2 望月論文の概要

　望月爾教授は，経済のデジタル化に伴って台頭してきた国際的デジタル企業が巨額の利益をタックス・ヘイブンなどに移転し，租税回避を図る動きが拡大する中で，多国籍企業のグループ内の無形資産取引に移転価格税制の独立企業間原則を適用することが困難となっているとされている。そして，OECD における国際的デジタル企業に対する課税問題についての議論の変遷を概観されている。

　同教授も鶴田論文と同様に OECD の議論の動向を紹介されているが，とりわけ 2020 年 10 月に公表された，第 1 の柱および第 2 の柱に関する青写真報告[14]について詳細に概観されている。

　また，同教授は，EU がデジタル課税に関して中長期的な見直し案と短期的な見直し案の 2 つの方策を独自に提案し，とりわけ後者の当面の暫定措置として導入されるデジタルサービス税とあわせて，インド，イスラエルなどの導入状況も紹介されている[15]。

　そして，同教授は，最近の動向として，アメリカのバイデン政権が国際協調路線への回帰の中で一定の歩み寄りの姿勢を示しており，今後，妥協点を探りながら国際的な合意に至る可能性は高いとされつつも，とりわけ第 1 の柱の利益 A（Amount A）については配分の効果が限定的であること，また，手続面の法整備では従来にない国際的な課税権の調整が求められることなど，今後の課題が山積しているとされている。そのうえで，OECD の提案は，各国が個別の企業に対し物理的拠点に基づき課税権を行使するという従来の国際課税のルールである独立企業原則から，国際的デジタル企業グループの利益を国際的に配分する，いわゆる定式配分法への移行を意味しており，市場国への課税権の分配は，法人税における仕向地課税の導入とも考えられると結論づけられている。

3　現在の国際課税ルールの限界と本稿の位置づけ

　鶴田論文と望月論文は OECD が公表してきた報告書等に基づいてデジタル課税問題に関する議論を詳細に紹介され，その論点を整理されている。とりわけ，両論文に共通する特徴は，独立企業原則に基づく現在の国際課税ルールの

限界と，これに代わる定式配分による各国への所得配分の必要性を言及する点
にある。

　本来，デジタル課税問題の出発点は，現在の国際課税ルールである「PE な
ければ課税なし」の限界を顕在化させた，プラットフォーマーに対する課税の
あり方を検討するところにあった。ところが，OECD の問題意識から国家間の
合意形成に向かう過程で，デジタル課税の対象企業の選定にみられるように，[16]
各国間の利害対立が顕在化してきた[17]。そして，その過程で提案されてきた現在
の国際課税ルールである独立企業原則から定式配分法への変更は，これまでの
所得配分ルールとは大きく異なることから，その導入に伴う問題は少なくない。
デジタル課税問題とは，プラットフォーマーに対する課税に端を発した新しい
国際課税ルールの導入に向けた議論であるが，一方で，各国間への所得配分を
めぐる利害調整という政治的問題であるといえよう。

　ところで，多国籍企業による知的財産権を利用した国際的租税回避が横行し
ている現状に対しては，筆者は，「知的財産権を利用した租税回避に対する法
的統制が直面する問題には，多国籍企業と内国歳入庁との間の知的財産権の評
価をめぐる情報の非対称性と，一部の国のみが新たな国際課税のルールへ移行
した場合における混乱，具体的には二重課税の問題が生じるという国際課税の
ルールの問題がある。知的財産権を利用した租税回避の問題の解決が困難を極
めるのは，①知的財産権の特徴，②その特徴に基因した評価の困難性，③多国
籍企業では評価をめぐる問題が内部組織化されること，④知的財産権が収益を
生み出すか否かは，当該知的財産権がその他の技術等といかに組み合わされ価
値を創出するかにかかっているので，結局のところ，多国籍企業の選択に委ね
られていること，⑤グローバル経済の進展の中では，先進国と発展途上国には
それぞれの事情があり，各国間の合意を得ることが必ずしも容易ではないこと
等，問題の複層化にある。これらの問題を一つずつ解決していくほかないが，
とりわけ情報の非対称性の問題と，国際課税のルールの問題の解決は容易では
なく，現行法の枠組みでの租税回避に対する法的統制には一定の限界があると
いえる[18]。」と述べてきた。すなわち，有形資産取引を前提とした独立企業原則
を採用する現在の国際課税ルールには，所得源泉に基づくことの脆弱性と，多

国籍企業による操作可能性の問題が内在しており，結果として現在の国際課税ルールが知的財産権を含む無形資産を利用した租税回避の土壌を提供しているともいえる現状にある。この問題を解決する手法の一つである新しい国際課税ルールの構築をめぐっては，各国が異なる所得配分ルールを適用すると二重課税問題が生じることから，国際的な合意形成が必要である[19]。

　両論文の内容と，筆者が知的財産権取引の課税問題の研究により明らかにしてきたことは一致する。そこで，本稿は，両論文により論じられたこと以降のデジタル課税問題をめぐる議論を検討するものであると位置づけたうえで，とりわけ，2021年4月のアメリカの提案から同年10月のOECDの包括的枠組みの合意に関する表明までを紹介するとともに，筆者の研究課題である知的財産権取引の課税問題に関連するデジタル課税問題のうち，無形資産の範囲とその評価の議論に関連する①ネクサスと②利益配分について検討する。

Ⅲ　国際税法体系における規範類型―移転所得適正化規範

　統一的な法典が編纂されていない国税税法は，様々な基本的価値判断を伴う多数の租税法規範の中に散在している法素材から構成されている点に特徴がある。国際税法体系における規範類型は，外部的体系と内部的体系により構成されるが，素材の技術的編成と秩序をいう前者は，実質的正義に適った諸原則の体系をいう後者に可能な限りならうべきである[20]。

　内部的体系には，抵触根拠規範および抵触滅却規範，移転所得適正化規範，対外的経済嚮導規範，簡易化目的規範がある[21]。このうち，移転所得適正化規範とは，有害な租税の競争（harmful tax competition）が顕著にみられる諸国が存在する中で，それを正常化する規範である[22]。

　木村弘之亮教授は，移転所得適正化規範はさらに片務適正化規範と双務的適正化規範に分かれ，「双務的適正化規範としては，1977年OECDモデル租税条約7条がある。同条規範は，片務的適正化規範と異なり双務的性格を有し，かつ同時に中間国の所得の再配分にも資する。もちろん，この場合には移転所得の適正化は副次目的にすぎない。1977年OECDモデル条約7条の主たる価値判断は，当該納税義務者の利益となる二重課税の回避である。」と述べられて，

ここにおける主たる価値判断は納税義務者の二重課税の回避であり，移転所得の適正化は副次的目的にすぎないと指摘されている[23]。

OECD における BEPS 問題への対応を出発点とするデジタル課税問題の議論の中心は市場国への所得配分の問題であったことから，適正な所得配分ルールのあり方の議論と比べると，納税義務者である多国籍企業の二重課税問題は軽視され，主として移転所得の適正化，副次的に二重課税の回避が論じられている状況にある。確かに，多国籍企業が稼得する巨額な所得に現在の国際課税ルールが十分に対応することができず，結果として国際課税問題が生じていることは直視すべきであるが，このことをもって多国籍企業を狙い撃ちにすることには問題がある[24]。いかなる国際課税ルールを構築し，市場国に所得配分するかとあわせて，二重課税問題が生じないかも検討すべきである。

Ⅳ デジタル課税問題をめぐる最近の動向

1 アメリカの提案の概要

OECD が公表した青写真報告に対する各国の受け止めは様々であるが，例えば，アメリカのトランプ政権は独自の立場から OECD の議論に一定の距離を取ってきたことから[25]，最終的な合意形成をすることができるかが問題となっていた。この状況の中で，バイデン政権下のアメリカ合衆国政府は，2021年 4 月 8 日，包括的枠組み会合の運営委員会（Steering Group of the Inclusive Framework Meeting）におけるアメリカによるプレゼンテーション（Presentation by the United States）[26]と題する，第 2 の柱と第 1 の柱により構成される全 21 頁の資料を公表した（以下『アメリカの提案』という。）。

まず同提案では第 2 の柱に関する記述が第 1 の柱より前に置かれていることが注目される。両者の関係については，同提案は，「第 2 の柱は，安定した多国間の国際課税の制度設計なしには十分に成功することはできない」（Pillar 2 cannot be fully successful absent a stable multilateral international tax architecture）とし，「第 1 の柱は，制度設計を安定させる機会を提供する」（Pillar 1 provides the opportunity to stabilize the architecture）としている。そのうえで，「安定化の問題を通して，第 1 の柱と第 2 の柱は，単なる政治を超え

るものによって連結されている」（Via the stabilization question, Pillar 1 and Pillar 2 are linked by more than just politics）としている。

　南繁樹氏は，「これは，Pillar 1（恒久的施設が置かれていない市場国への税収配分）を中心にして進行してきた議論を，Pillar 2（ミニマム・タックス）を中心に転換するもののようにも感じられ，意見調整が比較的に容易な Pillar 2 を中心として合意形成を図ろうという政治的意図があるのかもしれない。[27]」と述べられている。確かに，第2の柱は，各国がすでに法整備を進めてきた国際的租税回避の防止措置を統一的に導入するものであり比較的，合意形成は容易であるが，第1の柱は，とりわけ新たに利益Aと定義される所得に対して新しい所得配分ルールを導入するものであり，各国間の利害調整が難しいといえよう。

　同提案は，Pillar 2 については，アメリカは，ミニマム・タックスに関する税源浸食濫用防止税制（Base Erosion and Anti-abuse Tax）を廃止し，有害本社移転対抗・低課税投資阻止税制（Stopping Harmful Inversions and Ending Low-tax Developments）を導入することにより，アメリカに所在する親会社レベルでの合算課税の税率を10.5％から21％に引き上げるとともに，国外における税源浸食的支払の判定を全世界ベースから国別に改め，税率21％を下回る国に所在する国外関連法人への支払を損金不算入とするとしている。

　一方で，Pilar 1 については，「青写真は，第1の柱の多くの重要な技術的基礎を構築している」（Blueprint lays significant technical groundwork for much of Pillar 1）ことから，第1の柱の導入に向けて議論を終わらせる必要があるとしつつも，「同時に，多国間の国際課税制度に内在する複雑さが，とりわけ範囲と関連する行政上の問題について合意に達することを困難にしている」（At the same time, complexities inherent in the multilateral international tax architecture have made it difficult to reach consensus, especially on scope and related administrative issues）としている。そのうえで，「さらに，アメリカは，アメリカ企業に対する差別的なあらゆる結果を受け入れることはできない」（Further, the United States cannot accept any result that is discriminatory towards U.S. firms）と強調している。[28]

　そして，「簡素化が強く望まれる」（simplification is highly desirable）として，[29]

「包括的な適用範囲に関する提案」（Proposal for Comprehensive scoping）と題して，「最大規模かつ最も利益率が高い多国籍企業グループを対象とする量的基準を設計する」（Design quantitative criteria to scope in largest and most profitable MNE groups）こと，具体的には，業種による区別に反対し，対象の多国籍企業は 100 社以下とし，売上高（Revenue）と利益率（Profit margins）によって対象企業を限定すると提案している[30]。なお，利益 B（Amount B）には言及していない。

本稿の検討対象であるネクサス（Nexus）については，「一部の IF メンバーは，第 1 の柱の恩恵を受けられないことに懸念を表明している」（Some IF members have expressed concern that they will not benefit from Pillar 1）として，「ADS + CFB の範囲に関連する複雑さは，プラス要因を含むネクサスに関して類似の複雑さをもたらした」（Complexities associated with ADS+CFB scope led to corresponding complexities regarding nexus, including plus factors）としたうえで，「私たちは，第 1 の柱が途上国に便益を与えることを確保するために，ネクサスの閾値設定に関しては，柔軟であるよう準備している」（We are prepared to be flexible regarding nexus thresholds to ensure that Pillar 1 benefits developing countries）としている。また，「その他の構成ブロックは，望ましい方向に一般に進んでいる。」（Other building blocks are generally progressing in a positive direction）とし，その一つに利益配分（Profit allocation）をあげている。

2 OECD における包括的枠組みの合意

（1）　2021 年 7 月 1 日の声明

OECD は，2021 年 7 月 1 日，世界 130 の国・地域が国際課税改革のための新しい枠組みを設立する計画に参加し，経済のデジタル化から生じる課税問題に対応するための 2 つの柱による解決策に合意し，詳細な実施計画と残された問題は 2021 年 10 月までに最終決定する予定であるとの声明を発表した（以下「7 月声明」という。）[31]。

同声明は，2 つの柱のうち第 1 の柱に関する範囲（Scope）については，「対象企業は，世界の売上高が 200 億ユーロを超え，かつ，利益率（例えば，税引前

利益／利益）が 10％を超える多国籍企業（MNE）であり，利益 A に係る税の安定性を含む実施が成功することを条件として，売上高の閾値が 100 億ユーロに引き下げられ，合意が発効して 7 年後に関連する審査が開始され，当該審査は 1 年以内に完了する。」(In-scope companies are the multinational enterprises (MNEs) with global turnover above 20 billion euros and profitability above 10% (i.e. profit before tax/revenue) with the turnover threshold to be reduced to 10 billion euros, contingent on successful implementation including of tax certainty on Amount A, with the relevant review beginning 7 years after the agreement comes into force, and the review being completed in no more than one year.) とし，「採掘産業および規制対象である金融業は除外される。」(Extractives and Regulated Financial Services are excluded.) としている。

　ネクサス（Nexus）については，「対象となる多国籍企業が市場法域から少なくとも 100 万ユーロの収益を得る場合には，当該市場法域への利益 A の配分を認める新しい特別目的のネクサスルールが設けられるであろう。GDP が 400 億ユーロ未満の小規模な法域では，ネクサスは 25 万ユーロに設定されるであろう。」(There will be a new special purpose nexus rule permitting allocation of Amount A to a market jurisdiction when the in-scope MNE derives at least 1 million euros in revenue from that jurisdiction. For smaller jurisdictions with GDP lower than 40 billion euros, the nexus will be set at 250 000 euros.) とし，「特別目的のネクサスルールは，市場法域が利益 A の配分として適格か否かを決定するためにのみ適用される。」(The special purpose nexus rule applies solely to determine whether a jurisdiction qualifies for the Amount A allocation.) としている。また，「（少量の売上高の追跡を含む）コンプライアンスコストは最小限に抑えられるであろう。」(Compliance costs (incl. on tracing small amounts of sales) will be limited to a minimum.) としている。

　また，分割対象利益（Quantum）については，「対象となる多国籍企業に関しては，収益の 10％を超える利益として定義される残余利益の 20-30％の間が，収益ベースの配分キーを用いて，ネクサスのある市場法域に配分されるであろう。」(For in-scope MNEs, between 20-30% of residual profit defined as profit in excess of 10% of revenue will be allocated to market jurisdictions with nexus using a revenue-based allocation key.）としている。

⑵　2021年10月8日の声明

OECDは，2021年10月8日，136の国・地域が国際課税ルールの抜本的改革に合意し，具体的には，2つの柱により構成される解決策のうち，第1の柱については，多国籍企業に関する各国間の利益と課税権のより公平な配分を確保するために，多国籍企業に対する課税権の一部を，その企業が本拠地を置いている国から，物理的拠点の有無にかかわらず多国籍企業が事業活動を行い利益を得ている市場へ再配分すること，そして，第2の柱については，15%の世界的な最低法人税率を導入することに合意したとの声明を発表した（以下「10月声明」という[32]。）。

10月声明は，7月声明と同様に，第1の柱と第2の柱により構成されており，そして，付録（Annex）において詳細な実施計画を記載している。

7月声明と10月声明の違いをみると，第1の柱に関する範囲については，「対象企業は，世界の売上高が200億ユーロを超え，かつ，<u>平均化メカニズムを用いて計算される利益率（例えば，税引前利益／利益）</u>が10%を超える多国籍企業（MNE）であり，」（In-scope companies are the multinational enterprises （MNEs）with global turnover above 20 billion euros and profitability above 10%（i.e. profit before tax/revenue）<u>calculated using an averaging mechanism</u> with the turnover threshold to be reduced to 10 billion euros,）（筆者下線）として，文言を加筆している。

ネクサスに関する記述には違いはみられないが，分割対象利益については，「対象となる多国籍企業に関しては，収益の10%を超える利益として定義される残余利益の<u>25%</u>は，収益ベースの配分キーを用いて，ネクサスのある市場法域に配分される。」（For in-scope MNEs, <u>25%</u> of residual profit defined as profit in excess of 10% of revenue will be allocated to market jurisdictions with nexus using a revenue-based allocation key.）（筆者下線）として，市場国に配分される残余利益を決定している。

その他には，税の安定性（Tax certainty）と一方的措置（Unilateral measures）

に新たな記述が見られるほかは軽微な文言修正にとどまっている。今後，2022年に多国間条約の締結，デジタルサービス税の廃止などがなされ，2023年に新しい国際課税ルールが発効される予定である。

　両声明に共通することは，各国間の利害調整から合意が難しいとされてきた所得配分ルールについて売上高と利益率，そして収益という客観的基準のほか定式を用いることで，合意形成を図ろうとする点である。合意の内容は，これまでにOECDが公表してきた考え方を大きく修正しているが，その意味では，アメリカの提案が合意形成を促した側面をみることができる。

Ⅴ　無形資産に関連するデジタル課税問題—ネクサスと利益配分

　デジタル課税問題の本質は，無形資産の特徴に基因して現在の国際課税ルールでは多国籍企業の所得に対して適切に課税することができない中で，いかなる基準で市場国に所得配分するかという点に集約される。とりわけ，所得配分ルールの決定をめぐっては，市場国のいかなる無形資産が所得の源泉と結びつくかという無形資産の範囲，そして，無形資産が所得の獲得にいかに貢献したかという無形資産の価値評価が問題となる。これらは，デジタル課税の議論ではネクサスと利益配分に関連して問題となる[33]。

　まずは，ネクサスについては，OECDでは，ユーザーの参加（user participation），マーケティング上の無形資産（marketing intangibles），重要な経済的存在（significant economic presence）の３つが提案され，議論されてきた[34]。

　このうち，マーケティング上の無形資産は，ネクサスの根拠に直接，無形資産を用いるもので，高度にデジタル化されたビジネスモデルのみを対象とするものではなく，より広範にマーケティング上の無形資産を使用して事業を行う企業を広く対象としようとするものである[35]。これを正当化する根拠は，①ブランドや商標などの価値は，市場国の消費者の当該ブランドに対する（好意的な）意識によって創造されるものであることから，市場国によって創造されたものとみなすことができること，②その他の顧客データや顧客リストなどのマーケティング上の無形資産についても，市場国の消費者やユーザーを対象とした活動によって得られるものであること，にある。同提案によると，マーケティン

グ上の無形資産およびそれに係るリスクを市場国に配分し，市場国に対して配分されたノン・ルーティン利益の全部または一部について課税権を認めることになるが，マーケティング上の無形資産と市場国の間に本来的な結びつきが認められるかには疑問があるともされる。[36]

　同提案では，特許権，商標権，著作権等という知的財産権だけではなく，顧客データやブランドなど，マーケティング活動を通じて市場国で生み出された無形資産をも「マーケティング上の無形資産」に含むことになる。市場国に該当するかは，当該国に「マーケティング上の無形資産」として定義される「無形資産」が存在するか否かで判断されることから，無形資産の範囲が必然的に問題となる。知的財産権のように権利化されるものはその存在を特定することができるが，顧客データやブランドなどの抽象的な無形資産はその存在を明確に認識することが難しいばかりではなく，ネクサスの根拠となるかを客観的に判断することが難しい。とりわけ，市場国として新たに所得配分を受ける国は，可能な限り「マーケティング上の無形資産」の範囲を広く捉えるが，多国籍企業の本拠地国のように，この提案により所得配分を受けない国は，積極的にその範囲を広く捉えることには否定的であり，抽象的基準による市場国該当性の判断には問題があるとする傾向があると考えられることから，各国間の利害調整が難しい。

　10月声明は，これまでに議論してきた3つの提案とは別に，売上高と利益率を基準として用いることを明らかにしており，これらの無形資産の範囲に基因して生じる問題は解決された。

　次に，OECD では利益配分については，修正残余利益分割法（Modified Residual Profit Split Method），定式配分法（Fractional apportionment method），分配ベースのアプローチ（Distribution-based approaches）の3つの方法が議論されてきた。

　修正残余利益分割法は，市場国で創造された価値に対応するノンルーティン利益（残余利益）を，残余利益分割法を用いて算定した金額により各市場国に配分する方法である。定式配分法は，ルーティン利益とノンルーティン利益を区別せずに，分割対象利益のうち一定の配分基準を用いて算定した金額により

各市場国に配分する方法である。分配ベースのアプローチは，各市場国における みなし利益率を設定し，売上高にみなし利益率を乗じて各市場国に配分される金額を決定する方法である[37]。

　このうち，修正残余利益分割法では，移転価格税制における独立企業間価格の算定方法の一つである残余利益分割法の計算方法に類似するものであることから，総額計算においては，ルーティン利益とノンルーティン利益をいかに区別するかが問題となる。例えば，ネクサスにマーケティング上の無形資産を採用した場合には[38]，ノンルーティン利益に帰すべき部分をいかに特定すべきかをめぐって，当該無形資産の価値評価が問題となる。また，確定されたノンルーティン利益の市場国への配分計算においては，配分キーをいかに決定するかが問題となる。二国間の配分が問題となる移転価格税制とは異なり，複数国間での残余利益の配分を決定することから解決の難しい問題である。

　10月声明は，修正残余利益分割法を採用しつつも，収益基準と定式により所得配分することを明らかにしており，これらの無形資産の価値評価に基因して生じる問題は解決された。

　以上のとおり，ネクサスと利益配分に関連して無形資産の特徴に基因して生じる問題は，アメリカの提案を受けて大幅に修正された OECD の包括的枠組みの合意では解決が図られている。確かに，新しい国際課税ルールの導入という大転換であるにもかかわらず，その対象企業を制限し，さらに売上高と利益率，そして収益を基準とし，定式により所得配分しており，いかなる根拠で市場国に所得配分するかという理論的問題に対する十分な解決策とはいえない。しかし，多くの国と地域が合意したものであることから，二重課税問題が生じることが排除され，また客観的基準が採用されることから，予測可能性が確保されるものであると評価することもできる。

Ⅵ　結論─今後の課題

　本稿の目的は，国際社会における喫緊の課題であるデジタル課税問題に対応するための新しい国際課税ルールを概観し，その構成ブロックにおける問題，具体的には，ネクサスと利益配分に関連する無形資産の特徴に基因する問題を

明らかにすることにあった。

　本文の検討を通して以下の3点を明らかにすることができた。

　第1は，デジタル課税問題は，デジタル経済の進展で顕在化した現在の国際課税ルールの限界を克服することを目的に，とりわけプラットフォーマーが稼得する巨額の所得に対して適切に課税するための新しい国際課税ルールの導入の議論であるが，一方で，プラットフォーマーの全世界所得を，市場国にいかに配分するかという利害調整の問題である。もっとも，移転所得適正化規範の下では，移転所得の適正化は副次的目的にすぎず，主たる価値判断である納税義務者である多国籍企業に対する二重課税の排除にも注意を払うべきである。

　第2は，2021年4月に公表されたアメリカの提案のうち第1の柱に関する提案は，売上高と利益率という客観的基準により新しい国際課税ルールの対象企業を選定するものである。その後，OECDが同年10月に包括的枠組みの合意として表明した内容に鑑みると，アメリカの提案が，各国間の利害対立により合意形成が難しいとみられていた第1の柱の妥協点となり，議論を進展させた側面がある。

　第3は，新しい国際課税ルールの導入をめぐっては，その構成要素であるネクサスに関連して無形資産の範囲と，利益配分に関連して無形資産の価値評価の問題があり，これらの問題が市場国の所得配分の有無，そしてその配分額に直接影響することになる。結果的には，OECDが売上高と利益率，そして収益を基準とし，定式により所得配分するとしたことから，現状では無形資産の特徴に基因して問題が生じる可能性は後退した。

　最後に，新しい国際課税ルールの導入に関連する今後の課題を述べたい。

　約100年前に導入された有形資産取引を前提とする現在の国際課税ルールでは，多国籍企業内のすべてのグループ取引に係る独立企業間価格を算定することができることを前提として，その算定方法の設計や精度の向上が図られてきた[39]。一方で，デジタル経済取引に対応するための新しい国際課税ルールでは，少なくともOECDの合意内容を概観する限りでは，定式配分ともいえる所得配分ルールが採用される見込みである。国際課税ルールの大転換であるともいえることから，これまでに緻密な議論が蓄積されてきた移転価格税制にいかな

る影響を及ぼすかが問題となる。[40] また，2つの国際課税ルールが併存することになることから，両ルールの適用をめぐる企業間の公平性や，経済活動への中立性が問題となる。

　今後，OECDにおける合意内容にしたがって，各国は多国間条約を締結し，条約の承認をすることになるが，とりわけ多数のプラットフォーマーの本拠地であるアメリカが条約の承認をすることができるか否かが，デジタル課税問題の解決に向けた試金石となる。わが国でも条約の承認のほかに，条約の内容を，現在の租税法規定の延長線上に位置づけて法改正にとどめるものと，新たな課税ルールとして法規定を新設するものにそれぞれ整理し，法整備を進めていかなければならない。また，デジタル経済取引に対応する租税手続規定の法整備も同時に進めていかなければならない。[41]

＊本稿は，令和3年度専修大学研究助成個別研究『研究課題：日米比較法研究による所得相応性基準をめぐる立証責任の問題の検証』の研究成果の一部である。

注
1)　増田英敏『リーガルマインド租税法第5版』17頁以下（成文堂，2019年）。
2)　CiNii Reseach（2022年5月30日現在）によると，「デジタル課税」の用語を初めて用いた論文は，溝口史子「付加価値税や恒久的施設との関係は？　EUにおけるデジタル課税の動向と日本企業の対応」旬刊経理情報1514号56頁以下（2018年）である。それ以前に「デジタル課税」の用語を用いた翻訳としては，望月爾（訳）「アーサー・J・コフェルト　デジタル課税の法と経済学―伝統的租税法及び租税原則への課題―」立命館法学290号1045頁以下（2003年）参照。
3)　学会誌『租税法研究』の「学会展望」では，国際租税法に「デジタル課税」の項目が設けられ，多くの論文が紹介されている（辻美枝「租税法学会の動向」租税法研究154頁（2021年））。
4)　鶴田廣巳「巨大プラットフォーマーの出現とデジタル課税」日本租税理論学会編『租税上の先端課題への挑戦（租税理論研究叢書30)』18頁以下（財経詳報社，2020年）。
5)　望月爾「国際的デジタル企業課税と各国のデジタル企業課税の動向― OECDにおける『2つの柱』に関する議論を中心に―」日本租税理論学会編『企業課税をめぐる内外の諸問題（租税理論研究叢書31)』23頁以下（財経詳報社，2021年）。
6)　OECD（2015），Addressing the Tax Challenges of the Digital Economy, Action 1 -

2015 Final Report, OECD/G20 Base Erosion and Profit Shifting Project, OECD Publishing, Paris.

7) OECD (2018), Tax Challenges Arising from Digitalisation − Interim Report 2018: Inclusive Framework on BEPS, OECD/G20 Base Erosion and Profit Shifting Project, OECD Publishing, Paris.

8) OECD/G20 Base Erosion and Profit Shifting Project (2019), Addressing the Tax Challenges of the Digitalisation of the Economy − Policy Note.

9) OECD/G20 Base Erosion and Profit Shifting Project (2019), Addressing the Tax Challenges of the Digitalisation of the Economy Public Consultation Document.

10) OECD (2019), Programme of Work to Develop a Consensus Solution to the Tax Challenges Arising from the Digitalisation of the Economy, OECD/G20 Inclusive Framework on BEPS, OECD, Paris.

11) OECD (2019), Public consultation document Secretariat Proposal for a "Unified Approach" under Pillar One.

12) OECD (2019), Public consultation document Global Anti-Base Erosion Proposal ("GloBE") (Pillar Two) Tax Challenges Arising from the Digitalisation of the Economy.

13) OECD (2020), Statement by the OECD/G20 Inclusive Framework on BEPS on the Two-Pillar Approach to Address the Tax Challenges Arising from the Digitalisation of the Economy − January 2020, OECD/G20 Inclusive Framework on BEPS, OECD, Paris.

14) OECD (2020), Tax Challenges Arising from Digitalisation − Report on Pillar One Blueprint: Inclusive Framework on BEPS, OECD/G20 Base Erosion and Profit Shifting Project, OECD Publishing, Paris, OECD (2020), Tax Challenges Arising from Digitalisation − Report on Pillar Two Blueprint: Inclusive Framework on BEPS, OECD/G20 Base Erosion and Profit Shifting Project, OECD Publishing, Paris. 青写真報告を紹介する邦語の文献としては，南繁樹「OECD のデジタル課税及びミニマムタックスに関するブループリント（Blueprint）のポイント」T&A マスター 858 号 13 頁以下（2020 年），岡田至康・高野公人「デジタル経済課税　第 1・第 2 の柱ブループリントと今後の動向〈1〉・〈2〉・〈3〉」国際税務 41 巻 1 号 22 頁以下・2 号 42 頁以下・3 号 50 頁以下（2021 年），古川勇人「経済のデジタル化と BEPS 対処〈1〉・〈2〉・〈3〉・〈最終回〉」国際税務 41 巻 5 号 14 頁以下・6 号 36 頁以下・7 号 30 頁以下・8 号 38 頁以下（2021 年）など参照。

15) デジタルサービス税を論じる邦語の文献としては，増井良啓「デジタルサービス税と日本」論究ジュリスト 36 号 243 頁以下（2021 年），渡辺徹也「デジタルサービス税の理論的根拠と課題— Location-Specific Rent に関する考察を中心に—」フィナンシャル・レビュー 143 号 219 頁以下（2020 年）など参照。

16) デジタル課税の対象企業の選定により，わが国の多国籍企業が一定の影響を受ける可能性がある（吉村政穂「デジタル課税議論の動向と望ましい課税のあり方」税理 62 巻 12 号 8 頁（2019 年））。

17) 国際課税問題をめぐる対応については，増井良啓・宮崎裕子『国際租税法第 4 版』19 頁以下（東京大学出版会，2019 年）参照。

18) 拙著『知的財産権取引と租税回避』234 頁（成文堂，2020 年）〔初出 2016 年〕。

19) 拙著・前掲注 18)・232 頁以下〔初出 2016 年〕。

20) 木村弘之亮『国際税法』68 頁以下（成文堂，2000 年）。

21) 木村・前掲注 20)・70 頁以下。

22) 木村・前掲注 20)・72 頁。

23) 木村・前掲注 20)・72 頁以下。

24) 多国籍企業の事業の視点からデジタル課税問題を検討する文献としては，青山慶二「変遷するグローバルビジネスから見たデジタル経済課税ルールの課題」フィナンシャル・レビュー 143 号 45 頁以下（2020 年）参照。

25) 望月・前掲注 5)・43 頁。

26) STEERING GROUP OF THE INCLUSIVE FRAMEWORK MEETING, PRESENTATION BY THE UNITED STATES, APRIL 8, 2021. アメリカの提案は，MNE Tax に掲載されている Julie Martin 氏の "Leaked copy of US proposal for Pillar One and Two multinational group tax reforms available" と題するウェブ記事より入手することができる（https://mnetax.com/leaked-copy-of-us-proposal-on-multinational-group-tax-reforms-available-43379〔最終確認日：2022 年 5 月 30 日〕）。アメリカの提案を紹介する邦語の文献としては，南繁樹「デジタル課税に関する米国提案のポイントと企業への影響」国際税務 41 巻 5 号 32 頁以下（2021 年），吉村政穂「米国バイデン政権による OECD ブループリント（第 1 の柱）に対する評価——包摂的枠組み会合運営委員会におけるプレゼン資料（2021 年 4 月 8 日）の紹介」（https://note.com/mytax_japan/n/nf 8 afe0310bab〔最終確認日：2022 年 5 月 30 日〕）など参照。

27) 南・前掲注 26)・35 頁。

28) Presentation by the United States, supra note 26) at 9.

29) Id. at 10.

30) Id. at 12-15.

31) OECD/G20 Base Erosion and Profit Shifting Project（2021），Statement on a Two-Pillar Solution to Address the Tax Challenges Arising From the Digitalisation of the Economy（https://www.oecd.org/tax/beps/statement-on-a-two-pillar-solution-to-address-the-tax-challenges-arising-from-the-digitalisation-of-the-economy-july-2021.pdf〔最終確認日：2022 年 5 月 30 日〕）。

32) OECD/G20 Base Erosion and Profit Shifting Project（2021），Statement on a Two-Pillar Solution to Address the Tax Challenges Arising from the Digitalisation of the Economy（https://www.oecd.org/tax/beps/statement-on-a-two-pillar-solution-to-address-the-tax-challenges-arising-from-the-digitalisation-of-the-economy-october-2021.pdf〔最終確認日：2022 年 5 月 30 日〕）。

33) デジタル課税の解説については，税務弘報 67 巻 9 号 7 頁以下（2019 年）に掲載される「特集 GAFA と税 デジタル課税が創り変える税界」の各解説など参照。

34) ネクサスに関する詳細については，藤枝純ほか『デジタル課税と租税回避の実務詳解』

23 頁以下（中央経済社，2019 年）参照。

35)　藤枝ほか・前掲注 34)・24 頁。

36)　藤枝ほか・前掲注 34)・25 頁。

37)　利益配分ルールに関する詳細については，藤枝ほか・前掲注 34)・34 頁以下参照。

38)　同様の仮定を用いた解説については，藤枝純・遠藤努「2020 年末に向けたデジタル課税の全貌とは　新たな課税方法案とそのインパクト」税務弘報 67 巻 9 号 32 頁以下（2019年）参照。

39)　現在の国際課税ルールと新しい国際課税ルールの異同を検討する文献としては，浅妻章如「国際的な課税権配分をめぐる新たな潮流と展望について─国際連盟時代以来の伝統を踏まえて」フィナンシャル・レビュー 143 号 95 頁以下（2020 年）参照。

40)　デジタル課税と移転価格税制の今後の役割については，今村隆「移転価格税制についての最近の裁判例と諸問題」租税研究 838 号 242 頁以下（2019 年）参照。

41)　デジタル課税をめぐる手続面の法整備について論じる文献としては，栗原克文「デジタル経済への課税─実施上・執行上の論点」フィナンシャル・レビュー 143 号 172 頁以下（2020 年）など参照。

4 適格請求書等保存方式への移行と電子インボイスの課題

山 元 俊 一
(税理士)

はじめに

わが国の消費税は，平成元年4月1日に施行され，その際に仕入税額控除の方式として，帳簿保存方式が採用された。その後，平成7年度の改正では，帳簿及び請求書等保存方式に改正された。そして，令和5年10月1日より適格請求書保存方式（インボイス方式）が導入される予定である。

このインボイス方式への移行は，わが国における消費税の大きな歴史的転換点であると位置づけられる。インボイス方式への転換は，EU型の付加価値税に類似していくこととなる。本稿では，このような歴史的転換点であるインボイス方式への移行について，その内容を確認するとともに，インボイス方式の問題点を掲げる。また，デジタル化の一環として電子インボイスが導入される予定であるが，この電子インボイスについても合わせて述べていくこととする。[1]

また，EUにおけるインボイス方式を巡る問題点を紹介して，わが国のインボイス方式の問題点と合わせて考察することとする。

1 インボイス方式導入の経緯と概要

平成25年度税制改正大綱を受けて，自民党と公明党からなる「軽減税率制度調査委員会」が，野田毅税調会長を委員長として設置された。同委員会では，平成27年10月の消費税率10%への引き上げの際の軽減税率の導入が検討された。[2]

平成25年11月12日，与党税制協議会による「軽減税率についての議論の中間報告」と題する報告書が出された。[3] この報告書では，次のようなことが検

討されている。

　消費税率が10％に引き上げられることによる問題点として，逆進性の問題がクローズアップされることとなった。[4)]

　この逆進性の問題を緩和するために，軽減税率の導入の是非が併せて議論されている。複数税率が採用されると，その区別が煩雑であるという理由から，「インボイス方式」の導入が検討されることとなった。この「インボイス方式」[5)]を採用することによって，「そのコスト負担がどの程度までになるのか」，「中小企業がそのコスト負担に対応できるのか」といったことも検討された。[6)] そこで，企業の事務負担の軽減策などが中心的な論点となった。さらに，①対象，品目及び消費税率について，②インボイス方式など区分経理のための制度の整備について，③中小事業者等の事務負担増加，免税事業者が課税選択を余儀なくされる問題への理解について，④財源の確保について，⑤その他，という区分で意見がまとめられている。[7)] そのうち，②のインボイス制度など区分経理のための制度の整備についてまとめられた内容は，次のとおりである。

(1)　軽減税率は，何を対象商品にするかで線引きをするので，税抜価格，税額，適用税率を明記したインボイスが必要になる。

(2)　インボイス導入により，取引の都度インボイスを作成しなければならず，また，税額計算が現行の制度とは全く異なる。中小企業の事務負担を増大させるため，インボイス制度は導入するべきではない。加えて，徴税側にもインボイスの偽造防止を含め，税務調査等で過大な事務負担とコストが発生する。

(3)　現行の帳簿方式のもとで請求書に税率，税額を記載すれば，インボイス制度でなくてもよい。

(4)　個別の品目や税額が書いてあるものがインボイスだとすると，軽減税率導入にはインボイスが必要である。

(5)　軽減税率の導入に伴い導入が求められるインボイスについては，事務負担の増加や免税事業者の排除等の懸念を払拭するため，現行の請求書の様式や申告方法等を基本とし，農協による農家のインボイスの代理発行等も認めるべきである。

以上の意見を総括すると，軽減税率を導入することに伴うインボイスの導入に関しては，賛否両論がある。インボイスの導入に賛成という意見の多くは，軽減税率を導入した場合に，適正な価格転嫁を行うためにインボイスが必須になるという意見である。それは，インボイスを受領する仕入事業者側の計算の際に，軽減項目かどうかの線引きをするので，税抜価格，税額，適用税率を明記したインボイスが必要になってくることによる。つまり，仕入側の事業者側の視点が主なものである。一方，インボイスの導入に反対という意見は，インボイスを発行する側すなわち売上事業者側の事務負担を増大させることを理由にしている。つまり，売上事業者側の視点が，主になっている。また，事業者の事務負担の増加等に配慮して，インボイスの発行を第三者に代理発行させる案も浮上していた。

　このように，インボイス導入の賛否については，インボイスの本質論ではなく，その機能面に着目して，議論がなされたようである。インボイスの本質は，本来は，法定証明資料であるということである。適正な転嫁を行うために，売り手と買い手の事業者同士でインボイスのやりとりはするものの，課税庁に対する証明資料であることにすぎない。つまり，事業者間だけでのやりとりだけではなく，課税庁に対しても，税金が存在するということを証明する資料であると考えられる。この本質的な論点についての議論がなされていない。

　その後，自民党・公明党の「平成28年度税制改正大綱」（平成27年12月16日付）は，消費税のインボイス方式の導入について次のように述べられている（元号については，現行に合わせている）。「消費税の軽減税率制度を，平成29年4月1日から導入する。あわせて，複数税率制度に対応した仕入税額控除の方式として，「適格請求書等保存方式」（いわゆる「インボイス方式」）を令和3年10月1日から導入する。それまでの間については，「現行の請求書等保存方式を基本的に維持しつつ，区分経理に対応するための措置を講ずる」こととされた。

　その結果，平成28年3月31日，第190回国会において，平成28年法律第15号「所得税法等の一部を改正する法律」として，適格請求書等保存方式を導入した改正消費税法が成立した。

2　インボイス方式の概要

　平成28年3月31日に成立した改正消費税法による「インボイス方式」の概要は，次のとおりである。

(1)　適格請求書の記載事項

　まず，「適格請求書」の記載事項は，原則としてEU型の「インボイス方式」と同じである。主な内容は，次のとおりである（新消法57の4①）。①適格請求書発行事業者の氏名又は名称，②取引年月日，③取引の内容，④受領者の氏名又は名称，⑤適格請求書発行事業者の登録番号，⑥軽減税率の対象品目である旨（「※」印等をつけることにより明記），⑦税率ごとに区分して合計した対価の額（税抜き又は税込み）及び適用税率，⑧税率ごとに区分して合計した消費税額等（消費税額及び地方消費税額の合計額）。なお，適格請求書発行事業者の登録が

○　仕入明細書等の記載事項の比較（消法30⑨二、28年改正法附則34②、新消令49④）

請求書等保存方式 （令和元年9月30日まで）	区分記載請求書等保存方式 （令和元年10月1日から 令和5年9月30日までの間）	適格請求書等保存方式 （令和5年10月1日から）
①　書類の作成者の氏名又は名称 ②　課税仕入れの相手方の氏名又は名称 ③　課税仕入れを行った年月日 ④　課税仕入れに係る資産又は役務の内容 ⑤　課税仕入れに係る支払対価の額	①　書類の作成者の氏名又は名称 ②　課税仕入れの相手方の氏名又は名称 ③　課税仕入れを行った年月日 ④　課税仕入れに係る資産又は役務の内容（課税仕入れが他の者から受けた軽減対象資産の譲渡等に係るものである場合には、資産の内容及び軽減対象資産の譲渡等に係るものである旨） ⑤　税率ごとに合計した課税仕入れに係る支払対価の額	①　書類の作成者の氏名又は名称 ②　課税仕入れの相手方の氏名又は名称及び登録番号 ③　課税仕入れを行った年月日 ④　課税仕入れに係る資産又は役務の内容（課税仕入れが他の者から受けた軽減対象資産の譲渡等に係るものである場合には、資産の内容及び軽減対象資産の譲渡等に係るものである旨） ⑤　税率ごとに合計した課税仕入れに係る支払対価の額及び適用税率 ⑥　税率ごとに区分した消費税額等

（注）1　区分記載請求書等保存方式の下では、請求書等保存方式における仕入明細書等の記載事項に下線（実線）部分が追加されています。
　　　2　適格請求書等保存方式の下では、区分記載請求書等保存方式における仕入明細書等の記載事項に下線部分（点線）が追加されます。

必要であり，その登録を行った課税事業者のみが，「適格請求書」の発行が可能になる（適格請求書発行事業者の登録については，令和3年10月1日からその申請が開始された[14]）。

このように，適格請求書には，「税率ごとに区分記載した消費税額等」を記載する必要がある。そして，適格請求書の記載事項である「税率ごとに区分記載した消費税額等」に1円未満の端数が生じる場合には，一の適格請求書につき，税率ごとに1回の端数処理を行う。この場合の端数処理は，「切上げ」，「切捨て」，「四捨五入」などの方法が認められている。つまり，税率ごとに区分して合計した対価の額に税率を乗じることとなる。ただし，個々の商品ごとに消費税を計算し，端数処理を行い，その合計額を税率ごとに区分した消費税額等として記載することは認められないこととなる。商品ごとではなく，あくまでも請求書単位で，端数計算を行うことになる。

(2) 適格請求書の形式

適格請求書は，一の書類のみですべての記載事項を満たす必要はない。したがって，例えば，納品書と請求書で要件を満たすことも考えられる。例えば，月中で納品の都度に納品書を発行し，それをまとめて月末に合計請求書を発行している場合には，納品書と合計請求書で適格請求書の要件を満たせばよいことになる（インボイス通達3－1）。

また，適格請求書等保存方式において，買い手が作成する一定の事項が記載された仕入明細書等を保存することにより仕入税額控除の適用を受けることもできる（新消法30⑨三）。この場合，記載する登録番号は課税仕入の相手方（売り手）のものとなる点や，現行と同様，課税仕入れの相手方（売り手）の確認を受けたものに限られる点に留意が必要である（同）。

適格請求書は，書面での交付に代えて，電磁的記録（デジタルデータ）で提供することも可能である（電子インボイスによる交付）（新消法30⑨）。この電子インボイスの記録事項は，書面で適格請求書を交付する場合と同じである。また提供方法としては，オンラインシステムを介した連絡（いわゆるEDI取引），電子メール送信，インターネット上のサイトを通じた提供，記録用媒体での提供がある（新消法57の4①⑤　インボイス通達3－2）。

適格請求書発行事業者は，交付した適格請求書（適格簡易請求書，適格返還請求書を含む）に誤りがあった場合には，修正した適格請求書を交付する必要がある。この場合，修正点を含めてすべての事項を記載した書類を改めて交付する方法と，修正箇所のみ明示して交付する方法などが考えられる（新消法57の4①⑤）。

「軽減税率の対象品目である旨」の記載は，売り手と買い手の双方が，何が軽減税率適用対象の商品か分かるのであれば，「※」印等を付す方法以外にも，例えば，適用税率ごとに請求書を分け，それぞれの請求書に税率を明記する方法などが認められている。

なお，この「適格請求書」は，「区分記載請求書」と違い，記載事項に漏れがあった場合でも，買い手が事実に基づいて追記することはできないこととされている。そのような場合には，正しい適格請求書の再交付を仕入先に対して求めることになる（新消法57の4①⑤）。

小売業，飲食業，タクシー業等の不特定多数の者に対して販売等を行う一定の事業を行う場合については，取引の相手方の氏名等を省略した「適格簡易請求書」を交付することができる。また，偽りの適格請求書等の発行については，交付した場合の罰則として，1年以上の懲役又は50万円以下の罰金規定が設けられている（新消法65四）。

(3) 適格請求書の交付

令和5年10月1日より，適格請求書発行事業者登録制度の登録を受けた課税事業者は，取引の相手方（課税事業者）から求められた場合の適格請求書等の交付及び写しの保存が義務付けられる（適格請求書発行事業者として登録を受けた課税事業者のみ適格請求書等を交付することができる　新消法57の4①）。

なお，交付義務が免除される取引は，次のとおりである（新消令70の9②）。

① 公共交通機関である船舶，バス又は鉄道による旅客の運送（3万未満のものに限る）。

② 出荷者等が卸売市場において行う生鮮食料品等の譲渡（出荷者から委託を受けた受託者が卸売の業務として行うものに限る）。

③ 生産者が漁業協同組合又は森林組合等に委託して行う農林水産物の譲渡

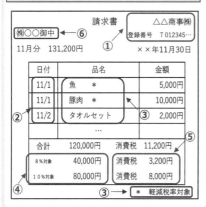

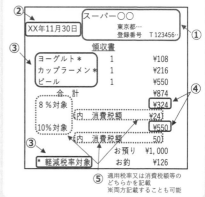

出典　国税庁ホームページ

　（無条件委託方式かつ共同計算方式により生産者を特定せずに行うものに限る）。

④　自動サービス機により行われる課税資産の譲渡等・自動販売機（3万円未満のものに限る）。

⑤　郵便切手を対価とする郵便サービス（郵便ポストに差し出されたものに限る）。

(4)　事業者登録

　免税事業者は事業者登録を行わない限り「適格請求書」の発行はできない。この点が，帳簿方式や帳簿及び請求書等保存方式と大きく異なる点である。事業者登録申請は，令和3年10月1日から提出を受け付けている。適格請求書保存方式が導入される令和5年10月1日から登録を受けるためには，原則として，令和5年3月31日までに登録申請書を提出する必要がある（提出が困難

な事情がある場合には令和5年9月30日まで）（新消法57の2①②④）。事業者登録を申請すると，税務署から，事業者登録番号の通知がなされる。通知される登録番号は，法人番号を有する課税事業者の場合は，Ｔ＋法人番号となり，法人番号を有しない個人事業者や人格のない社団等の課税事業者の場合は，Ｔ＋13桁の数字が付番されて通知される。この事業者登録番号については，インターネットを通じて確認できることとされている[15]。

⑸　仕入税額控除の要件

　一定の事項を記載した帳簿及び適格請求書などの請求書等の保存が仕入税額控除の要件となる。仕入税額控除の要件として保存が必要となる請求書等には，以下のものが含まれる（新消法30）。

① 　買い手が交付する適格請求書又は適格簡易請求書

② 　買い手が作成する仕入明細書等

③ 　卸売市場や農業協同組合における委託販売をした際に，受託者から交付を受ける一定の書類

④ 　①から③の書類に係る電磁的記録

　適格請求書等は課税期間の末日の翌日から2月を経過した日から7年間保存する必要がある。

　免税事業者や消費者など適格請求書発行事業者以外の者からの課税仕入れは，原則として，仕入税額控除の適用を受けることはできないこととされる（新消法30⑦）。ただし，制度開始後6年間は，免税事業者等からの課税仕入れについても，仕入税額相当額の一定割合を仕入税額として控除できる経過措置が設けられている（下記⑺参照）。

　適格請求書などの請求書等の交付を受けることが困難な以下の取引は，帳簿のみの保存で仕入税額控除が認められる（新消令49①，新消規15の4）。

① 　適格請求書の交付義務が免除される取引。

② 　簡易適格請求書の記載事項を満たす入場券等が，使用の際に回収される取引。

③ 　古物営業，質屋又は宅地建物取引業を営む事業者が適格請求書発行事業者でない者から，古物，質物又は建物を当該事業者の棚卸資産として取得

する取引。

④　適格請求書発行事業者でない者から再生資源又は再生部品を棚卸資産と
して購入する取引。

⑤　従業員等に支給する通常必要と認められる出張旅費，宿泊費，日当及び
通勤手当等に係る課税仕入れ。

(6)　適格請求書の保存

「適格請求書等保存方式」の導入後は，適格請求書等の保存が，仕入税額控
除（仕入先に支払った消費税相当額を差し引く）の要件の1つとなる。免税事業
者は，適格請求書等を交付できないため，免税事業者からの仕入れについては，
仕入税額控除することはできない（新消法57の4⑥）。

交付した適格請求書の写し及び提供した適格請求書が，電磁的である場合に
ついては，その電磁的記録については，交付した日の属する課税期間の末日の
翌日から2月を経過した日から7年間保存する義務がある（同，新消令70の13
①）。

交付した適格請求書の写しとは，交付した書類そのもののコピーに限らず，
その記載事項が確認できる程度の記載がされているもの（レジの勘定表，明細表，
一覧表）であっても差し支えない。

自己の業務システム等で作成した適格請求書に係る電磁的記録を出力し，書
面で交付した場合に，その電磁的記録を適格請求書の写しとして保存すること
も可能である。適格請求書に係る電磁的記録を提供した場合には，提供した電
磁的記録のまま保存することも可能である。これらの保存要件は，適格返還請
求書についても同様である（新消法57の4⑥）。

(7)　免税事業者からの仕入税額控除に対する経過措置

以下の期間については，免税事業者からの仕入れについても，仕入税額相当
額の一定割合を控除することができる経過措置が設けられている。令和5年
10月1日から令和8年9月30日までは，仕入税額相当額の80%が，令和8年
10月1日から令和11年9月30日までは，仕入税額相当額の50%が控除でき
ることとされている（28年改正法附則52，53）。

なお，現行の制度と同様，帳簿の保存も，仕入税額控除の要件となる（新消

法30⑦）。また，適格請求書等の交付を受けることが困難な場合（自動販売機から購入する場合や中古品販売業者が消費者から仕入れる場合等で一定の場合）は，帳簿の保存により仕入税額控除をすることができることとされる（適格請求書等の保存は不要となる）（新消法49①）。

　ただし，現行の支払対価の額が3万円未満の課税仕入れについては，請求書等の保存を不要とする規定等は廃止される予定である。したがって，原則として，3万円未満であっても，適格請求書等の保存が必要となることとされている（新消法49①，新消規15の4）。

　このように，わが国もEU型の「インボイス方式」を導入することとなるが，事業者への配慮から，一部に，移行までの宥恕規定が設けられている反面，それまで認められていた免税事業者からの仕入税額控除や請求書等の記載漏れの補充や，3万円未満の取引の例外規定などが廃止される。わが国の消費税にとって「インボイス方式」への変更は，大きな転換点であることには違いない。しかし，「インボイス方式」を導入することで，EUにおける付加価値税収の脱漏や，インボイスを用いた脱税スキームに利用される恐れは払拭できない。むしろ，「インボイス方式」の導入により，インボイスを用いた脱税スキームや詐欺事件のリスクにさらされる可能性も出てくる。

3　電子インボイス

(1)　電子インボイス導入の背景

　令和2年12月25日に閣議決定された「デジタルガバメント実行計画」において，事業者のバックオフィス業務の効率化のための請求データ標準化の観点から次のような意見が報告されている[16]。

　現状では，事業者間の請求等に関連するプロセスのデジタル化が十分でなく，また，システム間でのデータ連携もスムーズに行えていないことが，中小・小規模事業者をはじめとする企業のバックオフィス業務や，個人事業主などの事務処理に負担となっている。

　そのため，インボイス制度が導入される2023年（令和5年）10月も見据え，ビジネスプロセス全体のデジタル化によって負担軽減を図る観点から，官民連

携のもと請求データ等（電子インボイス）やその送受信の方法に関する標準仕様について合意し，会計システムも含めたシステム間でのシームレスでスムーズなデータ連携を実現するとともに，標準仕様に沿った行政システムの整備や民間の業務ソフト等の普及を支援することにより，中小・小規模事業者も含めた幅広い事業者の負担軽減と社会全体の効率化を促進する必要がある。そこで，インボイス制度が導入される 2023 年（令和 5 年）10 月までに請求書・領収書データのシステム連携が可能となるよう対応する。

　このような背景の中で，電子インボイスを導入する必要性が生じてきたのである。

(2)　電子インボイスとは

　新消費税法における電子インボイスとは，適格請求書等に記載すべき事項に係る電磁的記録をいう（新消法 57 の 4 ⑤）。この場合における，適格請求書等とは，新消費税法における，適格請求書，適格簡易請求書，適格返還請求書をいう（新消法 57）。そして，電磁的記録とは，電子的方式，磁気的方式その他の人の知覚によっては認識することができない方式で作られる記録であって，電子計算機による情報処理の用に供されるものをいう（電帳法 2 Ⅰ　Ⅲ）。また，電子計算機処理とは，電子計算機を使用して行われる情報の入力，蓄積，編集，加工，修正，更新，検索，消去，出力又はこれらに類する処理をいう（電帳法施行規則 1 　Ⅱ）。

(3)　発行側（売り手）の保存

　適格請求書発行事業者は，国内において課税資産の譲渡等を行った場合に，相手方（課税事業者に限る）から求められたときは適格請求書を交付しなければならないが，適格請求書の交付に代えて，適格請求書に係る電磁的記録を相手方に提供することができる（新消法 57 の 4 ①⑤）。

　その場合，適格請求書発行事業者は，提供した電磁的記録を電磁的記録のまま，又は紙に印刷して，その提供した日の属する課税期間の末日の翌日から 2 月を経過した日から 7 年間，納税地又はその取引に係る事務所，事業所その他これらに準ずるものの所在地に保存しなければならない（新消法 57 の 4 ⑥，新消令 70 の 13 ①，新消規 26 の 8）。

電磁的記録をそのまま保存しようとするときには，以下の措置を講じる必要がある（新消規26の8①）。

① 次のイからニのいずれかの措置を行うこと

イ．適格請求書に係る電磁的記録を提供する前にタイムスタンプを付し，その電磁的記録を提供すること（電帳規4①一）

ロ．次に掲げる方法のいずれかにより，タイムスタンプを付すとともに，その電磁的記録の保存を行う者又はその者を直接監督する者に関する情報を確認することができるようにしておくこと（電帳規4①二）

・適格請求書に係る電磁的記録の提供後，速やかにタイムスタンプを付すこと

・適格請求書に係る電磁的記録の提供からタイムスタンプを付すまでの各事務の処理に関する規定を定めている場合において，その業務の処理に係る通常の期間を経過した後，速やかにタイムスタンプを付すこと

ハ．適格請求書に係る電磁的記録の記録事項について，次のいずれかの要件を満たす電子計算機処理システムを使用して適格請求書に係る電磁的記録の提供及びその電磁的記録を保存すること（電帳規4①三）

・訂正又は削除を行った場合には，その事実及び内容を確認することができること

・訂正又は削除することができないこと

ニ．適格請求書に係る電磁的記録の記録事項について正当な理由がない訂正及び削除の防止に関する事務処理の規程を定め，当該規程に沿った運用を行い，当該電磁的記録の保存に併せて当該規程の備付けを行うこと（電帳規4①四）

② 適格請求書に係る電磁的記録の保存等に併せて，システム概要書の備付けを行うこと（電帳規2②一，4①）

③ 適格請求書に係る電磁的記録の保存等をする場所に，その電磁的記録の電子計算機処理の用に供することができる電子計算機，プログラム，ディスプレイ及びプリンタ並びにこれらの操作説明書を備え付け，その電磁的記録をディスプレイの画面及び書面に，整然とした形式及び明瞭な状態で，

速やかに出力できるようにしておくこと（電帳規2②二，4①）

④　適格請求書に係る電磁的記録について，次の要件を満たす検索機能を確
保しておくこと（電帳規2⑥六，4①）（国税に関する法律の規定による電磁的
記録の提示又は提出の要求に応じることができるようにしているときはⅱ及び
ⅲの要件が不要となり，その判定期間に係る基準期間における売上高が1,000万
円以下の事業者が国税に関する法律の規定による電磁的記録の提示又は提出の
要求に応じることができるようにしているときは検索機能の全てが不要となる）。

ⅰ　取引年月日その他の日付，取引金額及び取引先を検索条件として設定で
きること

ⅱ　日付又は金額に係る記録項目については，その範囲を指定して条件を設
定することができること

ⅲ　二以上の任意の記録項目を組み合わせて条件を設定できること

他方，適格請求書に係る電磁的記録を紙に印刷して保存しようとするときに
は，整然とした形式及び明瞭な状態で出力する必要がある（新消規26の8②）。

書面での適格請求書を，書類での保存によらず電磁的記録で保存する場合に
は，上記②③④を満たす必要がある（電帳法4②）。

適格請求書に係る電磁的記録による提供を受けた場合に，仕入税額控除の適
用を受けるには，電磁的記録を整然とした形式及び明瞭な状態で出力した書面
を保存する必要がある（新消基15の5②）。

これらの書類は一の書類だけで記載事項を満たす必要がなく，複数の書類や，
書類と電磁的記録で，これらの書類（書類と電磁的記録）における相互関連性が
明確であり，取引内容を正確に認識できる方法で交付されていれば，適格請求
書の記載事項を満たすことができる。

国税に関する法律の規定による電磁的記録の提示又は提出の要求に応じるこ
とができるようにしているときはⅱ及びⅲの要件が不要となり，その判定期間
に係る基準期間における売上高が1,000万円以下の事業者が国税に関する法律
の規定による電磁的記録の提示又は提出の要求に応じることができるようにし
ているときは検索機能の全てが不要となる。

このように，消費税法と電子帳簿保存法の規定が入り組んでおり，事業者か

ら見ると，双方の整合性を取る必要があり，そればかりでなく法人税ないし所得税の規定も参照しながら，解釈する必要があり，難解な規定になっている。また，事業者にとっては，電磁的記録で保存する際にタイムスタンプを付したり一定の要件を満たさなければならないなどのハードルが高く，スムーズに電帳法を受け入れる体制にはないというのが，大方の事業者の見解であろう。

(4) 日税連の税制建議書

日本税理士会連合会の令和4年度の税制建議書において，適格請求書保存方式について，「適格請求書保存方式を見直すとともに，その導入の時期を延期すること」という見解が示されている[17]。この点については，「適格請求書等保存方式（いわゆるインボイス方式）については，下記の問題点に対して必要な措置を検討すべきであると述べている。また，少なくとも，新型コロナウイルス感染症の拡大による経済活動の制約が概ね解消され，簡易で安価な電子インボイス制度が整備されるなど中小企業者に対する負担軽減措置が講じられるまでの間は，導入を延期すべきである」として，インボイス方式の導入に対して慎重な姿勢を見せている。その理由として，次の2点を掲げている[18]。

① 事務負担に与える影響

適格請求書等保存方式においては，取引の都度，適格請求書等の有無の確認を行う必要があり，この確認は少額取引（3万円未満）についても一定の取引以外の取引については必要となる。これは，事業者及び税務官公署の事務に過度な負担を生じさせることから，行政手続コスト削減の方向性に逆行することのないように見直すべきである。さらに，基準期間における課税売上高が免税点以下となっても，適格請求書発行事業者の登録を取りやめなければ免税事業者にならない点など，登録制度についても，事務負担軽減の観点から再検討すべきである。

② 市場取引に与える影響

免税事業者は適格請求書等を発行できないため，対事業者取引から排除や不当な値下げを強いられる恐れがある。このため，あえて課税事業者になることを選択することが考えられるが，消費税相当額の転嫁が困難なケースもあり，廃業を余儀なくされる事業者が増える可能性があることにも留意すべきである。

一方で，対消費者取引を行う免税事業者はあえて課税事業者を選択する必要性は少なく，免税事業者を維持する可能性が高い。このため取引形態の違いにより，事業者免税点制度の公平性が保たれないという問題が生じる。見直しにあたっては，事業者の負担と徴税コスト等を考慮し，仕入税額控除方式（インボイス方式を含む）及び免税点制度等の見直しを含めた消費税のあり方について，抜本的に再検討すべきであるとしている。

このように，日税連の建議書では，インボイス方式の導入に対して慎重な姿勢を見せているものの，インボイス方式自体の導入に対して，真っ向からその導入に対して，強い否定というよりも，その導入について慎重を期す表現に落ち着いている。

4 電子インボイス推進協議会（EIPA）

(1) 電子インボイス推進協議会

2020 年 6 月に「社会的システム・デジタル化研究会」が，社会的システムのデジタル化を通じ，社会全体の抜本的向上を目指すために発足された[19]。この研究会による「社会的システムのデジタル化による再構築に向けた提言」において，2023 年 10 月の適格請求書等保存方式の開始に際し，社会的コストの最小化を図るために，当初から電子インボイスを前提とし，デジタルで最適化された業務プロセスを構築すべきであると提言した[20]。

そして，日本国内で活動する事業者が共通的に利用できる電子インボイス・システムの構築を目指し，電子インボイスの標準仕様を策定・実証し，普及促進させることを目的として，「電子インボイス推進協議会」（英語名称：E-Invoice Promotion Association，以下「EIPA」と称する）が設立された[21]。

EIPA は，2023 年 10 月から導入される「適格請求書等保存方式（インボイス制度）」を見据えて，請求に係る業務プロセスのデジタル化，すなわち事業者間で共通的に使用可能な電子インボイス・システムを構築することを目的としている[22]。事業者のバックオフィス業務は，デジタル化が十分なだけでなく，紙・FAX のやりとりを中心とした多くのアナログなプロセスが存在しており，デジタルとアナログの世界を行き来する中途半端な状態となっていることから，

そのことが効率化・生産性の向上の妨げとなっているとされている。

　そこで，そのような状態を解消するためには，紙を前提とした業務プロセスを「電子化」（Digitization）するだけでは十分ではなく，その業務プロセス自体をデジタルを前提に見直す「デジタル化」（Digitalization）が不可欠となる。EIPA は，標準化された電子インボイスの利活用・普及を通じ，事業者のバックオフィス業務全体の「Digitalization」を推し進めていくことを目的としている[23]。

　そのために，電子インボイスを推進することによって，その利用を通じて請求から支払，さらに後工程の入金消込業務までシームレスにデータ連携されることで，バックオフィス業務の効率化を図ることが可能となる。さらには電子インボイスの普及によって事業者の業務デジタル化が加速し，前工程である見積り・受発注までもデジタル化へと波及する流れにつなげていくことを考えている[24]。

　(2)　Peppol について

　「Peppol（ペポル）」は，電子インボイスなどの電子文書をネットワーク上で授受するための国際的な標準規格である。もともとは欧州の公共調達の仕組みとして導入されたが，その後に事業者間の取引においても利用されるようになった。現在は欧州各国をはじめ，シンガポール，オーストラリアなど世界30か国以上で採用されており，「Peppol」に基づく電子インボイスの国際的な利用が進んでいる[25]。

　「Peppol」を利用する事業者は Peppol のネットワーク上に利用登録を行えば，Peppol を利用しているあらゆる事業者と電子インボイスの授受ができるようになる。そこで，シンガポール，オーストラリアなどは連携して電子インボイスの授受を行っている[26]。

　EIPA では現在，「Peppol」が定める国際標準規格の仕様について詳細な調査・分析を進めるとともに，日本の法令や商慣習に合わせるための必要な追加要件を整理し，電子インボイスの国内標準仕様（初版）の策定と公開を検討中である。さらに，事業者が電子インボイスに対応したソフトウェアを使用できる状態になることを目指している。

5 EUにおける付加価値税を巡る問題点

(1) 付加価値税（VAT）ギャップ

EU Commission によると，欧州連合（EU）諸国の付加価値税の予想収入と実際の徴収率との差異は，付加価値税（以下，「VAT ギャップ」という）ギャップと呼ばれている。[27] その額は付加価値税収入推定で，EU 全体で 2019 年の 1 年間に約 1,340 億ユーロを失った。近年は，VAT ギャップは回復傾向にある。しかし，2020 年のコロナウイルス大流行が経済に及ぼす影響により，2020 年には 1,640 億ユーロの損失を見込んでいる。[28]

名目上，EU の VAT ギャップ全体は，2018 年に約 10 億ユーロ減少し，1,400億 4,000 万ユーロに達し，2017 年の 29 億ユーロの減少から下げ幅が減速した。この下降傾向は，コロナウイルス大流行によってプラスの傾向に戻る可能性が高いが，さらに 1 年間続くと予想された。

VAT ギャップは，付加価値税の予想収入と実際の徴収率との差異であるが，詐欺，脱税，租税回避による収益損失の見積りだけでなく，倒産，破産，誤算によるものもある。

EU 加盟国のうち，最も高い VAT ギャップは，2017 年と同様に，ルーマニアで 2018 年において，VAT 収入の 33.8％が不足している。続いて，ギリシャの 30.1％とリトアニアの 25.9％の順となっている。最も小さい VAT ギャップは，スウェーデン 0.7％，クロアチアの 3.5％，フィンランドの 3.6％となっている。絶対額としては，最高の VAT ギャップはイタリアの 354 億ユーロ，イギリスの 235 億ユーロ，ドイツの 220 億ユーロと記録されている。

(2) CTC の導入

EU の一部の国では，VAT ギャップを埋めるため，納税者のデータをリアルタイムで，収集するシステムを構築して導入を進めている。

EU 諸国では，これらの VAT ギャップを制御するための方法を検討している。国際商業会議所（International Chamber of Commerce，以下，「ICC」と称する）による継続的取引管理（Continuous Transaction Controls，以下「CTC」と称す る。）により，税務当局などの法執行機関は，その機能の行使に関連する事業活動に関連するデータを収集できるようにシステムを構築しつつある（一部の国

ではすでに運用されている[29])。このようなデータは，リアルタイム，又は，ほぼリアルタイムで，商業取引処理及びデータ管理システムから，直接取得されることとなる。

CTC によると，リアルタイムで調査を行うことができるため，事後調査の方法による時間的非効率性に対処することができる。調査人は，取引の終了直後から，継続的に取引の内容を確認することができる。ただし，調査を行う主体の取集範囲で保存されたデータのみに依存することになる。

CTC は，税務当局が，認証された取引を含む商業取引に基づく，「動的（リアルタイム）」の元帳の形式で，関連するビジネス情報を収集できるようにしている。

そうすることで，税務当局による過去の証拠によって作成された元帳の評価に基づく「静的」アプローチによる調査方法をから脱却することを目指している。

CTC モデルは，国によって互いに異なる。場合によっては大幅に異なるが，共通の分母は，VAT インボイス（又はそのサブセット）などの定義済みのトランザクションドキュメントを伝達する必要があるためである。

(3)　イギリスにおける MTD の導入

イギリスでは，2019 年 4 月 1 日以降に始まる課税期間から，課税売上高が 85,000 ポンドを超える付加価値税課税登録事業者（以下，「VAT 登録事業者」と称する）は，「税のデジタル化（Making Tax Digital, 以下，「MTD」）」といって，デジタル記録を保持し，機能互換性のあるソフトウェアを使用して HMRC に VAT 申告書を送信する必要が生じている。2020 年 3 月 9 日の時点で，140 万を超える企業が登録している。

2022 年 4 月 1 日以降に開始する最初の会計期間から，会計ソフトウェアあるいはスプレッドシートを使用して記録をデジタルで保持する必要が生じる。この場合会計ソフトウェアは，MTD に準拠した会計ソフトウェアを使用して記録をデジタルで保持する必要性が出てくる。

スプレッドシートにデジタル記録を保持することを選択した場合は，ブリッジングソフトウェアを使用して，スプレッドシートが MTD に準拠していること

とを確認する必要がある[30]。スプレッドシートを使用してデジタル記録し，保存したい場合は，スプレッドシートと互換性のあるブリッジング製品を提供するソフトウェアプロバイダーを見つける必要が出てくる。スプレッドシートの情報を，MTD に準拠した方法にフォーマットする方法については，専門的なソフトウェアプロバイダーに相談する必要が出てくる。ソフトウェア―プロバイダーは，適切な情報を歳入関税庁に送信することが可能となる。

VAT 登録事業者は，特定の記録と会計帳簿を電子的に記録し，保管する必要がある。MTD によると，これらの記録の一部は，互換ソフトウェア内でデジタル的に保管する必要がある[31]。

6　わが国のインボイス方式の問題点

ここでは，わが国におけるインボイス方式導入の際の問題点について考える。なお，この問題点を検討するにあたっては，インボイス方式導入前から言われている消費税の問題点も含めて掲げることとする。インボイスの問題点としては，以下の点が掲げられる。

①　インボイスの発行に係るコスト

インボイスを発行することによるコストは，例えば，インボイスを発行するためには，事業者登録を行い，適格請求書の要件に合致しなければならない。この要件を満たすためのインボイスを作成するためのコストがかかってくる。

それだけでなく，インボイスを発行する都度コストが発生することになる。例えば，わが国固有の特徴として，口頭で商取引が行われている慣行が多く散見される。今後は，場合によっては，取引の過程でインボイスを発行する必要が生じてくる。さらに，商流を変更しなければならなくなる可能性も出てくると思われる。

②　インボイスの保存に係るコスト

インボイスを保存することによるコストは，例えば，インボイスを保存するために倉庫や保存のシステムが必要であり，その保存のためのコストがかかる。また，適格請求書保存の要件に合致しなければならない（新消法 57 の 4 ⑥）。この要件を満たすために，インボイスを保存するためのコストがかかってくる。

③ 仕入税額控除計算に係るコスト

仕入税額控除の計算をしていく上では，期中の取引を，課税取引，免税取引，非課税取引，不課税取引に分け，さらに課税取引のみに対応する部分か，共通の取引かに分類しておく必要がある。また控除対象の仕入税額控除を課税売上割合から求める場合には，課税売上割合を計算する必要がある。この仕入税額を計算するためのコストもあらかじめ見込んでおく必要がある。

④ インボイスの形式的不備が生じた場合の責任の所在

発行したインボイスに誤りがあった場合，訂正をする必要が生じて，訂正したインボイスを発行して，取引相手に交付する必要が生じてくる。このように事前にインボイスに不備があることを察知して訂正できればいいが，問題は，申告後にインボイスの不備が発覚した場合である。このような場合の責任関係について，必ずしも明確でないケースも想定される。例えば，後日の税務調査で，インボイスの不備が発覚した場合である。取引相手がこの不備に伴う是正に応じてくれればいいが，必ずインボイスの訂正に応じてくれるかというと，困難な状況も想定される。また，取引相手が，すでに倒産していたり，行方知れずになっているケースも想定される。調査段階で，取引相手が存在しない場合にすべて当方でその責任を負わなければならなくなる可能性が生じる。

そもそも，相手が作成したインボイスの責任の所在が明確でないことから，その不備等に基づく不利益を納税義務者自身で追わなければならなくなる。

⑤ 複数の書類で一の適格請求書を構成する場合の問題

複数の書類でインボイスを構成することも可能である。このような場合，複数の書類の記載内容がインボイスの要件に合致している必要がある。このため，複数の書類が仕入税額控除の要件を満たすかどうか確認していく必要が出てくる。

⑥ 偽インボイス・あるいは形式的不備に関する問題

偽インボイスを偽インボイスと解らずに，仕入税額控除を受けている場合の責任の所在が明確でない。また，偽インボイスを発行した事業者が，存在していればいいが，事業者がすでに存在していない場合には，その責任関係が明確でないなどの問題が生じる。

もちろん，インボイス方式導入後は，登録されている適格請求書発行事業者のみがインボイスを発行できることとされている（新消法57の2①）。しかし，適格請求書発行事業者でない者が発行したインボイスについて，善意で取引をした場合あるいは偽のインボイスと知らずに取引を行った場合に，インボイスを受領した側にどこまで仕入税額控除を認めるかという問題が生じる。さらに，偽のインボイスを発行した事業側にどのような責任ないし罰則が科されるかといった問題が生じる。この点について，「誤認される恐れのある書類」や「偽りの記載をした適格請求書」の交付が禁止されている（新消法57の5，65四）ものの，具体的にどのような行為が該当するのか，明確でない。また，適格請求書発行事業者が発行したインボイスに不備がある場合に，どのように取り扱うかといったことが問題となると思われる[32]。そして，国税庁の登録事業公表サイトの確認のみでは限界があると想定される。このような場合に，いたずらに，インボイス受領者の責任や義務を重くすることは，インボイス方式定着の観点からも避けるべきであると考える。

　⑦　紙のインボイスから電子インボイスに切り替える際に不都合が生じやすくなる。

　紙のインボイスから電子インボイスに切り替える際に，うまく連携が取れていれば問題は生じない。ところが，実務上では，システムが変更されると，不都合が生じたり，実施の際に稼働させてみると問題が生じるケースなどが散見される。事前に試行テストをして問題がなくても，運用を開始すると問題が生じるケースも想定される。

　⑧　紙と電子でインボイスを発行する場合の保存

　紙と電子の双方で保存する場合にどちらを主にするかによって，保存要件が異なってくる可能性がある。

　令和4年1月1日から令和5年12月31日までの間に電子取引を行う場合には，適格請求書に係る電磁的記録による提供を受けた場合であっても，適格請求書の記載事項を満たしており，電磁的記録を整然とした形式及び明瞭な状態で出力した書面を保存した場合には，仕入税額控除の適用に係る請求書等の保存要件を満たすことになる（新消規15の5②）。ただし，この場合は，授受した

電子データについて要件に従って保存をすることができないことについて，納税地等の所轄税務署長がやむを得ない事情があると認め，かつ，保存義務者が税務調査等の際に，税務職員からの求めに応じ，その電子データを整然とした形式及び明瞭な状態で出力した書面の提示又は提出をすることができる場合に限り，その保存要件にかかわらず，電子データの保存が可能とされる。また，その電子データの保存に代えて，その電子データを出力することにより作成した書面による保存をすることも認められている。

令和6年1月1日以後に行う電子取引の取引情報については，保存要件に従った電子データの保存が必要となる。

このように，紙と電子の双方で保存する場合にどちらを主にするかによって，保存要件が異なってくる可能性がある。

⑨　仕入明細書におけるインボイスの発行

仕入税額控除の適用を受けるための請求書等に該当する仕入明細書等は，相手方の確認を受けたものに限られることとされている（新消法30⑨三，インボイス通達4-6）。

この相手方の確認を受ける方法としては，次の3点が例示されている。

Ⅰ　仕入明細書等の記載内容を，通信回線等を通じて相手方の端末機に出力し，確認の通信を受けた上で，自己の端末機から出力したもの。

Ⅱ　仕入明細書等に記載すべき事項に係る電磁的記録につきインターネットや電子メールなどを通じて課税仕入れの相手方へ提供し，相手方から確認の通知等を受けたもの。

Ⅲ　仕入明細書等の写しを相手方に交付し，または，仕入明細書等の記載内容に係る電磁的記録を相手方に提供した後，一定期間内に誤りのある旨の連絡がない場合には記載内容のとおり確認があったものとする基本契約等を締結した場合におけるその一定期間を経たもの。

さらに，③については，相手方が確認したものとして，次の2点が例示されている。

Ⅰ　仕入明細書等に「送付後一定期間内に誤りのある旨の連絡がない場合には記載内容のとおり確認があったものとする」旨の通知文書等を添付して

相手方に送付し，または提供し，了承を得る。

Ⅱ　仕入明細書等又は仕入明細書等の記載内容に係る電磁的記録に「送付後一定期間内に誤りのある旨の連絡がない場合には記載内容のとおり確認があったものとする」といった文言を記載し，または記録し，相手方の了承を得ている。

このように仕入明細書等の記載事項が相手方に示され，その内容が確認されている実態にあることが明らかであれば，相手方の確認を受けたものとなる。

⑩　免税事業者が発行する請求書に消費税額が入っていた場合の処置

免税事業者からの仕入れについては，仕入税額控除をすることができない。このため，免税事業者から仕入れを行う場合は，取引価格が免税事業者を前提としたものであることを事前に双方とも合意しておく必要がある。例えば，免税事業者である仕入先に対して，「税抜」や「税別」として価格を設定する場合には，消費税相当額の支払いの有無について，双方とも消費税に対する認識に相違がないようにしておく必要がある。仮に免税事業者が発行する請求書に消費税額が入っていた場合には，仕入税額控除ができないため（経過措置がある場合を除く），双方の確認と合意が必要となる。そのような場合に取引価格をどのように設定するかは，取引当事者同士の合意により決定されると考えられる。

7　おわりに

これまで，わが国におけるインボイス方式への転換や電子インボイスの動向について検討してきた。また，EUやイギリスにおける状況も確認してきた。そして，わが国におけるインボイス方式導入の際の問題点について考えてきた。

インボイス方式への移行は，わが国における消費税の大きな歴史的転換点であると位置づけられる。インボイス方式への転換は，EU型の付加価値税に類似していくこととなる。それと同時にEUで起きているインボイスにまつわる問題点も同様に発生する可能性がある。実際の問題点は，令和5年10月のインボイス方式導入後，運用面で多くの問題が発生してくると考えられる。平成元年度の消費税制度導入時には，かなり運用面で柔軟な取り扱いがなされていた。インボイス方式導入当初も制度を定着させるためには，柔軟な取り扱いが

なされることを期待するものである。

注

1)　本稿では，適格請求書保存方式について，個別に特定する必要がない場合に，「インボイス方式」と表現し同義に扱う。また，本稿においては，「電子インボイス」という表現を使用している。今後，電子インボイス推進協議会（E-Invoice Promotion Association: EIPA）において，「電子インボイス」という表現は，すべて「デジタルインボイス」という表現に統一される予定である。本稿では，令和3年10月23日報告当時の表現である「電子インボイス」という表現を使用する。

2)　ただし，軽減税率は税収ロスも大きいという意見がある。林宜嗣「消費税増税における逆進性緩和と給付付き税額控除を考える」租税研究754号，273-294頁（2012）。

3)　与党税制協議会，「軽減税率についての議論の中間報告」と題する報告書，https://www.jimin.jp/policy/policy_topics/pdf/pdf119_1.pdf（令和4年5月最終確認）。この報告書のとりまとめに先立ち，8回にわたり，有識者，関係団体からのヒアリングが行われている。

4)　逆進性の実証研究については橋本恭之「消費税の逆進性とその緩和策」会計検査研究No41，35-53頁（2010）を参照のこと。橋本教授は，実証研究の結果として次の2点を指摘している。第1に，現行の消費税の逆進性は，それほど大きなものではないものの，一時点だけでなく，生涯所得に対しても逆進性が観察されることが明らかになった。第2に，消費税の逆進性を緩和するという点では，複数税率化よりも給付付き税額控除の導入の方が有効であることが明らかになった。

5)　前掲注3），5頁。

6)　加藤慶一氏は，「インボイス導入の是非は，複数税率の議論とは独立の問題として検討する必要があろう」として，それぞれ別に取り扱うべき旨を述べられている。加藤慶一「消費税の複数税率をめぐる論点―適用対象の画定と減収規模を中心に―」調査と情報第790号，12頁。

7)　この中小企業の事務負担増加については，次のような意見が出ていたのでまとめた。

中小事業者等の事務負担増加，免税事業者が課税選択を余儀なくされる問題への理解については，次のような点が指摘される。

・小規模な事業者ほど，日々の取引において，税率の判断，記帳，請求書の発行等，複雑な事務負担が大幅に増加する。転嫁問題に加えて，複数税率の導入により，事務や費用の負担が増えれば，小規模事業者の経営は成り立たない。

・インボイス導入に伴う請求書様式の変更や，請求書の発行についての一元管理が必要となる。また，会計システム，商品管理システムの整備も必要となる。

・中小企業庁の調査によれば，44％の中小企業が記帳の際にパソコンやレジスター等を利用しておらず，複数税率の導入は，小規模，零細事業者に大幅で複雑な負担増となる。

・インボイス導入により，事務処理能力のない500万にも及ぶ免税事業者が取引から排除されることになり，大変な問題。課税事業者にならざるを得ないとなれば，中小企

業の事務処理負担の軽減を図るという免税点の制度趣旨はまったく失われてしまう。

・仕入税額の還付申告については，農業者の事務負担に配慮し，現行の簡易課税制度を
ベースとした簡易な還付申告制度等を導入するべき。また，農業者の税務申告に対す
る万全の支援措置を行うべき。

このように，中小事業者等の事務負担増加，免税事業者が課税選択を強いられるとい
うことについては，事業者の側でも，売上事業者側の論理であることに注意する必要が
ある。確かに，インボイス方式を導入すると，インボイスの記載内容については，厳格な
形式性が求められる。このため，インボイスを発行する売上側の事業者事業負担は，確
実に増大する。事業者は，通常仕入ないしは経費支出をしてから，売上げをするので，仕
入と売上の2側面を有していることになる。したがって，事業者のほとんどはインボイ
スの発行により事業者負担が増大していくこととなる。ただし，例えば食品小売事業者
などのように最終消費者のみを取引相手としている場合には，インボイスを発行する必
要はないので，事業者負担は少なくて済む。このように，取り扱う商品等の特性や取引
の段階によっても，インボイス発行に伴う事務負担は異なってくる。

8) 平成24年4月24日閣議決定「消費税の円滑かつ適正な転嫁等に関する対策推進本部
の設置について」首相官邸ホームページ（http://www.kantei.go.jp/jp/singi/shouhizei/
konkyo）（令和4年5月確認）。

9) 「平成28年度税制改正の大綱」，https://www.soumu.go.jp/main_content/000392156.
pdf，61-64頁（令和4年5月最終確認）。

10) ただし，井堀利宏教授によると，「複数税率は，政府の情報が豊富であり，人々の間で
の選好が同質化し，所得の格差が大きい世界では，重要な検討課題である。しかし，わが
国の現状では，選好も多様化しているし，所得の格差もあまり大きくないから，それほ
ど重要であるともいえないであろう。むしろ，複数税率を導入するに際して，税務執行
上のさまざまな混乱や問題点を考慮すると，なるべく均一税率を維持した消費税体系が，
望ましいだろう」という意見を述べられている。井堀利宏「消費税率の引上げと複数税
率」税経通信49巻7号，80-86頁（1994）。また，平成29年4月1日からの導入は，令
和元年10月1日からに変更された。

11) その後，令和5年10月1日からに変更されている。

12) 「平成28年度税制改正の大綱」前掲9，92-93頁。

13) 「第190回国会における財務省関連法律」，https://www.mof.go.jp/about_mof/bills/
190diet/index.htm（令和4年5月最終確認）。

14) 適格請求書発行事業者の登録を受けようとする事業者は，納税地を所轄する税務署長
に「登録申請書」を提出する必要がある。その後，税務署による審査を経て，「適格請求
書発行事業者登録簿」に氏名又は名称，登録番号等が記載されることによって，登録を
受けることになる。適格請求書発行事業者の登録を受けた場合には，登録番号は「適格
請求書発行事業者の登録通知書」により通知される（e-Taxで提出した場合は約2週間，
書面提出の場合は約1カ月）。登録番号は，インターネットを通じて，国税庁のサイトで
公表されている。https://www.invoice-kohyo.nta.go.jp/about-toroku/touroku_no_info.
html（令和4年5月最終確認）。

15) 国税庁のサイトで公表される情報は次のとおりである。

1. 適格請求書発行事業者の氏名又は名称及び登録番号
2. 登録年月日
3. 登録取消年月日，登録失効年月日
4. 法人（人格のない社団等を除きます。）については，本店又は主たる事務所の所在地
5. 特定国外事業者（国内において行う資産の譲渡等に係る事務所，事業所，その他これらに準ずるものを国内に有しない国外事業者）以外の国外事業者については，国内において行う資産の譲渡等に係る事務所，事業所，その他これらに準ずるものの所在地

個人事業者や人格のない社団等の場合は，上記の情報以外に，主たる屋号や主たる事務所の所在地等を公表することができる。その場合には，「適格請求発行事業者の公表事項の公表（変更）申出書」を提出することとされている。ちなみに，令和 4 年 4 月末現在の適格請求書発行事業者として登録されている件数は 425,628 件である（前掲注 14）。公表サイトのアドレスは，次のとおりである https://www.invoice-kohyo.nta.go.jp/index.html（令和 4 年 5 月最終確認）。

16) 「消費税軽減税率制度の円滑な運用等に係る関係府省庁会議の開催について」，https://www.cas.go.jp/jp/seisaku/keigen_kaigi/enkatsu_unyou/dai1/shiryou.pdf（令和 4 年 5 月最終確認）

17) 日本税理士会連合会ホームページより。https://www.nichizeiren.or.jp/whats-new/210624b/（令和 4 年 5 月最終確認）。

18) 前掲注 17）。

19) 社会的システム・デジタル化研究会は，会計・税務業務アプリケーションベンダー 5 者によって設立された。提言の 1 つは短期的な提言で，「短期的には，標準化された電子インボイスの仕組みの確立に取り組むべき」としている。提言の 1 つは中期的な言で，「中長期的には，確定申告制度，年末調整制度，社会保険の各種制度等についても，業務プロセスを根底から見直すデジタル化を進めるべき」としている。https://www.yayoi-kk.co.jp/company/pressrelease/20200625.html，（令和 4 年 5 月最終確認）。

20) 「協議会について」，https://www.eipa.jp/about-us（令和 4 年 5 月最終確認）.

21) EIPA は，電子インボイスについて，標準化・全体最適化され，現行の制度・仕組みからの移行可能性に配慮されたシステムの構築・普及を通じて，商取引全体のデジタル化と生産性向上に貢献することを目指して活動している。

22) 「デジタルインボイスとは」，https://www.elpa.jp/peppol（令和 4 年 5 月最終確認）。

23) 前掲注 22）。

24) 前掲注 22）。

25) 前掲注 22）。

26) 「シンガポールとのデジタル経済協定に合意，協力覚書を締結」，https://www.jetro.go.jp/biznews/2020/03/07ec51d5742a48ff.html（令和 4 年 5 月最終確認）。

27) すでに 2021 年版が公表されている。それによると 2020 年の VAT GAP は 1,340 億ユーロと報告されている。https://ec.europa.eu/taxation_customs/business/vat/vat-gap_en（令和 4 年 5 月最終確認）。

28) 前掲注 27）。

29) Alice Jones, "Taxpayers await EU public consultation on standardising e-invoicing",

International Tax Review, Jan 19 2022.

30) https://www.gov.uk/guidance/when-to-start-using-making-tax-digital-for-vat-if-youve-not-before（令和4年5月最終確認）。

31) 機能互換性のあるソフトウェアとは，次の3点をいう。
　・ソフトウェアプログラム又はソフトウェアプログラムのセット
　・（既成の）ソフトウェア製品又はソフトウェア製品のセット
　・アプリケーション又はアプリケーションのセット。
　また，次の方法によることが必要とされる。
　・デジタル記録を記録し，保存すること。
　・API（Application Program Interface）プラットフォームを使用して，保管されているそれらのデジタル記録のデータ情報をHMRCに提供し，それらのデータをもとに申告が行われること。
　・APIプラットフォームを使用してHMRCから情報を受け取ることができること。
　　一部のソフトウェアプログラムでは，これらの機能をすべてソフトウェア内で実行することはできないケースが生じる。
　　例えば，スプレッドシート（又はデジタル記録を記録及び保存できる他のソフトウェア製品）は，上記の他の機能を実行できない場合が考えられる。ただし，他の機能を実行する1つ以上のプログラムと共に使用する場合には，これは機能互換ソフトウェアの構成要素になる可能性がある。
　　デジタル要件を満たす完全なデジタル記録は，1つの場所又は1つのプログラムで保持する必要はない。デジタル記録は，互換性のあるデジタル形式の範囲で保持することができる。これらを組み合わせによって，VAT登録事業者のデジタル記録が生成される。https://www.gov.uk/charge-reclaim-record-vat/keeping-vat-records（令和4年5月最終確認）。

32) 適格請求書発行登録簿の確認について，千葉氏は「なりすましを行う者から適格請求書類似書類を受領する事のないよう留意する必要があると考える」と述べている。千葉隆史稿「インボイス制度導入後の是正に関する一考察―適格請求書類似書類等の交付禁止・罰則規定を踏まえて―」（税務大学校論叢第103号，令和3年6月）190-201頁。

5　格差拡大を加速させるインボイス制度
——付加価値税の理論及び歴史から読み解く性格規定の
再吟味と新付加価値税の構想——

松　井　吉　三
（税理士）

はじめに

　2023年10月以後インボイス制度が導入される。税理士や税理士会などの意見では，零細事業者が取引から排除されるなどの危惧から，インボイス制度の導入に関しては反対論が根強い。本稿も，インボイス制度導入反対に与するものである。

　なぜ付加価値税にはインボイスが必要なのであろうか？本稿では，付加価値税の誕生の契機，成立過程を歴史的に分析する。併せて，資本の再生産と流通の理論を導きの糸にして，消費型・インボイス型付加価値税の問題点を検証する。検証の結果を踏まえ，インボイスを必要としない「直接付加価値税」への移行を提言する。類い稀ではあるが，研究者によって付加価値税の提言がなされたことがある。[1]

I　インボイス制度の検証

1　インボイス制度の導入

　消費型付加価値税では，所得ではなく，消費に負担を求めるという建前である。しかし，納税は消費に至るまでの各生産・流通経路の企業が分担して行う。企業ベースでの納税であり，前段階の企業が納税した税額を控除することにより税額を算出する（前段階税額控除方式）。前段階の税額を控除するためには「インボイス」なる税額記載の請求書の保存が必要不可欠だとされる。

　わが国の「消費税」は1989年4月に「帳簿方式」で導入されている。仕入税額控除の適用を受けるためには，請求書等の保存は必要とされず，帳簿の保存

で足りた。1997年には仕入税額控除の要件が「帳簿及び請求書の保存」(「請求書等保存方式」)と改められる。2019年10月1日から2023年9月30日までの間には，軽減税率の対象品目である旨及び税率ごとに合計した対価の額が記載された「区分記載請求書等」の保存が必要だとされる(「区分記載請求書等保存方式」)。

　2023年10月1日からは，「適格請求書等保存方式」(インボイス制度)と名付けられたインボイス方式が導入される。課税事業者の仕入税額控除には，上記の「区分記載請求書等」の記載事項に加えて，登録番号及び税率ごとの消費税額，を記載した「適格請求書等」の保存が必要となる。2023年10月からは，「適格請求書等」(「日本型インボイス」)の保存がなければ仕入税額控除を受けることができない。

2　免税事業者数の検証

　わが国の消費税制度では基準年度(原則として2年前の年度)の売上高が1,000万円以下の事業者は消費税の納税が免除されている。2023年10月以後，インボイスを発行できない免税事業者からの仕入れに対しては，仕入税額控除を完全に実施することはできない。消費税額の名目で消費税相当額を請求することは困難になる。

　税務統計から見れば，課税又は非課税売上高があると見込まれる個人・法人約802万件の内，消費税を申告していない者の数は約487万件である(個人事業者412万件，法人75万件。非課税取引を行う者を含む。『第145回国税庁統計年報書　令和元年度版』2021年，57，218，270ページより)。

　個人事業所得者の多くは免税事業者である。総務省の『個人企業経済調査』(2019年5月)で見れば，2019年1月～3月期のわが国の製造業の個人企業の平均売上高は204万円。その内，事業主と家族のみの事業所の平均売上高は163.4万円である。財務省筋からの一部報道によれば，免税事業者で課税事業者を選択する事業者は161万件に達する見込みである。480万人(社)の免税事業者の内の約3分の1が課税事業者を選択することになる。

3 免税事業者の収益，利益減

　インボイス制度導入を契機に，免税事業者が課税事業者になる場合には，免税時には消費税の納税義務がなかったのであるから，新たな追加納税が発生する。対事業者取引がメインである免税事業者は消費税相当額の値引きを余儀なくされると考えられる。対事業者取引に特化している下請け零細事業者は，農家などと同様，価格への転嫁がしづらい立場にある。完全競争的な市場に類似する厳しい条件に置かれている。

　元請企業にとっては，下請け事業者への仕入れ等に係る税額が控除できないことは実に由々しきことである。2026 年 9 月 30 日までは仕入税額相当額の80%，2029 年 9 月 30 日までは同50%の控除を可能とする（6 年間限定）経過措置が設けられている。しかし，インボイス制度導入後は，課税事業者を選択しない免税事業者の多くは取引から排除されるか，消費税相当分の値引きを余儀なくされるであろう。免税事業者はたとえ売上げが少なくとも課税事業者になるしかないという現実が突きつけられる。[2]

II　再生産表式論から見た付加価値税

1 社会的総資本の再生産と流通の観点（以下再生産表式論）から見た付加価値税の本質

　消費型付加価値税の税額の計算方法では，材料や設備などを含め，課税期間中に事業上の支出に係る部分の税額を税額の計算上控除する仕組みである。課税売上げには未実現の収益は含まれない。期末現在で売れ残っている材料や商品に係る税額であっても，控除することができる。固定資本の取得に係る税額についても，購入時に一括控除される。かくて資本財への投資は永遠に課税されない。付加価値税が賃銀税だと言われる所以である。[3]

　固定資本投資の増勢が継続して，また固定資本設備が業者間で完売されなければ人口増加や拡大再生産が不可能である。増大する資本の基礎上での生産では，生産手段生産部門（I 部門）の労働者階級による価値創造部分「I（v+m）」が消費手段生産部門（II 部門）の不変資本「IIc」よりも，I 部門の剰余価値 m からなされる不変資本 c と可変資本 v の蓄積額（I 部門の不変資本として再び合

体される剰余生産物部分，プラス，Ⅱ部門における生産拡大に必要なⅠ部門の不変資本の追加部分）だけ大きくなければならない[4]。結果として，総資本及び剰余価値（利潤）の増加率に比べて，資本家の消費元本の増加率が低くならざるを得ない。

財務省の『法人企業統計年報』により，リーマン・ショック後の2010年度（平成22年度）から2019年度（令和元年度）までの拡張期の資本や利潤の増加状況を検証してみよう。資本は1.29倍，企業利潤は1.15倍（営業純益に限れば，1.64倍）。これに対して資本家階級の消費元本（役員報酬・賞与，支払利息，不動産賃借料，配当金）は1.12倍である。賃金に至っては1.04倍の増加に止まっている（財務省『財政金融統計月報　法人企業統計年報特集』各年度分より筆者推計）。

2　格差を拡大する消費型付加価値税

Ⅱ部門の商品に対して一律に税が課せられると，Ⅰ，Ⅱ両部門の労働者階級の賃金ではⅡ部門の商品を購入することができない。企業から見れば実現困難を避けるために本体価格への値下げ圧力がかかる。これはまた賃金の低下圧力に影響する。わが国では消費税の税率が1996年に3％から5％になった。1997年を山にそれ以後勤労者世帯の収入及び消費支出が減っている。1998年以後の貧困化，格差の拡大の一大要因になっていると断言できよう。

企業間の格差もまた拡大する。付加価値税は価格現象である。独占資本主義段階の資本主義経済では，部門別，規模別に受ける影響が自由競争の時代に増して大きい。両部門で設備投資額を購入時に即時全額控除を行えば，明らかに消費型付加価値税の課税ベース相当額が消費手段生産部門の生産額（小売部門の売上高）に満たなくなる。新たな資本投資を多額に行う企業が仕入税額控除によって納税面で有利になる。

また，付加価値税は転嫁を想定する税であるので，これ以上転嫁ができない者が税を負担する。価格転嫁できない小企業は，本来は消費者が負担すべき消費税を負担する可能性を含んでいる。価格転嫁の面でも大企業は有利な立場にある。

Ⅲ　アメリカにおける付加価値税の議論

1　所得課税に代わるものから独立税への構想の展開

　消費型付加価値税のスキームは，20世紀初頭の金融資本，政治的側面では独占資本主義段階の時代に，アメリカの経済学者によって考案されたものである。売上高などを課税の基礎とする企業課税の提案として登場する。嚆矢はトーマス. S. アダムス（以下アダムス）の著名な論文[5]（1920年）である。その後，G. コルムの論文[6]（1935年），P. ステューデンスキーの論文[7]（1940年）に受け継がれる。いずれも企業課税の根拠を企業に提供する政府サービスに見出している。アダムスを嚆矢として，いずれも課税の根拠として租税利益説に立脚する。法人税や所得税，雇用税などに代替又は追加するものとして構想された[8]。

　G. コルムは「製造による付加価値」を課税ベースとする付加価値税を提言する。ここで，製造による付加価値とは，「原材料，修繕，それに設備の取り換えのためのすべての費用を控除した後の売上高」[9]である。P. ステューデンスキーは，政府を生産の1人の仲介人（an agent）として，他者の貢献を除いたその企業の付加価値に対する課税を提言する[10]。購入に関する「インボイス（invoice）及び勘定書（bills）[11]」により，税務行政が容易になると示唆する。また，付加価値が，主に起業家の自己労働の報酬（reward）や，債務のための利子支払から成る場合には，課税から除外すべきだと主張する[12]。自己労働報酬の課税除外は今後の付加価値税のあり方を構想する上で参考になるであろう。

　アダムス以降の議論は所得型付加価値税として展開され，その後シャウプ勧告（1949，1950年）やミシガン州の事業活動税（1953年）に結実する。現在の消費型付加価値税のスキームに最も影響を与えたのはアダムスである。以下，アダムスの提言を紹介する。

2　トーマス. S. アダムスの近似純所得税（approximate net income tax）の提案

　アダムスにあっては，第一次大戦後事業に著しく重くのしかかってきていた所得税の普通税部分（所得税にはこのほか，付加税部分があるがこちらは5,000ド

ルの免税点を備える支出税に移行する案を提案）を３％の事業活動に対する課税により代替させたいという目論見があった。

　アダムスによれば，企業課税は市場を維持するため，加えて市場を維持するコストを市場の受益者すべてに配分するために課税されるものである。「事業の機会と費用をもたらすものは取引の総量」である。しかし，取引高税に見られる取引段階累積を排除する観点から，売上げに対する税からそれに要した原価部分の税額を控除して納税額を算定する方式を示唆する。企業課税の所得計算では当時認められるに至っている減価償却費など，恣意性が入るものは控除されない。

　「近似純所得税」の「近似純所得」は，減価償却費や減耗償却費を差し引く前の利益である。アダムスによれば，この用語は当時の所得税法の売上総利益又は総所得（gross income）にかなり類似するものと述べている。減価償却費を控除しないとされているので，資本的資産の即時控除に途を開くものであったと言えよう。税額の計算方法については，企業課税とは両立しづらい税額控除法を提言する。アダムスの「近似所得税」については，わが国でも幾多の先行研究がある。[13]

　アダムスは，「望むらくは」（if desired）とことわりを入れた上で，「財や製品それに商品の製造者や販売者の場合には売上税に，製造者や販売者によって支払われた税金の控除や還付を与えることによって，より進んだ簡素性を獲得することができるだろう。」[14]と述べる。この一節が現在の付加価値税のスキームの源になったと考えられる。また，取引高税による税の累積の回避を念頭に置くとともに，金融や専門サービスの非課税を主張する。

　「『近似純所得』に対して提案される租税が，取引高税や売上税に対する強固な批判，即ち，租税の累積をもたらし，もっぱら垂直的統合と単一加工産業との間のアンフェアな競争を創造することを回避すること，それに，利潤（profit）や利得（gain）が売上から生じないような，銀行業や広告，プロフェッショナル・サービスのような業務や取引を非課税にすることに，注目されるであろう。」[15]。

Ⅳ　フランスにおける売上税から付加価値税への展開

1　「支払税」,「取引高税」,「生産税」（課税猶予から分割納付制度への生産税の変容）

　フランスでは，領収書課税の印紙税（1871 年）が最終消費課税の「支払税」（1917 年）へ置き換えられ，さらに 1920 年には，支払税が廃止され，1 か月単位の金銭一括払いの「取引高税」が導入されている。[16]　輸出品には課税されない。但し，フランの為替相場の大幅な下落，税収不足圧力を背景に，1926 年から 1927 年にかけて輸出税が実施される。[17]

　取引ごとの税の累積が小売業者の大いなる不満を招き，フランスでは 1936 年に取引高税が，製造業者の売上げに課税される「生産税」（taxe à la production）に置き換えられる。課税財の販売までは，課税が猶予される。注目されるのは，課税猶予が製造業者の購入を免税にすることによって行われたことである。他企業への材料や生産財（producer's goods）の販売は，課税が除外される再販売とは異なる課税売上げだと看做され，原則として課税された。「生産税」の課税猶予は，「課税財貨と物理的に一体化した製品」に対してのみ働いたからである。

　税の脱漏と収入の早期確保のために，1948 年には課税猶予が廃止され，「生産税」の枠内で，各取引段階での徴収が強制される分割納付制度（paiements fractionnés）が導入される。仕入税額控除が誕生したのである。税額控除は次の申告課税期間である翌月の売上税債務より控除される。[18]　前段階税額控除はインボイスによって行われる。商品ごとの適用税率の違いにより，仕入税額が売上税額を一時的に超過する場合（バファー（butoir）があると言われる）がある。控除税額の超過が恒常化する場合には，税額の還付が認められないという法令もまた，分割納付制度の導入に合わせて定められている。[19]　アダムスにより提言された付加価値税のスキームは，フランスの生産税の分割納付制度に実現されたといってよいであろう。

2 フランスにおける付加価値税の誕生

生産税の欠点を踏まえ，資本投資の促進とフランス産業の近代化のために，1954－55 年の税制改革で，生産税がフランスで，「付加価値税」（taxe sur la valeur ajoutée）に置き換えられる。生産税と比較した付加価値税の特色は，原材料に対する税額のほかに，資本設備やオーバーヘッド・コスト（一般経費）に対する税額控除が認められ（1954 年 7 月 1 日から），さらに「生産税」とともに存在していたカスケード税である役務提供税を控除することが認められた（1955 年 1 月 1 日付け）ことである[20]。原材料などに対する税額控除しか認めなかった「生産税」との違いは大きい。「控除の権利が財貨の価値を構成するすべての要素に拡大される[21]」からである。生産税がともすれば，資本集約産業に不利に作用したのと異なる。付加価値税では，資本集約産業を労働集約産業に比較して有利な立場に転換させる。付加価値税創設前の 1953 年 9 月及び 10 月の政令では，6 か月間，「生産税」の枠内で，生産部門で使用する投資財の取得に課せられる税の半額控除が認められていた[22]。1954 年 7 月 1 日以後，投資財の税額の全額控除が実現する。投資促進税が誕生したのである。

3 アメリカの付加価値税議論と分割納付制度

付加価値税はいうまでもなく，「生産税」の「分割納付制度」からして，消費課税の基本スキームに，企業課税の付加価値税という全く異なるものを合体した点からいって，菊池威が主張したように，アダムスの付加価値税の提案のスキームを借用したものだと考えざるを得ない[23]。動機は輸出戻し税を確保したいというフランスの産業界の思惑によるものだと考えられる。この点，湖東京至の説が独壇場である。不公正な貿易が第二次大戦の背景になったことから，GATT[24] では輸出補助金が禁じられた（第 16 条）ため，「生産税」の枠内で分割納付制度（仕入税額控除）が導入される。内国消費税だから輸出は免税だとの理屈により，輸出免税（還付）という措置が講じられたものだと解されておられる[25]。湖東の説を裏付ける経済的背景についても付け加えなければならない。フランスの貿易構造は旧来，西ドイツやイギリスと比較して，完成品輸出の割合が低く，原材料や農産物の輸出に占める割合が高い。価格変動のリスクや相

手国の保護措置の実施などの困難を回避することや，完成品の輸出を促進するために，輸出企業の支援を税制面でも支える必要があったと考えられる[26]。また，1945 年 8 月から 1948 年 5 月までに，法人税・所得税法における資産再評価制度が 3 度実施されていることも示唆的である。戦後の高インフレとフランの貨幣価値暴落の下で，企業の固定資産や棚卸資産の原始投下資本の購買力価値の維持を確保するためにほかならない[27]。資本価値維持を目的とする点では，生産税の枠内での税の還付と共通する。

フランスの付加価値税（生産税を含む）は，インボイスによる税額控除法による付加価値税として展開される。しかし，そのような税額計算方法では付加価値税の課税ベースを引き出すことはできない。企業によっては付加価値に課税する場合よりも大きい納税額になる。「曖昧な一定しない付加価値」に課税されざるを得ないことへの批判から，付加価値税創設後，売上税から離れた利潤課税テクニックに依存する「直接付加価値税」がミュラー（Muller, A.）により構想されたことがある。「直接付加価値税」の税額計算方法は以下のごとくである。課税前の純利益に，価格騰貴引当金をプラスしてキャピタル・ゲインをマイナスする。その上で分配所得（人件費・地代・謝礼金等），間接事業税，財政上の理由からベースに含められるもの（旅費・セールス費用，保険料，郵便・電話料）を加算して課税付加価値を求める。課税付加価値に対して単一税率にて課税するものであった[28]。

V　格差を拡大させてきた消費税

1　格差拡大と税制の所得再分配効果の低下

戦後日本では，高度成長期に労働力需要のひっ迫により，給与の一定の上昇があり，所得分配面でも一定の改善が見られた。他方，戦後日本の税制の格差是正機能は傾向的に低下している。勤労者の所得税の再分配効果の低下については，戦後 70 年間スパンでも見られる。申告所得者については，2010 年代には証券優遇税制の受益を大きく受け，高額所得者の所得税負担率を大きく減少させることになった。外国子会社からの配当の益金不算入や国内配当の増加，繰越欠損金控除により，富裕層の利益に帰する連結法人の法人税の実質的な負

担は著しく減少している。他方，消費者・勤労者がその多くの部分を負担する消費税は主要国税の内，唯一所得に対する逆累進性が明確である。消費税の導入，税率の引き上げは税制の所得再分配機能を弱めていると言えよう[29]。

2　家計の消費税負担の増大

最近30年間の家計の消費税負担率を推計した（表1参照）。1980年からここ40年間のスパンで見れば，消費税導入及び税率アップにより，消費税の負担は高くなっているばかりではなく，所得に対して逆累進的な負担構造を強めた[30]。消費税の所得再分配効果は終始マイナスで推移する。非課税による逆進性緩和度合いは僅少である。非課税支出は合計額から見れば高所得層で多く，低所得層で少ないからである。軽減税率の格差是正効果は非課税のそれに増して僅少であった。低所得層での負担割合の減少は顕著であるが，高所得層でも負担割合が減っている。軽減税率対象支出については，高所得層ほど支出が多い点では非課税支出と同様である。標準税率と軽減税率の差は2％（2020年現在）と規模が小さいこともあり，逆進性の緩和度は非課税のそれに劣る。非課税がなかった場合と軽減税率がなかった場合のジニ係数の改善度を推計したところ，非課税が0.0006，軽減税率が0.0004とごく僅かであった（勤労者世帯当初実収

表1　年間収入5分位階級別1世帯当たり消費税年間負担率の推移　（単位：％）

収入階級 年分	I	II	III	IV	V	合計
1990 年	2.01	1.77	1.71	1.57	1.37	1.60
1995 年	1.85	1.62	1.54	1.42	1.21	1.44
2000 年	3.09	2.57	2.38	2.26	1.99	2.31
2005 年	3.11	2.64	2.40	2.34	1.98	2.35
2010 年	3.20	2.71	2.39	2.29	1.99	2.35
2015 年	4.99	4.23	3.71	3.47	2.96	3.60
2020 年	5.88	4.54	4.12	3.69	3.16	3.92
202X 年	7.85	6.08	5.55	4.98	4.28	5.29

（注1）二人以上の世帯の内全国勤労者世帯。家計が消費税を負担すると仮定。
（注2）202X年は，消費税の標準税率15％，食料品等の軽減税率10％を仮定。
（資料出所）総務省統計局編『家計調査年報』各年分。

入のジニ係数は 0.2290, 実際の消費税差引後の収入のジニ係数は 0.2334。以上総務省統計局『家計調査年報令和 2 年』により推計)。

そのほか，消費税の 3 ％から 5 ％への税率引き上げ後に，給与の減少傾向とジニ係数で見た世帯所得の格差の拡大傾向[31]，景気の長期沈滞が見られることを示唆することができる。消費税は価格に直接に影響を及ぼすので，国民生活に与える悪影響は想像以上に大きい。

Ⅵ 「新付加価値税」（仮称）のデザイン

消費型付加価値税は格差拡大を内に含むものであり，インボイス制度はさらに格差拡大に拍車をかける。格差の観点からは消費税の廃止がベストなのである。しかし，経費は増大傾向にある。失われる税収についても考慮が必要である。所得税，法人税の面での弱まっている所得再分配機能を強化することと併せて，現行の消費税における再分配での欠陥をただすというのがセカンド・ベストとしてでてくるのではないであろうか。実務継承の利便性にも配慮する必要がある。

筆者の分析結果からは，経済学上の付加価値に近いところに対して課税せよという構想がでてくる。売れた商品の販売額に近い課税ベースを企業ベースの税額計算方法により実現できるからである。納税義務者間でのインボイスによる納税過大・過少の難点もない。消費税が価格現象であるところから，租税の価格転嫁の面で劣る小規模事業者を納税義務者から除外することも考慮されなければならない。今後のわが国の消費税の税制改革の提言としては，フランスで提言された「直接付加価値税」の構想が参考になると考えられる。「新付加価値税」（仮称）の税額計算方法は次の通りである。

ⅰ単一税率で付加価値に課税する。但し税率は極端に高いものであってはならない。ⅱ税額計算方法として，控除法を採用する。ⅲ中小企業（仮案：資本金 1 億円程度以下の企業及び個人事業者のすべて）を免税にする。ⅳ国産品と価格面での均衡を確保するために，輸入品に（できれば新付加価値税の枠内で）課税する。ⅴ課税ベースが付加価値であるところから，輸出には課税する。輸出戻し税はなくなる。ⅵ金融業等の粗利益については，課税対象とする。これによ

表2　新付加価値税の税額計算方法（課税事業者の例）

科目	課税ベース算入の認否
売上高	課税売上げ
期首商品棚卸高	課税仕入れ
仕入高	課税仕入れ
期末商品棚卸高	課税仕入れの減
人件費	課税仕入れの対象外
減価償却費	課税仕入れ
その他の販売費及び管理費	原則として課税仕入れ。付加価値分配項目は仕入れ控除の対象外。
接待交際費	課税仕入れの対象外
支払利子・受取利子	課税仕入れの対象外。課税売上げの対象外
課税ベース	上記加減算で得た課税ベースに単一税率を乗じて税額を算出する。

（注1）金融業等の金融収益，金融費用をそれぞれ課税売上げ，課税仕入れに含める。

り，金融サービスに対して課税することができる（表2参照）。

終わりに　―要約と今後の展望―

　付加価値税は，歴史的に輸出及び投資優遇税制として展開，確立された。消費型付加価値税の着想は，アダムスのひとつの思い付きといってもいい提言の借用にあったものだと断じてよいであろう。消費課税と言えば聞こえはいいが，その実，巨大な輸出・投資企業の税負担を軽減するための手段がインボイスを要とする仕入税額控除の仕組みであった。個別企業の課税の局面で最終消費に対する課税を実現することは間違っている。資本投資に対して，課税が永遠に先送りになってしまう。

　個別企業の売上高を基にして税額計算を行う場合には，企業の当期の売上げに対応しない仕入れ部分の税額については当期に控除せず，翌期以降に先送りしなければならない。固定資本の取り扱いでは，価値の摩損部分である減価償却費のみを控除すべきである。

　輸出免税及び投資優遇の両面で，消費型付加価値税なるものは，格差拡大を含むものである。それらによる減収部分は国内消費に対するより高い税率をも

たらし，消費者，市民を直撃する。実際に，最近年に至るわが国の家計の消費税負担を所得階級別に分析したところ，消費税の税率が上がる度に，低所得階層を中心に消費税及び消費税を含む間接税の負担が高まっていることを改めて明らかにすることができた。

　その上さらに，インボイス制度の導入に対する事業者の対応によっては，新たに事業者間でも大きな格差が生じることは避けられない。多くの小規模事業者が廃業の危機に立たされる。筆者は断固として，導入の廃止を主張する。不幸にして導入された場合には廃止を求める。応能負担原則からの要請にほかならない。

注

1)　湖東京至「消費税を法人事業税・付加価値割と合体する提言」（『税制研究』第 62 号，税制経営研究所，2012 年 8 月），74 ページ参照。

2)　鶴田廣巳・藤永のぶよ編著『税金は何のためにあるの』自治体研究社，2019 年，51 ページ参照。

3)　内山昭「消費税＝賃金税・間接生計費税論と『社会の負担』」（『税制研究』第 70 号，2016 年 8 月），28 ページ。内山は消費型付加価値税を間接生計費税だと断じている。

4)　Karl Marx, *Das Kapital*, Bnd Ⅱ, Dietz Verlag Berlin, 1953. SS. pp. 523-524. カール・マルクス著長谷部文雄訳『資本論（7）』第二部第三分冊，青木書店，11 版 1969 年，682 ページ参照。

5)　Thomas S. Adams, "Fundamental Problems of Federal Income Taxation," *The Quarterly Journal of Economics*, Vol. 35, 1921. First printing," *The Quarterly Journal of Economics*, November, 1920.

6)　Gerhart Colm, "Methods of Financing Unemployment Compensation," *Social Research*, Vol. 2, No. 2, May, 1935.

7)　Paul Studenski, "Toward a Theory of Business Taxation," *The Journal of Political Economy*, Vol. 48, No. 5, October, 1940.

8)　松井吉三「事業課税の付加価値税と消費税改革―アメリカの付加価値税理論の源流の検討を中心として―」（2011 年）。http://www.sinfonia.or.jp/~matsui/k.pdf

9)　Gerhart Colm, "Methods of Financing Unemployment Compensation," op p. 166 参照。

10)　Paul Studenski, "Toward a Theory of Business Taxation," op pp. 621-654.

11)　*Ibid.*, p. 649.

12)　*Ibid.*, p. 649 参照。

13)　朴源「T. S. Adams の付加価値税論」（鹿児島大学『経済学論集』第 41 号，1994 年 12 月），1-13 ページ。この論文はこれまでの先行研究の内，アダムスの主張を経済的，歴史的背景を交えて，最も詳細に分析したものである。朴源は，後年，アダムスの付加価値

税を「企業課税を念頭に置きながらも，それにはなじみ難い税額控除方式を考えていた。」と総括している（朴源「付加価値税における利子の取扱い—消費型と所得型の比較—」（九州大学『経済学研究』第70巻第2・3合併号，2003年11月），134ページ）。井藤半彌によれば，売上税の企業間累積と販売品の原価部分への課税を避けることができるのであるから，アダムスの説は「少なくともこの租税学説（付加価値税の学説のこと。筆者補筆）の萌芽と解することができる。」と述べる（井藤半彌「附加価値税の問題點」（『経済研究』第1巻第4号，岩波書店，1950年10月），149ページ）。その他，菊池威，根岸欣司など多くの先行研究がある。

14) Thomas S. Adams, "Fundamental Problems of Federal Income Taxation," *op.cit.*, p.553.

15) *Ibid.*, p.553.

16) John F. Due, *Sales Taxation*, Routledge and Kegan Paul Ltd., 1957 (Second Printing, University of Illinois Press, 1959), pp.115-116 参照。

17) Carl S. Shoup, *The Sales Tax in France*, New York, Columbia University Press, 1930, p.188.

18) *Ibid.*, p.119 参照。

19) *LA TVA*, 2nd édition, Collection QUE SAIS-JE? No.1748, 1982 (Original Copyright by Presses Universitaires de France, 1978), p.18. ジョルジュ・エグレ著荒木和夫訳『付加価値税』1985年，23ページ参照。

20) *Ibid.*, p.23. 同上訳書，28ページ参照。

21) *Ibid.*, p.21. 同上訳書，26ページ参照。

22) *Ibid.*, p.23. 同上訳書，28ページ参照。

23) 菊池威「付加価値税の理論的研究」（『亜細亜大学経済學紀要』第1巻第4号，1969年），145ページ参照。

24) GATTは1948年1月1日発効。第16条では輸出補助金は1957年12月31日をもって廃止。関税もしくは税の払い戻しは補助金の交付とみなさないとの「附属書I注釈及び補足規定」が設けられている。

25) 湖東京至「消費税率二桁を許さない，私の三つの理由」（『税制研究』第66号，税制経営研究所，2014年8月），32ページ他参照。湖東には，このほか，仕入税額控除の権利的性格などについての詳細な研究がある（湖東京至『消費税法の研究』信山社，1999年）。

26) ピエール・マイエ著千代浦昌道訳『フランスの経済構造』白水社，1975年，93ページ。

27) 青木脩『新版・フランス会計学』財経詳報社，1972年，240-274ページ参照。一般物価指数による貸借対照表項目の再評価。評価益は資本剰余金とされ，課税されない。

28) 菊池威「日本とフランスの付加価値税」（井手文雄，大淵利男，石村暢五郎，中村一雄編『財政の原理と現実』千倉書房，1986年），283-285ページによる。ミュラーの原典は，*L'assiette réelle de la Taxe sur la Valeur Ajoutée*, 1965。

29) 松井吉三「少子高齢化の税財政のあり方—消費税増税しか打つ手はないのか？—」（日本財政学会編『少子高齢化の財政と法』デザインエッグ社，2016年10月），79-93ページ参照。

30) 松井吉三「表　年間収入五分位階級別年間間接税負担額と負担率（二人以上の世帯の内勤労者世帯）」http://www.sinfonia.or.jp/~matsui/kansetsuzeihutan2020.xls 参照。こ

のほか http://www.sinfonia.or.jp/~matsui/g.htm に掲載の筆者の分析資料を参照。

31)　総務省統計局編『全国消費実態調査報告　家計収支編』（二人以上の全世帯）によれば，世帯収入のジニ係数は 1994 年 0.294，2004 年 0.306，2014 年 0.309 である（筆者推計）。総務省統計局編『家計調査年報』（二人以上の世帯の内，全国勤労者世帯）による世帯平均収入は 1995 年 766 万円，2005 年 714 万円，2015 年 700 万円である。

6 アメリカ EITC のノンコンプライアンスにおける法的問題点
——最近の裁判例を検討素材として——

道下　知　子
（青山学院大学）

I　はじめに

1　問題意識

　近年，わが国では経済不況等に伴いワーキングプア家族の増加による貧困問題が深刻化している。この問題に対し，主に真に困っている貧困者の格差是正を前提に，税制は何ができるだろうか。これが，本稿における問題意識である。

　その効果的な方法の一つとして，給付付き税額控除の導入が世界的に広がっている。

　このテーマの議論のうち，この制度の母国であり，アメリカにおいて「税制上最も成功した貧困対策プログラムの一つ」と評価され，導入から40年以上続いているアメリカの勤労所得税額控除（Earned Income Tax Credit：EITC）制度の現状と課題，その改善策を検討することは，わが国でこの制度の法的意義や立法政策を検討する際においても有意義であろう。このEITC制度とは，低所得者への勤労意欲の促進を支援することを目的とし，勤労によって得た所得に対して一定率の所得税額を軽減し，その税額水準に達しない人に対しては，その下回る差額を給付金（還付金）として支給する仕組みである。

2　EITC の問題点と争われた裁判例の検討の必要性

　ただし，この制度には様々な問題がある。その中で特に問題となっているのが，故意又は故意でないかにかかわらず，税法を遵守せずに誤って申告し，その結果過誤の支給を受けるという過誤・不正受給問題というノンコンプライアンス問題であり，現在も深刻な問題となっている。

　この点において，納税者と課税庁 IRS が EITC の適格性要件を巡り，EITC 申請の適否を争った裁判例が多く存在する。本稿では，これらのノンコンプライアンス問題に係る裁判例について，具体的にどのようなことが法的問題となり，具体的事実が認定され，論理的に判断されているのかを検討する。その上で，このノンコンプライアンス問題にかかる法的改正案を探ることとする。

3　本稿の流れ

　本稿では，まず EITC をめぐる最近の裁判例を取り上げる。その原因は，適用要件の間違いや不正申請が主であるが，申告代行者のデューデリジェンス要件の欠如の事例もあり，これらを争点ごとに整理し，サンプリングする。それを踏まえて，現在最もその問題が重視されている 2 点の事例を検討する。これらの判例を評価したうえで，法解釈に限界があるならば，改正による立法を考えた場合の提案を検討する。併せて，EITC のノンコンプライアンス問題について，全米納税者擁護官室（National Taxpayer Advocate：NTA）による報告「ObjectivesReport2020[1]」において，その改善策が提言されている。筆者の先の研究から，この提言の一部は本稿においても参考となりうるという評価をしたうえで，最終的な提案をする。

II　最近の裁判例の検討

1　裁判例のサンプリング ―争点の整理―

　EITC をめぐる最近の裁判例の原因は，適用要件の誤りや不正申請が主であるが，申告代行者のデューデリジェンス要件の欠如などの事例もあるため，これらを争点ごとに整理し，サンプリングする。
〈判決パターン〉
　(1)　適格子ども要件（152 条（c））
　①　同居要件
　アブディー事件[2]（2015 年）では，同居要件（当該課税年度の半分以上の期間，納税者と同一の主たる居住地を有する者であること）について，納税者の姪は，課税年度の半分以上の期間，納税者と同一の主たる居住地を有していなかったと認

定（同じアパートでも別の場所に居住）され，適格子ども要件を満たさないと判断された。

② 関係性要件

コーワン事件[3]（2015年）では，適格里子要件が争われた。納税者はマーキス（実子でなく，血縁関係はない），州裁判所から任命され後見人となっていたが，18歳に達したため，州裁判所から後見制度が終了されたことの通知があった。その後も同居を続けていたが，適格里子の要件（152条（f）：認可された幹旋機関又は管轄裁判所の判決，決定，その他の命令によって納税者に預けられた個人）のうち，「裁判所の命令」によってマーキスが納税者のもとに置かれていることを証明できないため，適格里子に該当せず適格子ども要件を満たさないと判断された。

カマリロ事件[4]（2011年）では，納税者と住んでいた同居人の実子についてEITC申請をしたが，適格子どもの関係性を有しないと判断された。納税者の知識不足から，養子縁組など法的に自己の子供と認める手続きを経ていなかったため，申請した子供は適格子どもに該当しないと判断されたのであった。

③ タイブレーカールール（152条（c）（4））

適格子ども要件のうち，要件の充足により，複数の納税者が1人の適格子どもについて申請できる場合であっても，適格子どもとして扱うことができるのは1人の納税者に限られる。優先順位は，①子供の親がいる場合で1人のみの場合にはその親が，②そうでない場合には子供と長い時間生活していた方の親が，③子供と生活していた時間がまったく同じ場合には調整総所得（AGI）が高い方の親が，④また親がいない場合（いても親として請求しない場合）には調整総所得（AGI）が最も高い者が利用することとなる。

ペニー・サザーランド事件[5]（2001年）では，未婚の同居人2人のそれぞれの子供について，EITC申請の適格者である場合であり，当該条文に従って，調整総所得の高い者が，2人の子供を適格子どもとして申請できると判定された。

(2) 申告資格要件

既婚者は，EITCを請求するには共同申告を行う場合に限られ（32条（d）），配偶者は社会保障番号を有していること（32条（c）（1）（E））が必要である。

　ロゾヤ事件[6]（2005年）では，配偶者は不法滞在者であり，社会保障番号を取得できていなかった（なおかつ，配偶者は課税年の6ヶ月前に家を出ていた）。そのため，納税者は個別申告書を提出した。本件では，納税者が未婚者として個別申告できる場合となり，そもそもEITC申請ができる資格があるか否かが争われた。この場合，7703条（b）は納税者が次の場合，未婚者として申告することを認めている。(a)個別申告書を提出し，(b)その年の世帯維持費の半分以上を負担し，(c)その世帯を少なくとも1人の扶養家族と共に主たる住居として使用している場合，(d)課税年度の最後の6ヶ月間，当該個人の配偶者が当該世帯の構成員ではない場合は，未婚者として申告することができる。

　本件では，事実認定により，(d)「課税年度の最後の6ヶ月間，当該個人の配偶者が当該世帯の構成員ではない」ことを満たすと判断され，EITCを申請する資格があると判断され，EITC申請が認められた。

⑶　非適格所得（過大な投資所得等（2021年以降は10,000ドル超）を持つ個人に対する否認事項）（32条（i），（j））

　ホルブルック事件[7]（2001年）では，フルタイムで住宅建設事業や不動産賃貸業を営んでいる納税者の所得のうち，その不動産賃貸業が，勤労所得32条（c）（2）（A）の自営業者利益（すなわち，個人が営む商売や事業から得られる総収入（1402条（a）））に該当するか，又は非適格所得の「通常の取引又は事業の過程で得られたものではない賃貸料またはロイヤルティからの総収入（＝非適格所得）」に該当するか否かが争われた。事実認定により，事業の過程で得られたものではない賃貸料と判断され，非適格所得に該当することとなり，それは2,200ドル（2001年課税年度要件額）を超えていたため，EITCの適用要件を満たさないと判断された。

⑷　勤労所得に該当しない所得

　32条（c）（iv）により，勤労所得から，刑事施設の受刑者である間に個人が提供したサービスに対して受け取った所得は除外される。

　ウィルソン事件[8]（2001年）では，納税者は1999年課税年度で刑事施設の収監者であり，その間に受けた所得におけるEITC申請であったため，勤労所得要件を満たさないと判断された。その判決文には，32条のEITCの趣旨「EITC

は，貧困を緩和し，低所得者に働く意欲を与えることを目的とする。刑務所の受刑者が行う仕事の多くは強制的なものであるため，受刑者のサービスに対して支払われた金額を EITC の計算上，勤労所得に含めることは EITC の目的を達成することにはならない。」が明記されていた。

　⑸　申告代行者との争い

　モハメッド事件[9]（2017 年）では，申告代行者（会計士）が顧客（納税者）の EITC 受給資格を決定する際に，申告書代行者のデューデリジェンス（税務監査）要件を遵守しなかったとして，6695 条（g）に基づき 14 件（1 件 500 ドル）について罰金が科せられた。

　⑹　納税者の意図的な不正申請

　ジーン事件[10]（2018 年）では，架空の扶養家族，捏造した事業収入と経費，虚偽の申告状況に基づき EITC を不正申請したと事実認定され，EITC 申請が否認された。

2　裁判例のまとめ

　以上，EITC をめぐる最近の裁判例を争点ごとに整理し，サンプリングを行った。

　これらの裁判例では，適格子ども要件の適否が争われたものが多く，主に同居要件や関係性要件にかかる判例であることがわかった。そこには，現在のアメリカの家族の在り方が反映されているものと思われる。すなわち，親以外で他者とも住んでいる場合の適格子どもの申請事例が多かったためである。

　また，納税者が申告代行者に頼らずに単独で申告した場合，意図的な不正申請ではなく，適用要件について，法解釈というよりは，単純に条文の要件を満たさなかった又は立証できなかったケースが多いと思われる。

　逆に，申告代行者による申告の場合は，故意又はそうでないかにかかわらず，申告代行者のデューデリジェンス（税務監査）要件を満たさないとするケースも多かったことに，特徴があるだろう。

　なお，適用要件の誤りについては，非適格所得要件，適格里子要件，同居要件において見受けられたが，法解釈が困難なケースは殆どなかったといえよう。

　次に，これらの整理と評価を踏まえて，現在その問題が重視されている 2 点，すなわち救われるべき納税者が，条文に従うとその受給が認められず，その後の EITC 受給が困難となる場合と，無資格の税務代行者の不当な意図によって納税者が不正受給者となった場合の事例を検討しよう。

3　問題となる主要な 2 つの裁判例

　低所得者に対する EITC や権利保障等について一貫して研究している Leslie Book 教授の論文のうち，EITC 申請に関し，主に問題となっている 2 つの論点にかかる裁判例をそれぞれ検討している興味深い研究論文がある[11]。以下，当論文に沿って，当該 2 つの判例を検討しよう。

　(1)　問題となる EITC 違反の種類とその理由

　主に問題となる EITC 違反の種類は，適格子ども要件の誤りと所得の誤申請である。その理由は，納税者が複数家族によって子供の世話をすることが多くなり，複数世代の家族と一緒に暮らしていることが急増していること，今までのような雇用形態でない事業による収入が存在すること，また，税法を遵守せずに安易に還付することを受け入れる申告代行者に納税者が頼っていることという状況が，こうした不正申請を生じさせる原因となっている。

　検討する判例は，いずれも納税者が EITC を不適切に申請した場合である。Smyth 事件[12]では，納税者は看護助手として働き，孫と一緒に暮らして世話をしていた祖母が孫を適格子どもと信じて申告したケース（適格子ども要件），Foxx 事件[13]は，納税者が EITC を申請する申告書を提出するにあたり，申告代行者に頼り，勤労所得のうち自営業所得を不正に水増しして EITC を申請していたケース（所得の誤申告）である。

　結果的に，どちらのケースも納税者は EITC の申請は否認された。この点，納税者が一旦 EITC の申請を否認されると，過酷な状況に置かれることとなる。その理由は，第一に，EITC の申請が否認されると，多くの人が EITC を申請しなかった場合よりも不利な状況に置かれるためである。すなわち，IRS が EITC 申請の適正性を検証し，EITC 申請が否認された結果，IRS に還付金を返還しなければならない可能性があることに加え，再度申告書作成費用が発生し，

申告書の作成や IRS からの対応に時間を費やすこととなるのである。そして第二に，否認された EITC の申請を IRS が再調査し，その申請が認められると，納税者は還付金を取り戻すことができるが，それまでの間の納税者は，IRS の判断の遅延により，納税者の所得の 4 分の 1 以上に相当する還付金を 1 年近く待たされることが明らかとなっており，その間に訴訟費用が発生することが殆どであり，[14]納税者が経済的に悩まされる状況となるのである。以下，2 つの判例を検討しよう。

　⑵　Grisel Smyth 事件（適格子ども要件）

　Smyth 事件は，多世代が同居する多くのアメリカの家庭において，祖父母や高齢の親族が世帯の主な経済的支援を行っている場合である。

　Grisel Smyth（以下「グリセル」という）は看護助手として働き，成人した息子とその妻，そして孫たちと住んでいたが，グリセルがこの世帯の経済的支援をすべて行っていた。なお，グリセルの息子は働かず，麻薬の取引に夢中になっていた。

　グリセルは，孫を EITC の対象となる適格子どもと主張して，EITC の還付額約 2,900 ドルを申請した。その背景は，孫の親である息子が子供たちを適格子どもとして申請しないと言ったために，彼女は自らの申告書にて孫を適格子どもとして EITC を申請したのであった。しかし，グリセルの息子は嘘をつき，申告しないどころか，母親よりも先に子供たちを妻と共に適格子どもとして EITC を申請し，還付を受け，その還付金を薬に使ってしまったのである。

　ここでの問題は，先に述べた適格子ども要件のうちタイブレーカールール（152 条（c）（4））における優先順位の問題である。

　条文によれば，一人の子供について複数の大人が適格性を持っており，そのうち，一人が子供の親で，もう一人がそうでない場合，一般的には親が子供を適格な子どもとして主張する権利を持つ。適格子どもを主張するもう一人の大人が主な養育者であるかどうかは関係ない。一方で，子供の両親が子供を適格子どもとして EITC を申請できるが，申請しない場合には，他の資格のある者が両親よりも調整総所得が高い場合に限り，その子供を適格な子どもとして扱うことができる。要するに，子供の両親のどちらか（共同申告の場合は両方）が

適格子どもとして EITC を申請した場合，もう一人の大人は，子供との関係性があり，経済的支援をしていたとしても，そもそも申請することはできないという不運に見舞われることになる。

その後，彼女は IRS から EITC 申請を否認されたため，[15] 結果的に彼女の還付金は凍結され，1,000 ドルの民事罰を課されることとなったことから，連邦租税裁判所に対し訴訟を起こしたのが本件である。

本件の法的問題点は明確であった。すなわち，タイブレーカールールに基づけば，子供の両親が適格子どもとして EITC を申請した場合，別の大人は，そもそも申請することはできないこととなるということである。グリセルは，その事実を知らずに申請したため，EITC 申請が否認され，不正申請者とされたのであった。

しかし，本件の真の問題点は，条文に従えば，どのような事実であれ，ある納税者に対する公平性が保たれず，不合理さが生ずることである。この点，法律の適用が比較的単純で明確であったにもかかわらず，裁判官ですら，この事件の不公平さを認識していたのであった。すなわち，本件は，孫のために経済的な支援をし，息子からは適格子どもとして申請しないことから，母親が申請すべきだと言われたことを信じて，祖母である納税者が EITC を申請したが，現行条文に従えば，どのような事実があったとしても，結果として不正申請となり，多額の税金を請求されてしまい，なおかつ，多大な努力を費やして訴訟を提起しても，EITC 申請は認められない結果となったという不合理さがあったのである。

(3) FOXX 事件（所得の誤申請）

Shakeena Bryant（以下「ブライアント」という）は，依頼した申告代行者フォックスから，事業からの収入を申告すれば EITC の還付金を受けることができるという指示を受けたことにより，18,288 ドルの自営業所得に基づき，2,577 ドルの EITC を申請し，IRS から還付を受け，フォックスに申告書作成料を支払った。その後の IRS による調査では，ブライアントは EITC を申請するための自営業所得はなかったと自白したが，これはフォックスの指示であったと主張した。しかし還付金は否認された。その後，IRS はフォックスを調査

し，申告書の作成において故意又は無謀な行為があったとして，6694条（b）（故意又は無謀な行為による申告）に基づき5,000ドルの民事ペナルティを課した経緯から，フォックスが連邦請求裁判所に提訴したのが本件である。

　本件は，重要な事実が争われていた点に特徴がある。すなわち，①申告書作成者であるフォックスが，納税者にEITCの申請方法を指示し，実際に事業を行っていない場合でも，合法的に事業を行っていると見せかけることで，不正な還付申請を促したのか，②ブライアントが提示した架空の所得に基づいて，それを信じたフォックスが申告書を作成したのか，という点で事実の争いがあった。

　連邦請求裁判所は，どちらの事実が真実であるかという争いが存在するにもかかわらず，IRSが課した6694条により申告代行者が故意又は無謀な行為による申告をしたか否かを認定せずに，たとえフォックスが真実を語っていたとしても，6695条に基づく申告代行者のデューデリジェンス（税務監査）の義務を無視した無謀さがあったと結論づけた。

　6695条は，「申告代行者に提供された情報，又は（申告代行者が）知っている情報が，不正確，矛盾，又は不完全であるように見える場合，合理的な問い合わせを行う」ことを申告代行者に求めている。この点，仮にブライアントは自分がなした架空の収入をフォックスに提示し，それをフォックスが信じていたとしても，裁判所は，フォックスには特定のデューデリジェンス規則に基づき，より深く掘り下げる断固たる義務があると結論づけ，そもそも申告代行者が負うデューデリジェンス義務を根拠に判断したのであった。

　この論理は，フォックスが申告書を作成した以上，ブライアントが適切な書類を提供しなかったとしても，①彼女の自営業所得の事業について合理的な調査を行う義務を免除するものではなく，②フォックスがそれをしなかったのは，6695条のデューデリジェンス規則によって，故意又は無謀にその義務を無視したためである，とするものであった。すなわち，真の事実が認定されていなくても，申告書作成を代行した以上は，申告代行者の義務を重視して判断したものと思われる。

Ⅲ　先行研究の提案と評価

　以上挙げた，主に問題とされる EITC 違反の 2 つの問題点に関係する提案として，Book 教授はヘリテージ財団による政策報告書における提案及びカリフォルニア州の当初の所得範囲を限定するアプローチを挙げている。以下検討しよう。

1　適格子ども要件—ヘリテージ財団提案—

　グリセル事件の問題は，適格子ども要件にかかる納税者の範囲をどう解釈するべきかという問題に関連していた。この点に関し，EITC 要件を制限することを提案しているヘリテージ財団の Robert Rector 氏と Jamie Hall 氏の論文[17]における提案では，① EITC の適格者を縮小し，② IRS が還付金を発行する前の所得要件の確認と立証を強化すること等を挙げている[18]。この①については，EITC 申請の 10 件に 1 件，年間約 280 万件の申請が，不在の親や親族による虚偽の居住地申請に基づいていること[19]や，居住地詐欺の多くは，非親権者である未婚の親（一般的には不在の父親）や，実際には子どもと一緒に住んでいない成人親族による申請を含んでいる[20]ことが原因であるとする。そのため，その解決策として，申請者を子供と法的な関係を持つ親に限定し，実親が法的な親権を持たない場合は，養親，法定後見人，里親のみが申請することができるようにするものである[21]。

2　勤労所得の「自営業所得」問題—導入当初のカリフォルニア式アプローチ—

　カリフォルニア州は，多くの州と同様に，連邦政府の EITC を補完するために，連邦政府のプログラムの大部分をモデルとした州の EITC を設けている。ただし，EITC を制定した当初は，自営業の納税者について，州の EITC の目的上，自営業所得を勤労所得として扱うことを原則として認めていなかった[22]。

　EITC の申請は，多くの自営業者にとって特別な課題となっている。それは，フォックス事件のように，自営業所得の場合には，IRS が申告書上の当該所得

が実際にあるのかどうかを調査する可能性があるためである。その理由は，そもそも所得の誤申告は EITC 申請上最も多い違反であり，その大半が自営業所得の申告違反に係るものであったためである。このように，納税者の自営業所得が正確か否かを自動的に判断できないことから，導入当初のカリフォルニア州は，自営業所得を勤労所得の定義から除外したのであった[23]。

この点 Book 教授は，EITC 違反を削減するために，このアプローチを再提案し，自営業所得を勤労所得から除外することの是非について検討をしている。

3 2つの提案に対する評価

Book 教授によれば，これらの提案は，EITC のノンコンプライアンス問題について，共通のテーマを持っている。すなわち，IRS が確認することが困難な情報源を「資格基準から取り除く」ことで，コンプライアンス違反の機会を減らすことである。

Rector と Hall の提案は，正式な法的親権を持つ親，里親，法的後見人にのみ，適格な子どもとして申請することを認めることで，IRS の作業を簡素化するものであり，カリフォルニア州の当初アプローチは，雇用者が W-2 を報告しているか，又は州の源泉徴収の対象となっている勤労所得を，EITC の適格性のために勤労所得として扱うことのみを認めることで，同じく州機関の作業を簡素化するものであり[24]，この点が共通しているのである。

そして，どちらの案も連邦レベルで採用されれば，過誤・不正申請に大きな影響を与えることになるだろう[25]。

しかし，これらの提案には，ワーキングプアの状況を反映していないという重大な欠点がある。

まず，適格子ども要件について，EITC の対象者を法的な親に限定する提案については，EITC のそもそもの目的は，多くの生活保護者を減らし，そのような者の労働力への参入を奨励することである。ワーキングプアの生活は，親以外の大人の家族が未成年の子供と一緒に暮らし，養っているという，グリセル事件にあるような状況が多い。この提案は，納税者の立場からは，そのような家族に EITC 申請の可能性を排除することで，グリセルという祖母のように

孫のために働いている労働者への EITC 申請という利益を否定する結果となる。また，子供の立場からも，グリセルの孫のように，実の親が必要なサポートを提供できない，あるいは提供する意思がない場合に，代理の親として行動する家族のケアとサポートの恩恵を受けている子供たちの生活に大きな悪影響を及ぼす可能性がある[26]。

次に，勤労所得の自営業所得の問題に対する導入当初のカリフォルニアのアプローチの提案については，自営業者が申告した所得が本当にあるか否かをカリフォルニア州組織に確認させるのではなく，そもそも自営業所得を勤労所得の定義から外すというシンプルなものであった[27]。しかし，この提案もワーキングプアの生活とは乖離した対策といえよう。近時，自営業者として働く労働者が大幅に増加し，一つの雇用主による安定した雇用のあり方が縮小している中，この対策は，その自営業所得を EITC の対象から外すこととなり，現在の働き方に逆行していると考えられるからである。

なおかつ，これらの提案は，何百万人もの潜在的に適格な申請者を排除することとなり，低所得者の権利が制限されることとなるだろう。

Ⅳ Book 教授の提案―ワーキングプアの生活を反映させた提案にすべき―

以上，主に問題となる 2 つの問題点に対する提案を検討したが，本章では，この提案に係る Book 教授の再提案を検討する。この点，Book 教授は，アメリカの家族生活の現実の変化をよりよく反映できるような別のアプローチはないだろうか[28]，という観点から再提案をしている。

1 適格子ども要件― EITC の対象者を主要な養育をした者とすること―

グリセル事件のように，適格子どもの生活に関わっていない非協力的な適格申請者がいる場合を踏まえれば，その解決策は，適格子どもとして申請できる親族の範囲を縮小するのではなく，拡大することではないだろうか。この観点から，Book 教授は，多くのアメリカ人が実際に生活し，子供の世話をしている状況をよりよく反映させるために，1 年の間に大人が子供に主要な養育を

した場合，その大人が子供を適格子どもとして扱うことを提案している[29]。ただしこの場合には，複数の大人が主要な養育者として認定される可能性を踏まえて，大人が主要な養育者であることを証明するプロセス，居住地に限らず養育をどのように定義するかなど，多くの詳細を検討する必要があるだろう[30]。

2 勤労所得の「自営業所得」問題―追加の事前証明義務―

EITC違反に対して，自営業者のコンプライアンス違反の機会を最小限に抑えつつ，自営業という事業の重要性を反映させる方法はないだろうか。この観点から，Book教授は，自営業所得に追加の事前証明を求めることを提案している[31]。

この点，Rector氏とHall氏は，EITCを申請する自営業者は，個人が稼いだ所得を示すフォーム1099を提出すること，又は州や地域の登録やライセンスに関する情報を提出して事業の存在を証明すること，更に販売した商品やサービスを示す請求書を提出し，その年に定期的に自営業税を支払っていることを証明する必要があると提案している[32]。これに対しBook教授は，そもそもこの提案は，自営業者に請求書やその他の存在証明の提出を求めるものであるが，納税者にとっては負担が大きく，そのような要件のある申告書は電子申告として提出することができない可能性があり，他の納税者との公平性を保つことができず，IRSにも多大な作業時間というコストが発生する点を指摘している[33]。

その一方で，この提案における納税者の負担やIRSのコスト発生には問題があるが，所得の種類によってEITCの申告要件を変えるという考え方は大切であり，現行のEITCの事前申請要件については，基本的に一律のアプローチをとっているが，EITC違反が多い自営業所得のうち，あるクラスの納税者には追加の要件が必要であることは否めないとする[34]。

したがって，Book教授による再提案としては，自営業者に対して，追加の書類提出を義務付ける必要はあるけれども，すべての自営業者が所得を誤って申告するという課税実務が確立しているわけではないという事実を反映して，EITCを申請する自営業者のうち，一部のクラスの自営業者のみが追加の書類提出義務を負うものとする，という提案である。

　ただし，この提案においては，どのような書類が必要なのか，どのような納税者がその要件の対象となるのか，第三者が IRS の書類審査をサポートすることができるのかなど，多くの検討が必要であろう[35]。

V　NTA 提案

　EITC のノンコンプライアンス問題について，NTA の Nina・E・Olson 元首席納税者擁護官を筆頭に，NTA は 2019 年 6 月末，EITC 制度及びその執行の改善に向けて，包括的かつ抜本的な提言を公表している[36]。筆者の先の研究による検討から，この提案は本稿において参考となり評価すべきと思われるため，当該提言のうち，本稿に係る論点の係る提言を取り上げる[37]。

1　EITC を「勤労者税額控除」と「子ども給付」の 2 つのクレジットに再構成すること

　この提案は，EITC 制度を勤労所得に基づく「勤労者」のみを対象とした給付付き税額控除と，普遍的で万人に用いられる「子ども」のみを対象とした給付に置き換えることである[38]。具体的には，EITC 制度を，適格子どもを持つか否かにかかわらず，単独の個人の勤労所得に基づいた「勤労所得税額控除」と，子どもの育児費用に配慮した「子ども給付」に再構築することを提言するものである。

　この提言は，現行の EITC による効果は，子供を持つ受給者の貧困を減らすことに重大なインパクトがある一方で，子供がいない受給者の貧困を減らすインパクトはけほとんどないこと，及び子供がいない勤労者と，特に最も貧困である勤労者といった多くの勤労者の低い賃金を考慮して，そのような勤労者を対象に，勤労所得のみに的を絞った EITC という制度に改革したほうが効率的であることを主な理由としている[39]。

　一方「子ども給付」については，逓増と逓減のない，子供の人数に応じた固定額を給付することとし，現在停止されている扶養控除や現行の EITC と，その他の子ども税額控除に組み替えることとする[40]。

　このように，現在の EITC 制度そのものを①子供の数にかかわらず，勤労所

得のみに範囲を限定した「勤労所得税額控除」とすることによって，子供のいない勤労所得者にも公平な恩恵が受けられるように配慮ができることとなること，かつ，②子供を公平に，適切に育てるためには，どんな所得のレベルの家族も同じように費用が掛かることに着目し，子供の人数に応じて，固定額を支給する「子ども給付」とすることによって，子供のいるすべての納税者に対し，平等に恩恵が受けられるようにするという新たな制度は，少子化の進むわが国でも給付付き税額控除の形態を検討するに当たり，有意義な検討材料と考えられるだろう。[41)]

2 適格子どもの「主な養育者」の実績を反映させた定義とすること

　この提言は，税法上共通の定義である「適格子ども」について，現在の様々な家族形態を考慮して，「主な養育者」の定義を新たに設けるものである。[42)]「適格子ども」の定義を新しくすることは，今後，「子ども給付」を適用する場合に，最も効果のある規定となるだけではなく，EITC や他の子どもに関連した給付（例えば，子ども税額控除（CTC）や現在一時停止されている扶養控除など）のための現行の適格子どもの要件を再構築するための骨組みを提供するだろう。[43)]

　そのためには，関連性要件や居住要件よりも，「子どもの養育」を軸に規定すべきであり，「主な養育者」は，実の親ではなく，実際に子供を養育する者とし，子供を金銭的に支える者と定義する。なお，カナダでは，子ども給付の受給者は「子供を世話し教育する主要な責任者」と定義している。[44)]

　なお，子供に関する多重請求があった場合には，IRS が「主な養育者」要件を最も適切に満たした納税者を特定するまでは，「子ども給付」は支払われないようにするなど，明確な基準を設けるべきとしている。[45)]

　このように今後「子ども給付」を適用する際に，関連性要件や居住要件よりも，「子どもの養育」を軸として，現在適切な子どもとの関係を考えるうえで，重要な役割を担っていると考えられる「主な養育者」に着目して再定義することは，現在の複雑なアメリカの家族形態を踏まえると，適切であると評価できるだろう。[46)]

Ⅵ 先行研究を踏まえた提案—まとめ—

以上，主に問題となっている2つの論点を踏まえた先行研究等の提案の検討と，Book 教授及び NTA の提案を踏まえて，今後の EITC のノンコンプライアンス問題に係る提案を，自説も含めてまとめよう。

1 適格子ども要件

子供の世話をしている状況をよりよく反映させるために，親族要件を親に主眼を置くのではなく，12ヶ月の間に大人が子供に主要な養育をしている場合，すなわちその大人が「主な養育者」である場合，その大人が子供を適格な子どもとして扱うことができることとする。

この場合，複数の大人が主な養育者として認定された場合の適格者の判断基準や控除の形態の法整備の検討[47]や，主な養育者であることを証明するプロセス，居住地に限らずその養育をどのように定義するかなどを明確にすべく，多くの検討が必要となろう。

2 勤労所得のうち自営業所得の要件

自営業所得に関し，事前の追加の審査資料を要求すべきである。この点，当該資料につき，納税者の保護及び IRS の税務行政の効率化の観点から，簡素で分かりやすい提出物として，明確な定型の雛型資料と規定するなど，具体的で明確な資料を検討する必要があろう。

そして，すべての自営業者が所得を誤って申告するという課税実務が確立しているわけではないことから，追加の資料提出義務の対象者は，一部の自営業者とするべきであろう。この場合，その対象者の要件についても，詳細に検討する必要があるだろう。

3 アメリカの納税環境の改善

追加の提案ではあるが，一方で，不正受給削減という切り口だけでなく，コンプライアンスとアウトリーチの観点から，ボランティア等の所得税援助プロ

グラムの利用の促進と納税者へのサービスの充実，キャンペーンによる丁寧かつ具体的な各課税年度の税制度の啓蒙活動の実施という課税実務におけるアメリカの納税環境を改善すべきである。

　最後に NTA の観点から，EITC の改善アプローチの方向性をまとめよう。EITC のコンプライアンス違反の原因が様々であることから，単一のアプローチが効果的であるとは考えられない。したがって，改善アプローチとしては，長期にわたり深刻な問題となっている EITC のノンコンプライアンス問題を改善するためには，① IRS が改善するためのアプローチと手続きをどのように変更するべきなのか，② IRS や他の機関が協働してどのように受給率（申請率）を増加させるべきなのか，③ IRS が納税者の権利を遵守して，適格性を持つ納税者が申請することを減じない一方で，どのように不正受給を最小化できるのか，という納税者側，課税庁側，第三者連邦行政機関側の様々な立場に立った観点から，包括的に EITC の制度を検証し，辛抱強く改善し続けていく必要があるだろう[48]。

Ⅶ　おわりに

　本稿の問題意識は，今後真に困っているワーキングプア家族の格差是正について，税制において何ができるであろうか，ということであった。

　この点，LITC のような IRS 組織や民間ボランティアによる各種の税務支援プログラムが更に活発に展開されるべきであることを前提に，様々な検討を踏まえた本稿の提案の実現によって，今後アメリカ税制において EITC を適正かつ公正に利用することができるように税制上の手当てをすること（税制改革及び税務行政の改善）によって，真の貧困者を救う一つの救済・支援手段として，EITC が確立し続けることが，少しでもワーキングプア家族の格差是正につながることを望みたい。

　加えて，最終的には，この EITC のノンコンプライアンス問題に対する提言にかかる一連の考察が，わが国で給付付き税額控除の導入を検討する議論に，多くの示唆を与えることを望みたい。

　最後に，給付付き税額控除は，わが国においても，現在必要性が謳われている所得再分配に大きく寄与するものではないけれども，真に困っている者を少しでも助けることができる一つの大切な制度と評価することができるだろうと主張して，本稿を終えたい。

注

1)　National Taxpayer Advocate (NTA), Special Report to Congress「EARND INCOME TAX CREDIT Making the EITC Work for Taxpayer and the Government Improving Administration and Protecting Taxpayer Right」(2019), ppi-102, <https://taxpayeradvocate.irs.gov/Media/Default/Documents/2020-JRC/JRC20_Volume3_Final.pdf> (last visited on July 25, 2019). この報告書における本提案については，2020 年度研究（道下知子「アメリカ EITC のノンコンプライアンス問題に対する改善策の一考察 — NTA の提言を中心に—」青山ビジネスロー・レビュー 9 巻 2 号（2020 年）1 -35 頁参照）において検討している。

2)　Mahamud ABDI, Petitioner v. COMMISSIONER of INTERNAL REVENUE, Respondent. United States Tax Court. T.C. Memo. 2015-41.

3)　Jean COWAN, Petitioner v. COMMISSIONER OF INTERNAL REVENUE, Respondent. United States Tax Court. T.C. Memo. 2015-85.

4)　Francisco Martinez CAMARILLO, Petitioner v. COMMISSIONER OF INTERNAL REVENUE, Respondent. United States Tax Court., T.C. Summ. Op. 2011-53.

5)　Penny J. SUTHERLAND, Petitioner v. COMMISSIONER OF INTERNAL REVENUE, Respondent. United States Tax Court. T.C. Memo. 2001-8.

6)　Elpidio LOZOYA, Petitioner v. COMMISSIONER OF INTERNAL REVENUE, Respondent. United States Tax Court. T.C. Summ. Op. 2005-73.

7)　Richard S. HOLBROOK, Petitioner v. COMMISSIONER OF INTERNAL REVENUE, Respondent. United States Tax Court. T.C. Summ. Op. 2001-135.

8)　Harold WILSON, Petitioner v. COMMISSIONER OF INTERNAL REVENUE, Respondent. United States Tax Court. T.C. Memo. 2001-139.

9)　Abdiwali Suldan MOHAMED, Petitioner v. COMMISSIONER OF INTERNAL REVENUE, Respondent. United States Tax Court. T.C. Summ. Op. 2017-69.

10)　UNITED STATES of America, Plaintiff, v. Marjorie ST. JEAN and MarjorieStjeanLLC, Defendants. United States District Court, N.D. Georgia, Atlanta Division. 2018 WL 4178342.

11)　Leslie Book, U.S. REFUNDABLE CREDITS: THE TAXING REALITIES OF BEING POOR, Journal of Tax Administration Vol. 4: 2 (2018), pp71-102.

12)　Grisel A. SMYTH, Petitioner v. COMMISSIONER OF INTERNAL REVENUE, Respondent. United States Tax Court. T.C. Memo. 2017-29.

13)　George J. FOXX, Plaintiff, v. UNITED STATES, Defendant. United States Court of

Federal Claims. 130 Fed. Cl. 415.

14) Taxpayer Advocate Service, 2012 Annual Report to Congress-Volume Two「STUDY OF TAX COURT CASES IN WHICH THE IRS CONCEDED THE TAXPAYER WAS ENTITLED TO EARNED INCOME TAX CREDIT (EITC)」(2012), p86, <https://www.taxpayeradvocate.irs.gov/wp-content/uploads/2020/08/Research-Studies-Study-of-Tax-Court-Cases-in-Which-the-IRS-Conceded-the-Taxpayer-was-Entitled-to-Earned-Income-Tax-Credit-EITC.pdf> (last visited on May 19, 2021).

15) IRS は，特に親が適格子どもを申請した場合，主な養育者であるグリセルのような場合であっても，複数者が被って同じ子供を適格子どもとして申請した申告書を自動的に拒否するように設定している。

16) 基本的に両親は，年齢と居住地の条件を満たした子供を請求することができるが，祖父母，叔父・叔母，兄弟姉妹などの他の家族も適格子どもを請求することができる（152 (c) 条)。

17) Robert Rector & Jamie Hall, Reforming the Earned Income Tax Credit and Additional Child Tax Credit to End Waste, Fraud, and Abuse and Strengthen Marriage (2016), pp1-66 <http://www.heritage.org/welfare/report/reforming-theearned-income-tax-credit-and-additional-child-tax-credit-end-waste> (last visited on May 19, 2021).

18) Rector & Hall, id, p1.

19) See, Rector & Hall, id, p8.

20) See, Rector & Hall, id, p15.

21) See, Rector & Hall, id, p16.

22) See, Leslie Book, supra note 11), p82.

23) See, Leslie Book, id, p82.

24) See, Leslie Book, id, p84.

25) Leslie Book, id, p84.

26) See, Leslie Book, id, p85.

27) See, Leslie Book, id, pp89-90.

28) See, Leslie Book, id, p87.

29) See, Leslie Book, id, p87. この提案は，オーストラリアの Family Tax Benefit クレジットが，親や祖父母の世話を受けている時間が 35％以上の子供に対して，還付可能なクレジットを提供しているのと似ているとのことである。See, Services Australia, Family Tax Benefit <https://www.servicesaustralia.gov.au/family-tax-benefit> (last visited on May 19, 2021).

30) See, Leslie Book, id, p87.

31) See, Leslie Book, id, p90.

32) See, Rector & Hall, supra note 17), p14.

33) See, Leslie Book, supra note 11), p90

34) See, Leslie Book, id, p91.

35) See, Leslie Book, id, p91.

36) See, NTA, supra note 1), ppi-102.

37) 具体的な内容については，道下・前掲注1）1-35頁参照。

38) NTA, supra note 1), p13.

39) See, NTA, id, pp11-12.

40) NTA, id, p16.

41) 道下・前掲注1）20頁。

42) NTA, supra note 1), p17.

43) NTA, id, p17.

44) NTA, id, p17. See, Canada. ca, The official website of the Government of Canada, Canada child benefit <https://www.canada.ca/en/revenue-agency/services/child-family-benefits/canada-child-benefit-overview.html> (last visited on May 19, 2021).

45) NTA, id, p21.

46) 道下・前掲注1）21頁。

47) この点，Book 教授は，オーストラリアのように控除額を分け合うことも想定している（See, Leslie Book, supra note 11), p87.）。ただし，制定する税法は，簡素で分かりやすいものが求められるべきであり，この点は，筆者は想定しえないと考える。

48) 道下・前掲注1）34頁。

7 経済のデジタル化と課税をめぐる国際協調と米国の税制改革

篠 田 　 剛
（立命館大学経済学部准教授）

I　はじめに[1]

OECD/G20 の BEPS 包摂的枠組み（Inclusive Framework, 以下 IF）は，2021年 10 月 8 日，経済のデジタル化に対応する国際課税ルールの見直しに関する「2 つの柱からなる解決策」に IF 参加国 136 ヵ国・地域が合意したとの声明を発表した（以下，「10 月合意」と表記する）[2]。当時 IF 参加国は 140 ヵ国・地域であったため，ほとんどの参加国が合意したことになる。これだけ広範な国・地域が参加する国際合意という点でも画期的だが，後に詳しく見るように，合意した「2 つの柱」のルールそのものが，部分的とはいえ従来の国際課税ルールからの転換を含む画期的なものであった。

「10 月合意」に関する研究や解説はすでにわが国でも多く存在するが[3]，なぜ国際課税ルールという各国の課税主権に関わる分野で，画期的な見直しを伴うこれほど広範な国際協調が可能となったのか，という問題については多様な角度からの研究が必要である。本稿は，国際合意の鍵を握ってきた米国の動向に着目し，トランプ前政権からバイデン政権までの米国の税制改革（構想を含む）が今次の国際合意に与えた影響を分析することで，上記の問題に接近する[4]。そのことは同時に，OECD/G20 における国際課税ルールの見直しと米国の税制改革に共通する論点を浮き彫りにすることにもなる。

以下では，まずIIで「10 月合意」に至る過程と合意された Pillar 1・Pillar 2 について概括する。次に，IIIで米国のトランプ前政権の税制改革とバイデン政権の税制改革構想がそれぞれ国際合意に果たした役割を明らかにする。そして最後にIVでは，国際課税ルールの見直しと米国税制改革に共通する論点を提示

する。

Ⅱ 経済のデジタル化と課税をめぐる国際協調

1 BEPS プロジェクトで残された課題

2008 年のリーマン・ショック後，各国の財政悪化と国民負担の増加を背景に，巨大多国籍企業による租税回避に対する批判の声が高まった。2012 年 6 月にOECD は，こうした声に押され，「税源浸食と利益移転（Base Erosion and Profit Sifting, BEPS）プロジェクト」を立ち上げた。BEPS プロジェクトでは「国際的二重非課税」がクローズアップされ，2013 年に OECD/G20 は 15 の行動計画を策定し，2015 年 10 月には最終報告書を公表した。

BEPS プロジェクトが問題にしたのは，多国籍企業が実質的な活動を行う場所と形式的な利益を計上する場所とが乖離してしまっている事態である。Saez and Zucman（2019）によれば，米国多国籍企業が 2018 年にタックスヘイブンに計上した利益は実に全体の約 60％に上るのに対し，有形資本は全体の 18％，支払った賃金は全体の 10％程度であった。[5] このことは，「タックスヘイブンに移転されているのは，生産活動ではなく，帳簿上の利益だけである[6]」ことを示唆している。BEPS プロジェクトはこうした租税回避に対応するために，事業所得について価値が創造された場所で課税するという「価値創造（Value Creation）」基準を重視した。すなわち，「制度に対する信頼を回復し，経済活動が行われ，価値が創造された場所で利益が課税されるようにする[7]」ことが求められたのである。

BEPS 最終報告書ではミニマム・スタンダードとして勧告されたものもある。また G20 で議論され，さらには IF という多数の新興国や途上国も参加する広範な国際協調の枠組みを生み出したという点で画期的であった。しかしながら，課題も残された。

第 1 に，BEPS プロジェクトはあくまで移転価格の帰結を価値創造と揃えるというものであり，[8] 最終報告書の段階では課税権の配分ルールの見直しにまでは踏み込んではいなかった。経済のデジタル化への課税上の対応は BEPS 行動計画 1 のテーマであったが，法人税については勧告にまでは至らず，2020 年ま

での継続課題とされた。

第2に，BEPS問題についても解決したわけではなかった。Saez and Zucman（2019）は，データを見る限りBEPSプロジェクトの取り組みはほとんど成功していないと，厳しい評価をしている。理由は，BEPSプロジェクトが租税回避の仕組みの中核である税率の問題に取り組んでいないからである[9]。この30年間続いてきた国際的な租税競争の問題に対応しない限り，BEPS問題は解決したとは言えない。

2　「市場国」の不満と一方的なデジタル課税の動き

BEPSの残された課題に取り組むべく，2018年3月にOECDは「中間報告書（Interim Report）」を公表した[10]。中間報告書は，デジタル企業に共通する特徴として，物理的拠点を伴わない規模の拡大，無形資産への大きな依存，データとユーザー参加および知的財産とそれらとのシナジーを挙げ，経済のデジタル化に伴う多国籍企業のビジネス・モデルの変化を詳細に分析している。同報告書が指摘するように1920年代の国際連盟の時代に確立した既存の国際課税ルールは，多国籍企業の「価値創造」に貢献する要素の可動性が比較的少なく労働力と有形資産の集中的利用が中心の時代の産物である。外国法人の事業所得への課税の根拠となる「ネクサス・ルール（nexus rule）」は，国内に何らかの物理的存在を要求する「PE（permanent establishment）なければ課税なし」を前提としてきたし，「独立企業原則（arm's length principle, ALP）」の下でPEや関連企業を独立企業のように認識し，そこに実際の経済活動と価値創造を反映させ，課税権を配分してきた。しかし，「価値創造」に貢献する要素が無形資産やさらにはユーザーの提供するデータといったものになるにつれて，こうしたルールの限界が認識されるようになった。

典型的には，GAFAに代表される巨大プラットフォーム企業のビジネス・モデルである。例えば，Googleの場合，一方の市場には検索エンジンを無料で利用するユーザーが，他方の市場にはGoogleに広告を出したい事業者が存在しており，Googleは事業者から広告料を徴収する。一般にユーザーの増加はさらなるユーザーの増加をもたらすが，このことは広告を出す事業者にとっても

魅力的なプラットフォームになることを意味するため，一方の市場の拡大が他方の市場の拡大を促すことになる。この場合，ユーザーが価値創造に貢献しているように見えるが，PE のない「市場国」には課税権は配分されない。

何らかの形でデジタル多国籍企業の価値創造に貢献しているにもかかわらず，何ら税収が得られないことを不服として，欧州諸国を中心に特定の規模のデジタル企業を対象とした売上税である DST（Digital Services Tax）を導入する動きが広まった[11]。欧州委員会は各国の DST 等の独自課税の動きを牽制するため，2018 年 3 月に 2 つの EU 指令案を提案するも，アイルランドやフィンランド，デンマークの反対で挫折することになる[12]。結局，EU レベルでさえ統一的なルールがないまま，各国の一方的なデジタル課税の動きが広がっていき，DST を米国企業狙い撃ちと見た米国との間で摩擦が生じることとなる。

3　国際合意の内容——Pillar 1 と Pillar 2

DST の広がりを受け，OECD は解決に向けて 2019 年 2 月に「公開協議文書」を公表した[13]。そこでは経済のデジタル化と課税の課題を 2 つに整理されているが，それは先述の BEPS の残された 2 つの課題に対応している。

第 1 の課題は，「利益配分とネクサス・ルールの改定」である。これは「市場国」への課税権の配分に踏み込む内容であり国際課税ルールの大きな変更を意味する。もっとも，この段階では，英国の「ユーザー参加」案，米国の「マーケティング無形資産」案，途上国の「重要な経済的プレゼンス」案の 3 つが併記されるにとどまった。前者 2 つは残余利益の一部を「市場国」に定式配分するという共通点をもっていたが，英国案は対象をデジタル企業に限定するものであり，米国案はそうした制限を設けない点に特徴があった。

第 2 の課題は，「グローバル税源浸食防止提案」である。これは，Saez and Zucman（2019）が BEPS の不十分な点として指摘していた税率の問題に踏み込むものである。すなわち，税率引き下げ競争を終わらせるためにグローバルな最低税率を設けるというものである。

上記 2 つの課題は後に「2 つの柱」（Pillar 1, Pillar 2）として整理され，Pillar 1 は「統一アプローチ（Unified Approach）」として 2019 年 10 月に[14]，Pillar 2 は

「グローバル税源浸食防止措置（Global Anti-Base Erosion, GloBE）」として同年11月[15]にそれぞれ公表された。さらに，新型コロナウイルスによるパンデミックによって一時作業に遅れが出たものの，2020年10月には2つの柱についてそれぞれ「ブループリント」が公表された[16]。そして，冒頭に述べたように，2021年10月8日の「10月合意」に至ったのである。この「10月合意」に至るプロセスの詳細はⅢに譲るとして，ここでは合意の中身を確認しておこう[17]。

(1) Pillar 1 の仕組み――「市場国」への課税権の配分

Pillar 1 の対象となる企業は，世界全体の売上高200億ユーロ以上ということで，かなりの巨大企業に限定される[18]。なお，「ブループリント」の段階では「自動化されたデジタルサービス」と「消費者向け事業」に限定する記述もあったが，「10月合意」ではこうした業種の限定はなくなっている[19]。

Pillar 1 の核心は「Amount A」と呼ばれる部分にある。まず，多国籍企業のグローバルな税引前利益のうち，売上高の10%を超える部分を「残余利益」（みなし超過利潤）と定義し，その残余利益の25%がAmount Aであり，さらにこれを各法域の売上高に応じて配分する（図1）。これにより「市場国」に課税権が配分されることになるが，実際に配分される課税ベースはごくわずかなものになることが予想される。

しかし，Amount A の画期的な点は，既存の国際課税ルールの見直しを含んでいる点にある。具体的には，「市場国」への課税権の配分を実現するために，ネクサス・ルールを拡張し，定式配分方式を部分的にではあれ採用していることである。Amount A の配分を可能にする特別目的のネクサス・ルールとして，その市場法域から100万ユーロ以上の収益を得ていることが求められる[20]。これは一定規模の収益を持ってその法域とのネクサスを認識する点で，従来のPEルールとは明らかに異なるルールである。そして，この特別ネクサスはPEではないので，それを独立企業とみなす独立企業原則は採ることはできない。そのため，残余利益の25%を売上高ベースの配分キー（定式）を用いて，関連性のある法域に配分するという定式配分方式が採られている。

なお，Pillar 1 は多国間条約によって実施されるとされており，多国間条約はすべての締約国にDST等の措置を撤廃し，今後同様の措置を導入しないこ

図1　数値例を用いた Amout A の算定プロセスの概要

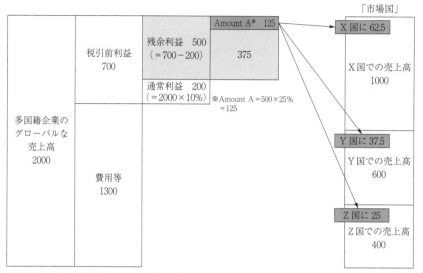

（出所）篠田（2021）「経済のデジタル化と国際租税協調——OECD の議論とアメリカの動向」『経済』（311），67 頁の図1に加筆修正して作成。

とを約束することを求めるとされている。2023 年 12 月 31 日または多国間条約発効のいずれか早い日まで，新規の DST 等はいかなる企業にも課されないとしているが，既存の DST の除去の方法については適切に調整されるとのみ言及されている。

（2）Pillar 2 の仕組み——グローバル最低税率

　Pillar 2 は低課税国への利益移転や租税競争に対応する目的で，多国籍企業に対して合意された最低税率（15%）に達するよう課税を行う措置である。それを実現するためのルールが，売上高で 7 億 5000 万ユーロの閾値を満たす多国籍企業を対象とする「GloBE ルール」である。

　GloBE ルールは 2 つの連動する国内規則から構成される。一つは「所得合算ルール（Income Inclusion Rules, IIR）」である。これは，多国籍企業の構成事業体の低課税所得に対して究極の親事業体に「上乗せ税（Top-up Tax）」を課すというものである。もう一つは「軽課税支払ルール（Undertaxed Payment Rule,

UTPR）」であり，究極の親事業体の所在国で IIR が課されない場合に，グループの他の構成事業体が所在する国々に上乗せ税が割り当てられ，その額の範囲内で，控除を認めないか同等の調整を求めることで上乗せ税を負担させるものである。つまり，IIR によって，またそれが無理なら UTPR によって，当該多国籍企業の展開するいずれかの国で上乗せ税額を課することにより，最低税率での課税を実現する仕組みである。したがって，UTPR は IIR のバックストップという位置づけにある。

ただし，「10月合意」後の 2021 年 12 月 30 日に公表された Pillar 2 のモデルルールにおいて，「適格国内最低上乗せ税（Qualified Domestic Minimum Top-up Tax, QDMTT）」が新たに選択肢として認められることとなった。[21]これは，実効税率が 15％を下回る低課税国が自ら上乗せ税を課すものであり，その金額は IIR から控除される。すなわち，上乗せ税に対する順序としては IIR よりもさらに QDMTT が優先適用されることになる。

このように，GloBE ルールは，「上乗せ税（Top-up Tax）」を算定し，当該多国籍企業グループが展開する国々に優先順位をつけて上乗せ税額を配分する仕組みとも言える。

では，その上乗せ税はどのように算定されるのだろうか。図 2 をもとに見てみよう。まず対象となる多国籍企業はグループが展開している国ごとに所得と税を割り当て，国ごとの実効税率を算定する。次に，合意された最低税率である 15％にその実効税率が満たない場合には，その差が上乗せ税率となる。この上乗せ税率を調整後 GloBE 所得に乗じて，上乗せ税額が算定される。

この時，留意しなければならないのは，上乗せ税の課税ベースとなる調整後 GloBE 所得を計算する際に，「定式的カーブアウト」が適用される点である。これは，有形資産の簿価および給与の 5％に相当する所得を課税ベースから除外する措置である。[22]この定式的カーブアウトについて，Pillar 2 のモデルルールでは，一般に有形資産や給与といった要素は「移動性が低く，税制上のゆがみを生じにくい」，「実質的活動からの固定的リターンを除外することで，GloBE は BEPS リスクを受けやすい無形資産関連所得などの『超過所得（excess income）』に焦点を当てることになる」とし，低利益のビジネスの保護にも役

図2　上乗せ税（Top-up Tax）の算定プロセスの概要

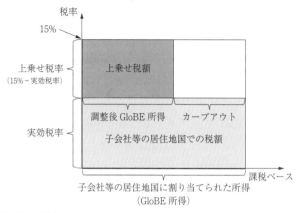

（出所）筆者作成。

立つと説明されている。[23]定式的カーブアウトが適用されることで，上乗せ税は
あくまで超過利潤にのみ課税される。

　Pillar 2 には GloBE ルールの他に，「課税対象ルール（Subject to Tax Rule,
STTR）」と呼ばれる租税条約に基づく規則が含まれている。このルールは，受
領国で最低税率（9％）以下の軽課税となる特定の関連者への利子やロイヤル
ティ等の支払いに対して，源泉地国が租税条約上の特典を否認して，限定的な
源泉税を課すことを認めるものである。なお，STTR は GloBE ルールの対象税
として控除される。

　このように，Pillar 1 は「100年ぶりの」国際課税ルールの見直しを含むもの
であり，Pillar 2 もまたこれまで正面から取り組まれてこなかった最低税率の
設定に踏み込んだ提案となっている。その意味で「10月合意」は歴史的な国際
合意と言えるが，その進展を左右したのは米国であった。次節では，米国の関
わりを米国の税制改革とともに見ていく。

Ⅲ　米国の税制改革と国際合意──トランプ前政権からバイデン政権へ

1　OECD の議論に対するトランプ前政権のスタンス

米国は，Ⅱで見てきたような OECD の議論に対して，どのような立場をと

ってきたのだろうか。トランプ前政権の財務長官ムニューシン（Steven T. Mnuchin）は，OECD が 2018 年 3 月に公表した「中間報告書」に対して，「米国は，どの国であれ，デジタル関連企業を排除しようとする提案には断固として反対する」との声明を発表した。トランプ前政権は，当初から米国デジタル企業を囲い込み（ring fence）狙い撃ちにするようなデジタル課税の動きを強く牽制していた。こうした米国のスタンスは，後に DST の導入をめぐってフランス政府に対して報復関税の発動を表明するなど政治問題化したことにも表れている。デジタル課税の議論には，GAFA のような米国多国籍企業を念頭に「市場国」である欧州諸国が新たな課税権を主張するという構図があったため，新たな国際課税ルールをめぐる協議は難航することが予想された。

　ただし，ムニューシンの先の声明では「国際的な税制をより持続可能なものにするための国際協力を全面的に支持する」とも述べられており，国際協力そのものを否定しない立場が表明されている。むしろ，2018 年に入って，米国は消極姿勢を転換し，OECD のデジタル課税の議論に積極的にコミットし始めたと推測できる。実際，アメリカは 2018 年夏には「マーケティング無形資産」提案を行い，先述したように 2019 年 2 月の「公開協議文書」に 3 つの案の一つとして盛り込まれている。

　「マーケティング無形資産」提案は，ブランド，商標，顧客データなど市場で生み出される「マーケティング無形資産」のリターンにのみ市場国の課税権を認めるという考え方である。そしてそのリターンは通常利益を超える部分として定義される残余利益（超過利潤）の一定割合という形で定式によって算定・配分される。この提案の特徴は「ユーザー参加」というデジタル企業の特性に注目した英国案と異なり，すべての業種の企業が対象になりうるという点である。米国は，Pillar 1 に関しては，「デジタル課税」という性格を薄め，許容できる形を自ら提案することで，OECD の議論をリードする方向へと舵を切ったと言える。

　このように，米国が国際協議に積極的に関与するようになったのは，2017 年に国内における税制改革が一段落したためであり，その内容が OECD の向かう方向と一致していたためである。それは特に Pillar 2 に関わるものであった。

OECD と米国の歩み寄りは Pillar 2 について生じ，Pillar 2 を推進力として，Pillar 1 の妥協が展開されていくという構図が展開されていく。

2 2017 年 TCJA——米国版グローバル最低税率としての GILTI

米国と OECD との歩み寄りの転機は，米国で成立した 2017 年減税・雇用法（Tax Cuts and Jobs Act of 2017, TCJA）である[28]。一般にトランプ税制改革と呼ばれる TCJA では，法人税率を 35％から 21％に大幅に引き下げると同時に，外国子会社からの受取配当を益金不算入とするという大きな改正が行われた。テリトリアル課税の要素が導入されたのは，長年の懸案であった課税繰延の問題，すなわち米国での課税を嫌って外国子会社に利益が留保されてしまう問題に対応するためである。

もっとも，これまで課税していた受取配当を非課税にしてしまうと，米国の課税ベースは縮小してしまう。そこで，TCJA では「グローバル無形資産低課税所得（Global Intangible Low-Taxed Income, GILTI）」と呼ばれる新制度が導入された。これは，グループの海外子会社について，「適格有形資産投資（qualified business asset investment, QBAI）」の 10％を通常利益とみなし，それを超える利益（超過利益）を外国無形資産所得とみなして低税率で米国親会社の所得に合算課税するものである。親会社への配当の有無とは関係なく即時合算されることから，課税ベースの縮小の影響を緩和し，無形資産を海外に置くディスインセンティブにもなる。

Pillar 2 との関係で重要なのは，この GILTI 制度が米国版のグローバル最低税率として機能するという点である。今，GILTI 制度の対象となる所得（GILTI 所得）を $Gilti$，外国子会社の利益を Fp，QBAI を $Qbai$ とすると，次の式で表すことができる。

$$Gilti = Fp - Qbai * 0.1 \qquad (1)$$

次に，米国の法人税率は 21％であるが，GILTI 所得には 50％の所得控除が適用されるため，適用税率は半分の 10.5％となる。また，80％の外国税額控除も適用される。したがって，米国で合算課税される額を USt，外国子会社に適

用される外国税率を *Ftr* とすると次の式で表すことができる。

$$USt = Gilti * (1 - 0.5) * 0.21 - Gilti * Ftr * 0.8 \qquad (2)$$

（1）式と（2）式より，整理すると次のようになる。

$$USt = (Fp - Qbai * 0.1) * (0.105 - Ftr * 0.8) \qquad (3)$$

（3）式から次のことが指摘できる。第1に，もし外国税率（*Ftr*）が0％であれば，GILTI 所得に対する税率は 10.5％ になる。そして，もし外国税率が 13.125％ であれば，GILTI 所得に対する税率は0％となり，合算課税される所得はなくなる。つまり GILTI 制度は，GILTI 所得すなわち外国子会社の超過利益に対する 10.5％〜13.125％ の税率でのグローバル最低税率ということを意味する。第2に，そのグラデーションを伴う最低税率が適用されるのは，あくまで QBAI を控除した後の超過利益に対してのみであるということである。したがって，QBAI の規模が大きければそれだけ GILTI 所得は小さくなる。そこには，GloBE ルールにおけるカーブアウトの仕組みとの類似性が見られる。そして第3に，その超過利益は無形資産関連所得と呼ばれながらも，無形資産と直接の関係はなく，定式で通常利益を算出し，その超過分として定義されていることである。この点も要素とパーセンテージこそ異なるものの，GloBE ルールの方法と類似している。

もっとも，税率はもちろん，国別の実効税率の計算ではない点など，GloBE ルールと異なる点も多い[29]。それでも，OECD の 2019 年 2 月の「公開協議文書」でも IIR の方式は米国の GILTI 制度を参考にしているとの言及がなされているように[30]，米国の税制改革が米国と OECD が歩み寄る契機となった。

3　バイデン政権の税制改革構想と国際合意の進展

2017 年の TCJA の成立を契機に，米国が OECD の協議に積極的に関与するようになったことで，2020 年末を目標とした国際合意に向けて前進の機運が生み出された。ただし，トランプ前政権は，Pillar 2 に関しては GILTI 制度が尊重されることを前提に前向きな姿勢であったが，欧州諸国が重点を置く Pillar

1 に関しては米国企業への影響を最小化することに関心が向いていた。

そうした姿勢が特に色濃く出たのが「セーフハーバー」提案である。2019 年 12 月，ムニューシン財務長官は唐突に Pillar 1 について「セーフハーバー」制（企業の選択制）にすることを提案した[31]。折しもフランス政府との間で DST をめぐる対立のただ中にあり，米国にとっても Pillar 1 の実現自体は各国の DST 導入の動きを防ぐ手段としての意義はあった。しかし，Sullivan（2020）の推計によれば Amount A による納税額への影響は米国主要 25 社の間でさえ大きく異なる[32]。そのような下で選択制を認めれば Pillar 1 は骨抜きになってしまうことは確実であり，各国が受け入れられる案では到底なかった。

国際合意への雲行きが怪しくなるなか，2021 年 1 月に誕生したバイデン政権が国際合意に向けた推進力を与えることとなる。契機となったのは同政権が掲げる税制改革構想であった。バイデン政権は 2021 年 3 月末に，インフラ投資を中心に総額 2.3 兆ドル規模の「アメリカ雇用計画（American Jobs Plan）」を発表し，4 月にはその財源確保のため「Made in America Tax Plan」（以下，MIATP と略す）を公表した[33]。MIATP では，法人税率を 21％から 28％に引き上げると同時に，TCJA で導入された国際課税制度を抜本的に見直す構想が示された。

GILTI 制度については，第 1 に，QBAI の 10％を控除する仕組み（以下「QBAI 控除」）を廃止するとしている。QBAI の規模が大きいと GILTI 税額が減少することから，QBAI 控除は海外投資を促進するとの批判が当初からあった[34]。MITPA は法人税収を増加させるだけでなく，中間層の雇用を創出する税制であることもアピールしている。第 2 に，GILTI 所得に認められていた所得控除を 50％から 25％に縮小するとしている。これにより GILTI 所得にかかる税率は先の（2）式から $1-0.25*0.28=0.21$ となり，10.5％から 21％に引き上げられることになる。第 3 に，GILTI の最低税率を国別に算出することも提案された。これにより外国税額控除の活用が制限される。

また，MITPA では Pillar 2 への支持が力強く示されている。「税源浸食濫用防止税（Base Erosion and Anti-Abuse Tax, BEAT）」の廃止と置き換えに言及した個所では，「各国を交渉のテーブルにつかせ，底辺への競争を終わらせるた

めの強力なインセンティブを提供する」とまで述べている[35]。つまり，バイデン政権の関心は Pillar 2 によりフォーカスされており，単なる支持だけではなく，積極的に他国を巻き込んで国際合意に向かおうとする姿勢が明確になっている。このことは，バイデン政権がトランプ前政権よりも国際協調路線を重視しているからというよりは，米国の法人税率を引き上げるためには国際的な租税競争と利益移転の問題と向き合わざるを得ないためであって，あくまで米国の立場の反映と理解するべきであろう。

　MITPA の公表に先んじて，イエレン（Janet Louise Yellen）財務長官は国際合意を前進させるために，2021 年 2 月，前政権が主張してきた Pillar 1 の「セーフハーバー」提案を取り下げた。イエレンが「2 つの柱」両方に取り組むために強力に関与することを G 20 に対して表明したことで，欧州各国からも国際合意実現への期待が高まった[36]。ただし，代わりに Pillar 1 の対象企業がデジタル企業に限定されることなく，数も 100 社程度に絞られることを目指して，大規模で高利益の多国籍企業のみを対象とするよう提案し，2021 年 6 月の G 7 財務相・中央銀行総裁会合で合意している。一方で，Pillar 2 の最低税率についてはアイルランド等の低税率国に配慮し，当初の 21％から 15％に引き下げて合意している。

　トランプ前政権とバイデン政権との大きな相違点は，後者が法人税率引き上げを当初の目標に設定した点にあり，それが Pillar 2 の早期実現を切迫したものにしたと言える。それゆえ，Pillar 1 については米国デジタル企業の狙い撃ちには反対するという従来からの立場は守りつつも，「セーフハーバー」提案を取り下げ，欧州諸国に譲歩することで「10 月合意」が現実のものとなった。ただし，TCJA が実現していなければ，そもそも米国は OECD の議論に積極的に関与せず，早期に国際協調は座礁していたかもしれない。その意味で，TCJA から MITPA に至る米国の税制改革の動向が，「2 つの柱」からなる新国際課税ルールの国際合意に果たした影響は大きい。

IV　国際合意と米国税制改革の共通性——超過利潤への課税の観点から

　「デジタル囲い込み」に反発する米国の積極的な関与により当初の「デジタ

ル課税」という性格が後景に退いたことで，今日の多国籍企業のグローバルな利益に対する課税のあり方について一般的傾向が浮き彫りになった面もある。

Pillar 1 の Amount A と Pillar 2 の GloBE ルールは異なる制度だが，渡辺（2022）が指摘するように，どちらも，法人所得一般ではなく，企業の超過利潤に着目しようとしている点で重要な共通点がある。そして GILTI 制度もまた超過利潤に着目している。もちろん，既に見たように Amount A と GloBE ルールと GILTI 制度は異なる基準で超過利潤を定義している。しかし，いずれも定式を用いて超過利潤を算定している。定式で超過利潤を算定し，それを市場国への分配や合算課税の対象としているのはなぜだろうか。

GloBE ルールが「定式的カーブアウト」を採用する理由は，BEPS リスクの高い無形資産関連所得などの超過利潤に焦点を当てるためであった。では，GILTI についてはどうだろうか。Sullivan（2021）は，QBAI 控除にはアイデンティティの危機にあるとして，3 つの説を挙げている。それは，①米国の多国籍企業が外国企業と競争できるように米国の税金を免除すべき所得を分離するための方法，②無形資産からの利益を特定する方法，③利益が無形資産に関連しているかどうかにかかわらず，積極的な利益移転に起因する超過利益を特定する方法，である。Sullivan（2021）自身は③が妥当としている。そうであるならば，GloBE ルールと同じ機能である。

一方，Amount A が超過利潤の 25% を「市場国」への配分に用いるのはなぜだろうか。「市場国」で課税されることから，法人税の仕向地主義課税化の文脈で理解しようとする議論もある。しかし Amout A は，仕向地主義キャッシュフロー税（Destination Based Cash-Flow Tax, DBCFT）のメリットとして強調されるような効率性や利益移転への耐性の議論とは関係が薄い。「市場国」に課税権が配分されるのは，それが「仕向地」だからではなく，「市場国」における「価値創造」が認識された結果と考えたほうがよい。無形資産関連所得を超過利潤と捉えたうえで，その超過利潤のうち市場国で形成される「マーケティング無形資産」関連所得の割合を 25% 程度とみなしたということである。

これらのことから，この間の国際課税ルールの見直しと米国の税制改革に共通していた枠組みは，多国籍企業の利益について，①通常利潤（ノーマルリタ

ーン）については源泉地国が課税すればよいが，②超過利潤（レント）について
は一定の条件さえ満たせば源泉地国以外（親会社の居住地国や顧客の所在する
「市場国」）も課税ベースに取り込めるということ，③そして超過利潤の算定に
あたっては，無形資産との直接の関係は問題とせず，定式的に行ってよいとい
うことだった。

　この観点からすると，DBCFT は仕向地国に超過利潤を配分する仕組と言
える。ただし，仕向地国で無形資産を通じた「価値創造」が行われるからとい
う理由ではない。恣意的な可動性が低いがゆえに仕向地が選ばれているに過ぎ
ない。また，ALP に対する有力な代替案である売上ベースの定式配分方式
（Formular Apportionment, FA）では売上シェアによって利潤が配分されること
になる。通常利潤も超過利潤もすべて売上が生じた場所に配分されることにな
る。仮に配分対象を超過利潤に限定したとしても，Amount A と異なり「価値
創造」との関連性は失われるだろう。

　こうした点で，今次の Pillar 1 や Pillar 2，米国の GILTI 制度は「価値創造」
の概念から完全には離れていない。だからこそ本稿で見てきたように，停滞と
前進，偶然と妥協をはらみながらも両者は最終的に歩み寄ることができたとも
言える。とはいえ明確に「価値創造」の論理から説明されているわけでもない。
経済のデジタル化は多国籍企業のグローバルな利潤への課税をめぐる問題を惹
起し，国際課税が大きな転換点を迎えることになったのは事実だが，現在のと
ころその転換が一貫した理論によって支えられているとは言い難い。執行面だ
けでなく理論面でも多くの課題を残している。

注
1) 本稿は，科研費基盤研究（C）「経済の無形資産化と税制改革：米国レーガン税制から
トランプ税制への政策進化」（課題番号：21K12415）の成果の一部である。
2) OECD (2021a), *OECD/G20 Base Erosion and Profit Shifting Project, Statement on
a Two-Pillar Solution to Address the Tax Challenges Arising from the Digitalisation of
the Economy*, 8 October.
3) 例えば，南繁樹（2022）「デジタル課税——主権国家間の『協調の体系』形成への試み」
『ジュリスト』(1567)，21-28 頁，吉村政穂（2022）「法人税の最低税率——GloBE ルール
の概要および課題」『ジュリスト』(1567)，29-41 頁，河音琢郎（2022）「新国際課税ルー

ルの特徴と課題——巨大多国籍企業と『底辺への競争』への対応」『経済』(316)，80-91頁，渡辺智之（2022）「いわゆる BEPS 2.0 をどう捉えるか？」2021 年度国際税務対策事業日本機械輸出組合国際税務研究会研究論文（3 月），佐藤良（2022）「経済のデジタル化に伴う国際課税ルール見直しの動向——デジタル課税とグローバル・ミニマム課税の新たな枠組み」『レファレンス』72(2)，83-107 頁。

4) 吉村（2020）は，アメリカを含めた合意の成否が，新たな国際課税のルールの持続可能性の評価に関わることを指摘している。吉村政穂（2020）「国際課税における新たな協調枠組みの分析——税のグローバルガバナンスをめぐる議論」『フィナンシャル・レビュー』(143)，66-75 頁。吉村（2022）はまた，トランプ税制改革やバイデン政権のスタンスが Pillar 2 の議論に果たした影響について言及している。吉村（2022），前掲注（3）。

5) Saez, Emmanuel and Gabriel Zucman (2019), *The Triumph of Injustice: How the Rich Dodge Taxes and How to Make Them Pay*, W. W. Norton & Company (山田美明訳『つくられた格差——不公平税制が生んだ所得の不平等』光文社)，pp. 80-81，邦訳書，129-130 頁。

6) *Ibid.*, p. 80，邦訳書，129 頁。

7) OECD (2015), *Explanatory Statement, OECD/G20 Base Erosion and Profit Shifting Project*, OECD, para. 1.

8) 藤原健太郎（2020）「課税権配分の法的分析——仕向地課税と「価値創造」（1）」『国家学会雑誌』133(11・12)，794 頁。

9) Saez and Zucman (2019), *op. cit.*, pp. 85-87，邦訳書，136-139 頁。

10) OECD (2018), *Tax Challenges Arising from Digitalisation - Interim Report 2018: Inclusive Framework on BEPS, OECD/G20 Base Erosion and Profit Shifting Project*, OECD Publishing.

11) 例えば，2019 年 7 月にフランス，2019 年 12 月にイタリア，2020 年 7 月に英国が DST の導入を決めている。

12) EU 指令案をめぐる顛末については，篠田剛（2019）「デジタルエコノミーと課税——プラットフォーム企業と国際課税レジーム」『立命館経済学』67(5・6)，123-124 頁を参照。

13) OECD (2019a), *Base Erosion and Profit Shifting Project, Public Consultation Document, Addressing the Tax Challenges of the Digitalisation of the Economy*, 13 February – 1 March.

14) OECD (2019b), *Public consultation document, Secretariat Proposal for a "Unified Approach" under Pillar One*, 9 October 2019 – 12 November 2019.

15) OECD (2019c), *Public consultation document, Global Anti-Base Erosion Proposal ("GloBE") - Pillar Two*, 8 November 2019 – 2 December 2019.

16) Pillar 1 については，OECD (2020a), *Tax Challenges Arising from Digitalisation - Report on Pillar One Blueprint: Inclusive Framework on BEPS, OECD/G20 Base Erosion and Profit Shifting Project*, OECD Publishing, Paris. Pillar 2 については，OECD (2020b), *Tax Challenges Arising from Digitalisation - Report on Pillar Two Blueprint: Inclusive Framework on BEPS, OECD/G20 Base Erosion and Profit*

Shifting Project, OECD Publishing, Paris.

17) 以下の Pillar 1 および Pillar 2 の説明は，OECD（2021a），*op.cit.* に依拠している。

18) この基準値は 7 年目のレビューを経て 100 億ユーロに引き下げられる予定である。

19) ただし採掘業と規制された金融サービスは除くとされている。

20) GDP が 400 億ユーロ以下の小規模な法域の場合は 25 万ユーロ以上の収益を得ていることが条件となる。

21) OECD（2021b），*Tax Challenges Arising from the Digitalisation of the Economy – Global Anti-Base Erosion Model Rules（Pillar Two）: Inclusive Framework on BEPS*, OECD, Paris.

22) 導入初年度は有形資産の簿価の 8 ％相当，給与の 10％相当の所得が控除されるが，10 年の移行期間の間にパーセンテージが徐々に引き下げられる。

23) OECD（2021b），*op. cit.*, para 332.

24) OECD（2018），*op. cit.*

25) U.S. Department of the Treasury（2018），"Secretary Mnuchin Statement On OECD's Digital Economy Taxation Report," March 16（https://home.treasury.gov/news/press-releases/sm0316）.

26) 米国と各国との DST をめぐる攻防については，例えば，諸富徹（2020）『グローバル・タックス──国境を超える課税権力』岩波新書，67-75 頁を参照。

27) 諸富（2020），前掲注（26），86-87 頁。

28) Public law No. 115-97.

29) 吉村（2022），前掲注（ 3 ），31-32 頁。

30) OECD（2019a），*op. cit.*, para. 98.

31) "Sec. Mnuchin tells OECD US has 'serious concerns' over Pillar 1," Ernst & Young, Tax News Update, U.S. Edition, December 4, 2019（https://taxnews.ey.com/news/ 2019-2131-sec-mnuchin-tells-oecd-us-has-serious-concerns-over-pillar-1）.

32) Sullivan, Martin A.（2020），"Economic Analysis: OECD Pillar 1 'Amount A' Shakes Up Worldwide Profit," *Tax Notes International*, 97（8），pp. 848-855.

33) U.S. Department of the Treasury（2021），*The Made in America Tax Plan*, April.

34) 例えば，Kamin, David, David Gamage, Ari Glogower, Rebecca Kysar, Darien Shanske, Reuven Avi- Yonah, Lily Batchelder, J. Clifton Fleming, Daniel Hemel, Mitchell Kane, David Miller, Daniel Shaviro, and Manoj Viswanathan（2019），"The Games They Will Play: Tax Games, Roadblocks, and Glitches Under the 2017 Tax Legislation," *Minnesota Law Review*, 103（3），pp.1439-1521.

35) U.S. Department of the Treasury（2021），*op. cit*, p. 12.

36) Shalal, Andrea, Michael Nienaber and Leigh Thomas（2021），"U.S. drops 'safe harbor' demand, raising hopes for global tax deal," REUTERS, February 27（https://www. reuters.com/article/us-g20-usa-oecd-idUSKBN2AQ2E6）.

37) 渡辺（2022），前掲注（ 3 ），11 頁。

38) Sullivan, Martin A.（2021），"Will the OECD and Treasury See Eye to Eye on QBAI?," *Tax Notes International*, 102（2），pp. 143-147.

39) それゆえ，もし MITPA が提起した通りに QBAI 控除が廃止されるならば，GloBE ルールと GILTI は異なる方向を向くことになる。

40) Devereux, Michael P., Alan J. Auerbach, Michael Keen, Paul Oosterhuis, Wolfgang Schön, and John Vella (2021), *Taxing Profit in a Global Economy: A Report of the Oxford International Tax Group*, Oxford University Press.

41) 藤原健太郎 (2021)「課税権配分の法的分析――仕向地課税と「価値創造」(3)」『国家学会雑誌』134(5・6)，494 頁。

8 討論 災害・デジタル化・格差是正と税制の あり方

〔司会〕
　　望月　爾（立命館大学）／木村幹雄（愛知大学）
〔討論参加者〕
　　伊川正樹（名城大学）／石村耕治（白鷗大学）／泉　絢也（千葉商科大学）／浦
　野晴夫（立命館大学）／大城隼人（税理士）／栗田但馬（岩手県立大学）／湖東
　京至（静岡大学）／篠田　剛（立命館大学）／谷口智紀（専修大学）／鶴田廣巳
　（関西大学）／藤間大順（神奈川大学）／松井吉三（税理士）／道下知子（青山学
　院大学）／山元俊一（税理士）　＊所属・肩書きは報告時のもの

司会　それではシンポジウムの討論を始めます。まず，栗田会員のご報告に関する質疑からまいりたいと思います。

　栗田会員に対しましては，まず鶴田会員よりご質問が出されています。鶴田会員，ご質問をよろしくお願いいたします。

鶴田（関西大学）　質問は4点にわたっているのですが，実際上は1つにまとまるような内容なのです。1つ目が，国の財政措置が廃止・縮小後に地域自治体の主体性が問われるとされているわけですが，具体的にどのような対応が必要だとお考えになるのかということです。

　それから，2番目がレジュメに「持続性なき増収効果」という指摘がありますが，持続性のある増収効果を実現するにはどうしたらよいと考えておられるかということです。その場合，新規ストックを地元建設業者が担うということで，地

域内所得循環というのを展望されているわけですが，ほかにどのような展望があるのかということです。

　それから，レジュメに「地域経済の維持可能性を高めるような民間セクターの取り組み（たとえば，水産業の近代化）」に対する負担軽減措置といったようなものの重要性を指摘されているわけですが，税制面だけではなくて，歳出面での支援などについても，どのように考えたらいいのか，あるいは地域経済全体にどういうふうに対応していけばいいのか。そのあたり，今回は税制について非常に詳細な大変な作業をされたのだろうと思いますが，ほかの分野での対応と併せて，いったいそれがどのような効果を持っているのかというあたりについても，もう少し敷衍していただければということです。

　最後に4点目は，住民参加型のアセッ

トマネジメントの展開の必要性を指摘されているわけですが，私も，これが非常に重要な論点ではないかと。やはり住民参加がどこまで本当に実現できるのかどうか，これがある意味で決定的に重要な今後の地方自治の行方を占う上でも鍵になることだと思っているのです。

　いずれにしても，国の措置と地方自治体の努力，それから地域経済のあり方，そして住民参加，この4者の関係をどうするかというのがある意味ここで問われていることではないかと思うのですね。地域経済の復興がなければ，地方税自身も再生しませんので，そのあたりをどういうふうに考えておられるのか，1つについて答えていただければいいかと思います。

桒田（岩手県立大学）　分析そのものは細かい内容でしたので，その後，後半というか，残り3分の1ぐらいがポスト復興に当たって財政運営をどうするかというところで，大きな話も十分にできなかったのですが，そういう意味ではご質問いただきましてありがとうございます。まとめて1つにしてお答えできなくもないのですが，1つ1つできるだけ簡潔にと思っています。

　主体性については，報告でも申し上げたとおり，実際はコロナの関係で厳しいところもあるのですが，非常時対応から通常時対応の財政に移行するということがそもそもの大きな課題であります。歳入歳出構造が大きく変わっていきますので，かなり職員も入れ替わったりしていますので，そこが1つのポイントであり，いずれにせよ，特に岩手は財政力が弱い団体が多いので，とにかく財政収支のバランスというのをきちんとマネジメントできるかというところが大枠になってくると思います。

　その中で，スライドでもお書きしていますが，アセットマネジメントとも関わるのですが，住民参加型で復興事業の検証，あるいは復興計画の検証というのをまずきちんとしなければ前に進めないだろうというところの側面があるとともに，かなり非常時対応してきましたので，通常対応をもう一度再点検する必要があると思います。そういう中でも，できるだけ参加型というのが実現できるかどうか，小さな自治体なので，できないこともないですが，そういう再点検の中で行革というのもあり得ないこともないと。

　他方で，改めて農山漁村地域というところは，公共セクターの役割が大きいですので，そこの文脈の中で公共セクターの役割をきちんと見直せるということです。プラスの材料としては，職員がかなり高度な複雑な復旧復興事業を，応援職員の力を借りながらやり切ったという自信もありますので，職員が入れ替わっているところも他方であるのですが，そういうノウハウを通常対応にも生かせればなと。あるいは応援職員が残してきたノウハウ，今までやったことのない事業もいっぱいありましたので，そういうとこ

ろから学ぶ点もあると思います。

　全体としては，そういう中で限られた民間活用になるかもしれませんが，民間活用のプラスマイナスを見極めながら，いかに民間をうまく活用できるかというのもポイントになってくるかと思います。

　もう1つ大きなポイントは，もちろん地域経済の再建というのが大枠であるのですが，そういう意味では産業振興は，実際に県との広域的な連携とか，あるいは自治体間連携が必要かもしれませんが，いかに稼げるような産業振興をめぐる事業，支援をうまくできるかというのもポイントになってくると思います。

　中長期的に見ると，先生も挙げていますし，私も最重要視しているのは，やはり公共施設です。今後，公共施設の維持管理費が市町村財政を圧迫することはもう確実になっています。ここをクリアしなければ，当然通常対応の公共施設の維持管理もしんどくなりますし，ほかの行政サービスにも影響が及びます。そういう意味では，今回かなり公共施設を更新した，新しく建てましたので，国に特別な支援を求めるという手もないことはないのですが，維持管理費を求めるというのは通常考えられません。運営費の一部であってもですね。運営費を自前の借金で賄いますとか，そういうことはあまり考えられないので，そのへんはきちんと自前の財源を確保しなければならないと思います。そういう意味では，ここがうまくいかないかいくかで，当然全国的に

も注目されているところなので，モラルハザードとか，やっぱり無駄な施設がいっぱいあったのかとかいわれないようにはしなければならないと思います。

　そういう中で，施設の維持管理をできるだけまちづくりのビジョンというか，まちづくりの中できちんと位置づける，ここが大事になってくるのかなと思います。とりあえず維持管理という意味ではなくて，中長期的に見れば，まちづくりの文脈で位置づける。場合によっては，まちづくりそのものも，もう震災から10年たちましたので，一部再点検が必要なのかなという意見もあります。これがまず1つ目です。

　2つ目，持続性なき増収効果という点で，実際に復興過程では建設業にかなり依存して，そういう意味では個人も企業も所得が伸びて税収が一気に上がったわけですが，これはおそらく一時的なものなので，持続可能な形でどういうふうに増収，収入を得られるかということになってくるかと思います。

　3番目の質問もあわせて，たぶんまとめていけるかなという気はしないでもないですが，実質上，地域経済が厳しい状況であるので，皆様が思っておられるほど簡単なものでなくて，増収効果への方策にせよ，地域経済に対する自治体の支出の役割にせよ，実は厳しいのです。スライドでも報告したとおり，自治体の財政が厳しくなっても，いかに黒字化していくかは最終的に重要ですが，地域全体

として，わかりやすくいえば，これまでの財政さらに経済，社会の再建をきっちり検証していけるか，そういう意味では基幹産業の漁業，水産業，あるいは建設業の維持可能性というところをきちんとフォローしていくということが行政にも求められると思います。

コロナ禍が突きつけるシビアな現状もあるのですが，そういう意味ではスライドに書いたところが大事です。それをいかに実現していくかですが，やっぱり基幹産業の漁業という面では，もともと震災前から暮らしと仕事とコミュニティが一体となって漁業というのは進められてきましたので，これを従来型のように進めるかどうか，とりわけコミュニティの役割というのは震災後かなり変わっています。

特に若い世代というのは，一方ではコミュニティを大事にする層もありますが，他方では，コミュニティというのは今までどおりではだめだよねとか，あるいはNPOとか地域の外から来ている都市のサポーターとの関係とか地域おこし協力隊とか，さまざまな担い手がいきますので，そういう形で利用するという人が若い層には多いです。

それはともかくとしても，基幹産業とか建設業，どちらにせよ，異業種連携とか産業間の連携とか，あるいは漁業も観光業とか大きな枠組みで6次産業とかいわれますが，連携するような形で取り組めればいいのかなとイメージはしていま

した。

そういう中で地域経済として，先ほど申し上げたとおり，震災前からの継続すべきこととか，あるいは震災後に新たにすべきことの総括もいりますが，現実として厳しい中で，やはり地域経済としては縮小を前提としたシュリンク，縮小を前提とした社会経済というのはもう農山漁村地域では避けられないですね。それをいかにプラス，ポジティブに捉えられるかということになろうかと思います。

どうしても近視眼的に見れば，厳しい地域ほど一発逆転満塁ホームランのような企業誘致ではないですが，大転換を狙いそうになるのですが，これはむしろ逆で地道な内発的な取組，田園回帰戦略とかという言葉もありますが，地道に持続可能な目標設定，主体形成，あと方法論はさまざまあろうかと思いますので，設定していく。

そういった中では，はやり言葉を使うわけではないですが，SDGsという文脈でいえば，農山漁村とか農林漁業の公益的機能とか多面的機能という言い方があるのです。これは私自身，昔から，これをどういうふうに財政的に担保していくかというのを研究してきたのですが，食料供給とか木材供給は言うまでもないのですが，国土，環境，景観保全とか，あと災害防止とかさまざまな意味合いで，こういう多面的機能とか公益的機能というのが重要視されていますので，ここがかなり低下しているところがあるので，

全国的にもそうですが，いかに価値観を共有しながら，財政的に限られた資源で支えていくかということになろうかと思います。ヨーロッパとかでは逆都市化というか，都市から農山村への流入がかなりの規模でみられる地域もありますので，学ぶこともできるかと思います。

　最後のところ，アセットマネジメントはそのとおりです。いかに住民参加を進めるかということがあろうかと思います。ポイントは議会ですね。端的に申し上げれば，議会のチェック機能をいかに進めるか，議会と住民が協働できるかであります。これはまちづくりの文脈で住民が関心を持つということが大事になります。

　あと，今日はあまり詳しく申し上げられませんが，今回の復興では事前復興という言い方があるのです。事前復興というのは，さまざまな災害ケースを事前に予測して，できることはどんどん手を打つ。提言はどんどん県とか国にも打っていくというようなやり方があるのですが，こういう文脈でも参加を促せるのではないかなと思います。いずれにせよ，住民と行政と議会が協力して，施設カルテのような詳しく施設の状況を書いたような施設のライフサイクル表みたいな感じ，それを作れればいいかなと。縮小一辺倒ではなくて，トータルとして施設を縮小するような方向で，他方で稼げる施設づくりの発想があってもいいかなと思いました。

司会　それでは，次のご質問に移りたい

と思います。石村理事長からご質問が出されています。石村理事長，よろしくお願いします。

石村（白鷗大学）　日本の復興特別税では，特に法人について早々廃止されて，個人に継承する形でいまだに続いています。ドイツの連帯付加税，これは旧東ドイツの復興目的では，法人税，特に法人税額の5.5％，ですから課税対象所得の0.825％相当で法人に継承する形で課税しているのですね。災害が繰り返される日本での復興特別税とか，あるいは連帯税という名の増税は税財政理論的にどう位置づければよいのか。そして，個人，法人どちらを課税主体とすべきなのか。また，使途，特に使い道についてのコントロールをどうすればいいのかということですね。特に税財政規律の面からどう考えていいのかというところがはっきりしないので，私はかねてから国民災害等の保険制度をつくればいいという提案をしているのです。ですから，こういうところについてちょっと教えていただければと思います。

司会　莱田先生，回答をよろしくお願いします。

莱田（岩手県立大学）　私自身，この点については，今回の報告で復興増税のごく一部を分析しているのですが，以前，本学会で復興増税についてはご報告していまして，叢書にも掲載されていると思いますが，特別課税の対象としては所得税と法人税というふうに以前書きました。これは現実的ではないかなということで

す。

　ただ，先生がおっしゃるとおり，今回，東日本大震災では，復興の基本方針で連帯や分かち合いの精神とかといわれていて，実際は所得税に負担増が集中する結果になっている。税制の議論，所得税のほうは 25 年でしたね。そういう点を考えると，今回の増税については分かち合いとか連帯の精神に反する，公平性にも欠けるのかなと思っていました。

　地方税も増税で道連れのような形でありまして，宮入先生とかも大批判されていますが，そういう意味では法人税も含めて，個人，企業両方ともというのが現実的ではないのかなと。だから，そういう意味では，法人税というのがだいぶ負担軽減されているのかなと思っていました。そういう文脈で，今後また大災害の中で同じような手法になり得るというのがちょっと懸念されるところであります。東日本大震災でこうだったよねということで，また大災害が起これば同じようにやるというのが本当にいいのかどうかということでありました。

　他方，そもそも連帯とか助け合いとか，そういう根拠でいいのかどうかというのも，やむを得ないなというところはありますが，論点になるのかなと思っています。むしろ，そういうところも石村先生からご指導いただきたいぐらいだと思います。

　あと，使途乱費の国民納税者による統制の仕方というのは，実際復興予算の流用問題とか便乗問題とか，やはり批判を受けるようなことがあったかと思います。他方で，予算の繰越しは悪いといった間違った情報が発信されたりもしているというのはあるのですが，やっぱり国としては，国税，国民の税金が入っているので，きちんと使ってくださいよという言い分はよくわかろうかと思いますし，そういう意味でも，数％の自治体負担を求めたいとか，復興増税，復興期間も 5 年で区切っていったんまたリセットしますとか，審査手続を厳格にするとか，いろいろあの手この手というのはあろうかと思います。

　そういう中で復興増税とか，きちんと使われているかというのは，チェックされてもやむを得ないかなと。他方，災害支援に関しては，結果として被災者，被災地の要望等を背景にして，ゆっくりでも着実に公的支援というのは充実してきていますので，そういう意味では，またいずれ国のコントロールというか，あるいは国民の批判というか，政府も国民も敏感になろうかと思いますので，そのへんも注意は必要かなと思っていました。

司会　柴田会員へのご質問は以上ということになります。次に泉会員のご報告への質問は，まず伊川会員よりと藤間会員よりの 2 件参っています。それではまず，伊川会員よりご質問をよろしくお願いします。

伊川（名城大学）　まず，こういったAI・ロボット税の議論を始めるという

ことで大変有益な示唆をいただきましたが，私の質問は非常に基本的な部分です。こういった課税の根拠とか基本的な考え方について，昨日のご報告では，雇用の創出につながる，それに対しての課税というような考え方があるという部分もご報告がありました。

ご報告の最後の部分で少しおっしゃったかと思いますが，AI 等が新たな価値を創造して，それに対して課税をしなくていいのかといった考え方もできるのではないかというようなご示唆があったかと思います。AI の活用ということで，それがいったいどれぐらい雇用の創出につながるか。イメージできる部分となかなかそれがしづらい部分とあるのではないかと考えますが，もしそうなってくると，むしろ雇用の創出という側面があります。そちらよりも AI 等によって新たな価値がつくられる，そこに課税しなくてよいのかといった，例えばデジタル課税のような議論がもしかしたら当てはまるのかなと考えたのですが，そういった考え方でいいのかどうかということが質問になります。もしそうなってくると，昨日，本日と報告があったデジタル課税の議論というものがいろいろとこの分野でも参照できるのではないかと思ってご質問させていただきました。

泉（千葉商科大学） 昨日の発表の中でご説明しましたとおり，雇用対策の側面から AI・ロボット税を捉えていく，これが今の AI・ロボット税の賛成派の主流になってございます。ですので，賛成派の論文の中でピグー税としての AI・ロボット税というような表現をよく見かけるところでございます。他方で，ご質問にあるデジタル課税との関係は，まさにおっしゃるとおり，同様の問題意識につながる可能性が高いと考えてございます。

私が認識している限りでは，AI・ロボット税の賛成派の Oberson 教授が BEPS プロジェクトのアクションプラン１との関係に言及されていますし，また BEPS との関係を主題として，特に AI・ロボットの人格とか居住地の問題が出てくる，これを取り上げた論文も既に発表されてございます。また，BEPS の最終報告書の中で，今後発展が見込まれる常に注視しておくべきものとして IoT（Internet of Things）とか，あるいは３Ｄプリンターみたいなものが挙げられていますが，実はそこにロボティクスも入ってございます。

ただ，この最終報告書では，非常に簡単に覚書程度に言及されたのみで，記載内容を見る限りでは検討はまだまだこれからかなというような印象でございます。いずれにしても，やはりデジタル課税との関係もありますので，日本国としては，自国が仮に AI・ロボット税不採用の立場であったとしても，自国の立場を明確にできるように議論しておく必要はあるのではないかと。

それに併せまして，今，私のほうで考

えている AI・ロボット税に特有の観点，デジタル課税の中に 1 つの AI・ロボットという領域も入ってくると理解した場合に，どういう特有の問題があるのかという点になりますが，例えば価値を創造しているとして，その価値は何なのかというところ，ロボットとか AI の価値がどういうところにあるのかとか，あるいはそれはハードウエアにあるのか，ソフトウエアにあるのか，実装されている AI とか，あるいはアルゴリズムというものに何か価値があるのか。このあたりは非常に難しく，ロボット自体もちゃんと体のある，肉体のある，筐体のあるようなロボットもありますし，1 つ議論として特有の問題かなと考えてございます。

また，価値の創造場所についても，例えば AI・ロボットを国の登録制にして，その登録料を国が徴収したり，何か料金を取ったりだとか，あるいはこれはベーシックインカムの議論ともつながりますが，国が AI・ロボットを登録制にして，そこから料金を徴収することによって所得再分配を行う。そのような議論もありますので，果たして登録している国で課税権があるのかとか，あるいはビッグデータをデータマイニングすることで，これまで棚ざらしにされてきたデータに価値を生み出している側面が今 AI はありますので，そういったデータマイニングをしているコンピューターが存在する場所なのかとか，あるいはただロボットが筐体，肉体的なものを持っている場合，

物理的なものを持っている場合には，通常の機械と同じように，物理的なロボットが存在している場所というのが 1 つネクサスといいますか，重要なバリューを生み出すところとして見ることができるのかなとは思っているのです。ただ，医師が外国から遠隔でロボットを操作することなどもありますので，そう考えると何だかよくわからなくなってくるなと考えています。

それから，価値が誰に帰属するのかという問題もありますね。信託的な問題，あるいは所有者とか受益者，ベネフィシャルオーナーの問題，あるいは価値評価の問題です。AI は常に進化していますので，その価値をどうやって評価するのかというところがございます。いずれにしても，AI・ロボットというものは電子的に動いて記録も電子的に残るものなので，いろいろな記録がブロックチェーンなども通じて第三者が追跡可能な状況にはなるため，これまでよりも所得の捕捉といいますか，データの捕捉みたいなことはしやすいという特徴はあるのではないかと思います。

雑駁な回答となりますが，こちらで質問 1 についての回答とさせていただきたいと思います。

伊川（名城大学）　大変いろいろ参考になるお答えをいただきまして，例えば国税庁が AI を使ってというのももう始まっていますが，そういった場合，本当に国に課税するのかとか，そういう問題も

あるのかなとは思いましたが，今いただいたお答えを基にしてまた検討していくことになるかと思いますので，それについては結構です。

司会　それでは続きまして，神奈川大学の藤間会員よりご質問が出ています。藤間会員，よろしくお願いいたします。

藤間（神奈川大学）　まず，質問を読み上げます。泉会員のご報告では，AI・ロボット税は主に規制手段のような形で捉えられていたかと思うのですが，個人所得税との関係ではどのように考えられるでしょうかという質問を出しました。

少し補足すると，先ほどはピグー税という話も出たので，おそらく捉え方というのはそのとおりなのかなと思うのですが，例えば私が想定したのは法人税のようなものですね。法人税というのは個人所得税の前取りで，かつ個人所得税が実現主義を採用していることから，無限の課税繰上げを防ぐために法人税が課せられるみたいな説明が一般的にされるかなと思うのです。

一方，泉先生も先ほど最後のほうでたしかロボットに所得がたまっていく場合があり得るみたいなことを少しおっしゃっていたような気がするのですが，そうした法人税のような個人所得税との関係でAI・ロボット税が必要であるとか，あるいはもしかしたら必要でないという話になるのかもしれませんが，その関係からどのように捉えられるのかなという点をお聞きしたいと思っています。よろ

しくお願いいたします。

泉（千葉商科大学）　ご質問に対してのご回答につきましては，やはりAI・ロボットの人格の問題，あるいはAI・ロボットとその所有者，法人・株主との関係をどう考えるか，AI・ロボットの所有者とか受益者をどう設計するのか，どう捉えていくのかなど，いろんな前提を置かないと，なかなか一義的に回答というのは難しいと思うのですが，現時点で，私が所得課税との関係で思考実験している，あるいは興味を抱いているもののうち，時間の関係もありますので少しだけお話をさせていただきたいと思います。

前提として，AI・ロボット自身が納税主体となるかならないかは，これ自体は民事法が人格を与えるかどうかという問題に大きく左右されますし，あとは民事法が与える与えないにせよ，税法が人格を与える，あるいは法人とみなすのかという問題になると思います。もちろん，人格を与えたとしても，管理人みたいなものがいないと，もしかしたら課税自体はなかなか難しいのかもしれませんが，AI・ロボット自身が納税主体になりうることを前提に少しお話をさせていただきたいと思います。

最初に考えましたのは，AI・ロボットについては，現段階では消費あるいは効用，心理的満足みたいなものを観念し得ない。これを前提とするならば，果たして伝統的な所得課税になじむのか。法制度として金銭，あるいは経済的利益み

たいなものを AI・ロボットに帰属させる，あるいは藤間会員が最後におっしゃっていただいた誰にも帰属することのないような経済的利益，これは実際にはそんなことがあり得るのかと思われるかもしれませんが，おそらく今はやりのスマートコントラクトという技術を使えば，ある程度それは未来永劫的に自動的に契約を執行するようなプログラムを組むことは可能だと思うのですね。

それはビットコインとか，あるいはブロックチェーンを基礎としているものが示しているように，基本的に誰からの管理も，あるいは所有もされないで，システムとして半永久的に動かしていくということが少しずつ可能になりつつある時代になりますので，金銭，経済的利益がどこかに帰属はしているかもしれない，あるいはどこかにたまっているかもしれないですが，果たしてそれが所得なのかどうか，あるいは所得として納税主体に帰属しているのかどうかといったところの問題は出てくるのだと考えています。

そして，個人のように，余暇，あるいは消費効用といったものが観念されないだけではなくて，AI・ロボットの場合は休暇，あるいは休息みたいなものも考えにくいわけです。ただひたすら収益を生み出していく。ただ，人間と違うのは，電力とかメンテナンス費用がかかります。維持管理費用もかかりますし，あるいは初期費用というのもおそらく高額なものがかかると思うので，もし納税主体とし

て考えた場合に，それを個人課税と考えるのか，法人所得課税と考えるのかという議論はありますし，初期費用なんかは特にそうですが，そういった自己の費用を償却できるのか，あるいは即時償却すべきなのかとか，そういった議論につながってくるのではないかと考えています。

また，藤間会員のお考えと少し接続すると思うのですが，法人の株主のようなもの，オーナーといったものを AI・ロボットに観念できるようになるのか。現時点ではできるとは思うのですが，特に Oberson 教授が念頭に置いていたような自律的な AI，そして人格が認められるような AI になると，果たしてオーナーというものが AI・ロボットにいるのか，そういう法制度を採用するのか。

これとの関係で考えていきますと，オーナーの所得税の前取り，もし個人オーナーがいるとして法人の株主とパラレルに考えるべきか。もしそういうふうに考えるのが妥当とするのであれば，それは法制度としても現行の法人税とパラレルに考えていくべきかなと思っています。

つまり，経済的利益か AI・ロボットに帰属している。そして，何らかのオーナーみたいなものがいて，そこに最終的には個人株主みたいなものが観念される。そうであれば，やはりそれは個人株主の所得税の前取りというものが AI・ロボット税で行われるのだと，そういう整理の仕方は1つあるのではないかと考えています。

そういうふうに考えていきますと，今度は同じような観点になりますが，AI・ロボットに累進税率の適用はあるのかどうか，このあたりも1つ議論の範疇に入ってくるのではないか。あるいは個人の消費を制限する，費用控除を制限するような損失に関する制限規定みたいなものが必要となってくるのかどうかということです。

先ほどの心理的満足，あるいは効用といったもの，消費といったものを観念できないという前提を置き，かつ，累進税率の前提として，そういった効用，心理的満足というものを前提として置くならば，AI・ロボット税については累進税率というのは性質上合わないというのは1つの論理的な結論ではないかと思います。

ただ，これも藤間先生がいみじくもおっしゃっていただいたとおり，今，提案として出されているAI・ロボット税というのはピグー税的な，規制税的なところが少しございますし，かつ失われた雇用や財源への対応，あるいは人間の労働者との課税の中立性というところに着目していますので，こういった観点から言いますと，累進税率の採用も一応制度としては候補に上がるのではないかと考えています。

ほかにもいろいろ考えますと，では，AI・ロボットが手に入れた所得というものが所得分類上はどういった所得に入るのか，事業所得なのか雑所得なのかと

いう問題がありますし，個人の代わりとしてAI・ロボットが働いていて，もし雇用されていると考えるのであれば，やっぱり給与所得という形になるのか。そうすると，もしそこにオーナーとしての個人がいるとしても，AI・ロボットの段階で発生する所得は給与所得となるのか。

もしAI・ロボットが稼いだお金のうち，いくらかをオーナーに配分するとしたら，そのオーナーが得る所得はどういったものになるのかという議論も出てきます。今後，法制度として，法人の株主と同じような分配の制度といいますか，権利義務の関係というものをAI・ロボットとそのオーナーとの関係で構築するかとか，そのあたりはまだまだ租税法以外のところでも議論されていないところですが，最終的な課税関係というのはいろいろ候補に上がってくるのではないかと考えています。

藤間（神奈川大学） どの個人にも帰属しない経営的利益がAI・ロボットで生じるというのは少しおもしろい話だなと。そうすると，話が崩れてきてしまうので，すごくおもしろいなと思いました。

司会 以上で事前に受け付けた質問はお二人からということなのですが，時間的にちょうどということなので，谷口会員のご報告への質問に移らせていただきます。谷口会員には，まず鶴田会員より，OECDのデジタル課税のピラー1に関するご質問が出ています。鶴田会員，よろ

しくお願いいたします。

鶴田（関西大学）　ピラー1で市場国に利益配分する件について合意が成立したということですが，その対象は100社というふうになっているわけです。これはあまりにも限定しすぎで，どうもアメリカの多国籍企業を擁護することが背後にあるのではないかと疑わせるのですが，この件についてどのようにお考えでしょうかということ。

それから，配分方法についても定式配分といわれていますが，これもいわゆる定式配分法への転換というにはあまりにもささやかです。実際上は本当に限定的な適用で，実際上，従来の移転価格税制がそのまま生きているということからすると，今回の国際課税改革はどうも規模が縮小されてしまったのではないかと思うのですが，その点，いかがかということです。

司会　それでは谷口会員，回答をよろしくお願いいたします。

谷口（専修大学）　先生のご質問趣旨は，今回の合意をどう評価していくのかということであろうと思います。まず第1点目のピラー1，いわゆる第1の柱について，対象を100社にしたのは限定しすぎで，せっかく新しい課税システムを入れるのであれば，大々的にやるべきだったのではないかというご指摘であろうと思います。デジタル課税自体が今後どのように動いていくのかということ自体も踏まえると，各国は，デジタル課税を導入

することには総論としては賛成するが，各国の利害関係があり，各論では対立するという構図がみられます。

その中で，特にGAFAに対する課税が大きな問題になっており，まずはアメリカが乗ってこられる議論，課税制度でないと，導入が難しかったというところに尽きるのであろうと思います。この点については，先生の2点目のご質問である配分方法，定式の配分基準が使われること，実際には定式配分法を採用するわけではなく，修正残余利益分割法に定式を入れることで問題解決を図っていると思います。

OECDが，定式配分法には否定的な立場を取り続けています。主権国家は課税権を持ちますが，多国籍企業はどの国でどれだけ稼ごうと決めて経済活動を行っているわけではありません。

OECDは各国の主権，課税権を認めつつ，一方で課税のあり方を考えており，今回の合意でも，かなり定式を使っていますが，定式配分法ではなくて修正残余利益分割法を維持し続けるというところからも，新しい国際課税ルールといいつつも，以前の課税ルールとのバランスをとりながら，ルールの導入を進めているというように思います。

鶴田（関西大学）　わかりました。そのへんが確かに国際的な合意が必要だというところで，一時期はOECDも，また今回も改革が挫折するのではないかと心配していましたが，途中からアメリカが

急に変わり始めた。その背景については，先ほど篠田会員からもご報告がありましたが，それで今回の合意に至っているという点で，確かに非常に不満が残るのですが，やむを得ない妥協かもしれないなと思いながら，いや，それと同時に，やっぱり将来の展望についても示しておかないと，今のままで結構ですねというのでは，ちょっと問題が残るかなという意味で質問させていただきました。回答で結構だと思います。

司会 次の質問に参りたいと思います。次の質問は大城会員よりご質問が出ています。大城会員，よろしくお願いいたします。

大城（税理士） 谷口先生，貴重な報告，ありがとうございました。確かに非常に勉強になった7月文献，10月文献と両方踏まえられていて，本当にトピックな項目だと思います。今回，デジタル課税という形で表題もいっていますが，実際ネクサスが収入金額で昨年度のブループリントとかも含めて，デジタルって何なのというデジタルの定義自体がもうなくなっています。これはもうデジタル課税ではなくて新たな国際課税ルールという形で，言い方，表現，名称は変えていますので，やっぱりちょっと複雑なのかなと，名称も変わってきているのかなと思っています。

先ほど鶴田会員からもちょっと出たように，やはり今回の10月，今日ですか，G20のサミットが行われていますが，政治的に合わない国が出てくるということで，OECDはモデルを作って，それで進めていくのだという形でやっています。

今回質問したかったのは，既にご承知かと思いますが，BEPSプロジェクトの成果というのは，やはりミニマムスタンダードとベストプラクティスにだいたい分けられる。今回はピラー2，第2の柱に関してミニマムスタンダードになっている。その後，ちゃんとやっているかということで，ピアレビューという形で表現されるということで，第1の柱に関しては多国間協定の理詰め，署名という手順が来年，再来年という形で控えています。

第2の柱というところで，どういうふうに国内法に落とし込むかというのが我々研究者，学会としては一番求められているところで，先生も昨日，租税手続法の面からやはり問題があるということで，そこはもう私も同じ考えであります。租税法律主義の下で立証責任を負う課税庁は，名分法の規定なく，法的根拠なしで国外所得に対して課税はできないのです。

ですので，この部分について，どこをどういうふうに触るのかなということで，これも日本でも研究者も学会も何も議論していないまま改正が今年度，来年度行われるというのはよろしくないなということで，先生に質問を投げさせていただきました。主にCFC税制の改正が入るのかなと思っていますが，ミニマム税と

CFC の経済活動基準等と似ている部分もあるので，この部分について先生のご意見というか，今後こういうふうになる可能性がありますというか，追加でコメントというか，お教え願えたらなと思っています。

谷口（専修大学）　先生のご質問である第2の柱に関する今後の税制改正のあり方をどのように考えていくのかは，最終的には，立法府に委ねられることですが，研究者としての立場としては，2点を指摘しておきたいと思います。

　1つは，先生からご質問をいただいたように，第2の柱は外国子会社合算税制，CFC 税制に極めて近いものでありますので，実際に締結される多国間条約に従って現行法に修正を加えていくという考え方があろうと思います。

　ただ，この税制は昭和53年に導入された税制で，古くはタックスヘイブン対策税制と呼ばれ，最近は CFC 税制と呼ばれています。今回の新しい合意は確かにこの税制の課税手法に似ていますが，趣旨が同じかが気になっています。

　要するに，昭和53年から続いてきた課税と第2の柱でいう課税の趣旨が同じなのかが問題です。数字とか形だけを条約に合わせて修正してしまうと，結局，この規定をめぐっての対立が生じた場合に，例えば直近でいえばヤフー事件のように，その趣旨をめぐって対立が起きてしまいます。昭和53年の趣旨なのか，それとも大きく修正された今後の税制改正における趣旨なのかという問題が生じないように，この規定を置き換えるにしても，趣旨を明らかにするために，いったん削除して，新設する方が納税者の予測可能性という点から望ましいと思います。

　もう1つは，しっかり議論を尽くしておくべきだという先生のお考えはまさにそのとおりであると思います。例えば最近導入されました所得相応性基準については，OECD の議論をそのまま持ってきており，必ずしもしっかりとした議論をせずに導入がなされたという問題があり，我が国の制度として立法する以上は，丁寧な議論をしておくべきであると思います。

　税制改正ということについては，この2点をきちんと念頭に置いて行っていくべきであろうと考えています。

大城（税理士）　確かに，先生と同意見であります。今回も，例えば分割対象利益も7月文書と10月文書で先生が言ったとおり幅があったのですが，20％になった。これもやっぱり圧力団体が関わっいるところで，先生の専門分野である違憲価格の利益Bに関しても，やはりジョンソン・エンド・ジョンソンが強く出ているところでもあり，来年度，OECD マップフォーラムで引き継がれているということで，いろんな政治が絡んできているのかなと。

　しかし，放っておいたら新興国サイド，国連ベースでされるというのも，それも

それでまたさまざまな政治的問題が生じるということで，いろんな問題があるかと思います。今，実務会としては，制度の理解であったり，税の引当金，いわゆる FIN48 のようなもので対応したらいいのではないかとか，CFC のコンプライアンスコストというのが非常に大きいですので，システム自体，そういった IT を含めて整備していく。また，人材というのもつくっていかないといけないよねということで，いろいろ準備しているところでもありますので，また先生の著書とかで勉強させていただきたいと思います。

司会 続きまして，立命館大学の浦野晴夫会員よりご質問が出ています。司会のほうで代読させていただきます。オンライン市場で購入する場合，VAT 相当額は除かれるのでしょうか。除かれないと，最終的に消費者向けの販売価格に上乗せされることになりませんか。この指摘は，蜂谷勝弘氏日本総合研究所調査部の指摘です。蜂谷勝弘，「デジタル課税が税収・企業負担に及ぼす影響と導入に向けた課題 JRI レビュー」の 2019 年の 11 巻，72 号の 10 頁の図表からというご質問です。

谷口（専修大学） 蜂谷勝弘氏の論文は，インターネットで入手できるものですから，確認をしました。蜂谷氏が指摘されるとおり，最終的に VAT 相当額は消費者向けの販売価格に上乗せされる可能性があると思います。

ただし，この問題は，今回取り上げたデジタル課税のうち新しい課税制度の議論とは別であるデジタルサービス税の議論です。デジタルサービス税は売上税の意味を持つものとして，付加価値税にある仕入税額控除は存在しないこと，そして売上税と位置づけた場合に，本国において外国税額控除ができるのかという問題があること，そういう中では企業が，販売価格への上乗せという対応をすることは十分考えられるであろうと思います。

多国籍企業，特に巨大 IT プラットフォーマーは価格決定権を握っているわけですから，消費者は上乗せされた価格で購入せざるをえないといえます。もっとも，新しい課税制度の導入に当たっては，デジタルサービス税を廃止していくとしていますから，この問題は，新しい課税制度の導入により解決されるであろうと思います。

浦野（立命館大学） 同じ問題といいますか，山元会員の後の報告でお聞きしたいことだったのですが，その原稿を見ていなかったものですから後で聞かせてください。同じ類いのイギリスの VAT の仕入税額控除の問題，VAT 登録事業者がどういうふうになるのかというようなことを山元先生にお聞きしたいのです。

司会 この後の山元会員の質問のところで対応させていただきます。それでは続きまして，山元会員のご報告への質問に移りたいと思います。山元会員へは，石村理事長より電子インボイスに関わる問

題につきましてご質問が出ています。石村理事長よろしくお願いします。

石村（白鷗大学） 昨日の報告では，電子帳簿保存法，つまり電帳法の改正，もう1つは新消費税法の電子インボイスの導入の問題についてのお話をいただきました。ご承知のように，電子インボイスどころか電帳法にもついていけないという日本の事業者のデジタル事情があるので，早急にこういう仕組みをどんどん進めていくのがいいのかどうなのかというのは，松井会員と同じような感じを受けています。

ただ，電子インボイスもいろいろ進んできているというのですが，電帳法では今回，電子データで受けたものについては紙で受けることはできないと今まであった例外規定を全部取り払いました。ですから，電帳法の規定によると，ほとんどの事業者というのは電子帳簿を保存しないと，前段階控除とか仕入税額控除だけではなくて，ほかの所得税とか法人税法上の青色申告とか，いろんなところで問題が出てくる可能性があるのです。一方で，電子インボイスについては，施行規則で紙・文書で保存しても一応OKだと宥恕規定みたいなものを，改正前の電帳法と同じような規定を置いているのですね。

ただ，昨日のお話では，その比較のところがちょっと弱かったのかなという感じを受けています。ですから，なんとなく免税事業者も課税事業者になれば何と

か逃げられるというふうな雰囲気で進んでいます。しかし，現実は全然そうではありません。特に電子インボイスについては，令和5年10月のインボイス開始と同時に実施されるわけです。しかし，電子インボイスというものはそもそも何なのかというところが大きな問題なのです。

初めに，山元会員からレジュメをいただいたときに，ちょっといかがかなということがあったので，私のほうから追加の資料を差し上げました。しかし，今回の発表ではあまり触れなかったというところがあって，その1つは，イタリアとかポーランドのように国家のプラットフォームの中にBtoB，つまり，事業者間取引情報を継続的に監視できる仕組みを全部入れてしまうというのが電子インボイスの本来の仕組みだと思います。

そうすると，将来的には，電子インボイス制度が，記入済消費税申告システム，プロファイリングシステムの導入につながるわけです。つまり，国家が商取引を全て監視する仕組みの構築が技術的にはできるわけです。果たしてそれを入れていいのかが問われています。電子インボイスによって記入済申告書という制度を入れて，事業者は，課税庁が作った申告書にイエスかノーか，だめなときは，いわゆる修正申告のようにしていく賦課課税に近いような形になってしまうわけです。果たして伝統的申告納税制度や事業納税者の権利保護という面から，電子イ

ンボイスがどうなのかというところについて，分析が弱すぎるような感じがしました。この辺について，もう少し本当のことをお話しされたらどうかなという感じを受けました。

山元（税理士） 非常に難しい問題で，まさにそこのところは私も今研究テーマとして非常に悩んでいるところではあります。

1つは，ここに書かれていますように，CTC の監視というところをどういうふうに考えていくか。電子インボイスが導入されると，データとして取りやすくなるという側面はあると思います。もう1つポイントになるのが，BtoB は確かに電子インボイスといったところで把握がされるのですが，問題は BtoC をどういうふうにするかというところで，韓国の事例なんかでいくと，BtoC についても現金領収書といって電子現金領収書制度が入って電子化されています。

石村（白鷗大学） ポーランドも入れようとしていますね。

山元（税理士） そうですね。ポーランド。あと，イタリアも今入れつつあります。

石村（白鷗大学） 電子インボイスについては BtoB の問題に加え，BtoG の問題もあるのです。

ですから，私が聞いているのは，要するに，フランスとかはまだ民間のプラットフォーム，つまり IT 企業のプラットフォームを使って電子インボイスを流通させようとしているのですが，イタリアとかポーランドは国家のプラットフォームに組み入れて，取引を監視するという仕組みです。その仕組みに電子インボイスを流通させようというのでやっています。市場経済中で監視資本主義を進めていっていいのか，そのへんの分析がどうなのかなということもあります。

山元（税理士） そうですね。申告納税という点を重視していくとするならば，記入済申告というのは賦課課税みたいなものですから，そこはちょっと違うのではないかなと思っています。昨日も最後のほうにお話しさせていただいたのは，情報と納税者の関係というのですか，情報も税なのではないかなというところを，まだちょっとそこは突き詰められていない，研究課題です。

石村（白鷗大学） アメリカなんかの考え方では，情報は税収につながるという考え方なのですが，情報は税ではなくて，情報は税収につながるという考え方です。したがって，課税庁が情報をできるだけ抑えるために，取引そのものを電子インボイスを使って抑えなければいけない。そういう考えで，電子インボイスを導入しようというわけです。いわゆるプラットフォーム，仲介のシステムを国家が構築してしまってはどうかという理論まで行ってしまっているわけです。いかにタックスギャップ，つまり課税漏れを防ぐかといっても，果たしてそういう商取引を国家が公有化することの是非が問われます。こういう監視主義資本主義を進め

ていいのでしょうか。

　日税連はむしろ Peppol とか，ああい
うものを無批判に受け入れて，行け行け
どんどんです。私は非常に危惧を覚えて
います。

山元（税理士）　先ほどもいろいろなお
話があったように，技術革新というのは
進んでいく中で，どういうふうなことが
考えられるか。

　ただ，もう 1 つ，全てのデータを国が
抑えると，イギリスの例なんかでもそう
なのですが，結局，非常に不効率になっ
てしまう可能性があるのですね。という
のは，イギリスの場合はソフトウエア自
体を吸い上げるようなことをやっている
のですが，逆にそれが不効率だと。むし
ろ，必要なデータを取り込むほうが効率
的なのではないかという意見もあります。

　もう 1 つ言いたいのは，CTC につい
ては直接税，法人税，所得税については
私が読んだ限りでは非常に抵抗感が強い
国もあるのかなというところで，付加価
値税というものを考えていく上で，これ
は人に対する税なのか，物に対する税な
のかというところを突き詰めていくと，
物に対する税だと考えられるのですね。
そうなっていったときに，逆に国家が情
報を取るとかということは別にして，で
は，どうしたら事業者にとってストレス
なく申告につながるかということを考え
ていかなければいけないなと思って。し
かも，税の歪みですか。

石村（白鷗大学）　タックスギャップで

すね。いわゆる課税漏れと我々は訳して
います。

山元（税理士）　タックスギャップが生
じないようにするには，どうしたらいい
のかなというところで考えていったので
すがね。

石村（白鷗大学）　ただ，伝統的な申告
納税制度というのは，本来，国がやると
業務が増えるから，それを民間に託して，
納税者が自身で計算してやって下さいと
いう非常に効率的な仕組みのはずです。
それをまた元に戻して，電子インボイス
を使って，さらには記入済申告書という
システムを入れて賦課課税のような形に
戻そうとするわけです。要するに，国が
全部やるという仕組みにしようとしてい
るわけです。アメリカなどでは記入済申
告書に非常に抵抗があります。しかし，
ヨーロッパというのは社民主義の伝統が
強いせいか平気で受け入れるのです。日
本は中国と似たような国ですから，役所
が全部やったほうがいいのではないかと
いう形を好みます。このままいったら消
費税は申告納税制度のもとにあるという
原則が崩れてしまいます。これに味をし
めると，今度は法人税，所得税について
も，こういう記入済申告書の仕組みがエ
スカレートしてきます。税務専門職の業
務にはインパクトがあります。

　税務相談も AI（人工知能）がやるよ
うになります。AI は，理由はわからな
いが結論を出せますから，税理士は理由
付記だけを考える存在になるのかも知れ

ません。

山元（税理士）　それはないと思うのですが，そうしたら税理士自体がいらなくていいということになってしまう。

石村（白鷗大学）　ですから，そこのところを抑えた上で，税理士会とかがちゃんと主張しないと，やっぱり全てが崩れてしまうのではないかと認識しています。

山元（税理士）　私一人に税理士会を背負わせるのは大変な問題なので。申告納税制度というものは非常に大事な制度だと私自身も思っていますし，納税者がまずつくった情報というのは，一義的には納税者のものだと思いますので。

石村（白鷗大学）　そういうことですよね。

山元（税理士）　そこをどういうふうに考えていくかというところは，先生のおっしゃるように，北欧とかの国々はプライバシーを重視する国なのですが，そういう税に関しては意外とすんなりと入ってしまうというところもありますので，これもまた研究課題なのですが，北欧の場合は番号制度に簡単に入って行ったりとか，すんなり受け入れてしまっているところもあるので，そこらへんはなぜなのだろうと。国民性の違い等はあると思うのですが，見ていかなければいけないなというところです。

石村（白鷗大学）　仰せのとおりです。

司会　おそらくこれは直接的に情報を収集するのではなくて，民間のクラウドに対して調査権を行使するという形になるのではないかというのは，私も電子インボイス推進協議会の方から伺っています。

石村（白鷗大学）　2つの方式があるのですね。

司会　その点について日本では，メキシコとかイタリアのように，政府のシステムに直接電子インボイスを送信して管理される方式の採用を考えていないようです。デジタル庁は電子インボイスの運用について，民間のクラウドの利用を推進して，それに対してアクセスして調査を行うという方向で今検討されているという話を私は仄聞しました。山元会員いかがでしょうか。

山元（税理士）　今のところ，我が国は，そういうふうに国が何かプラットフォームをつくるという考え方はないようですが，ただ，おっしゃられるように，情報を取るという考え方でいくといくらでも取れるというところで，これは何かしらの歯止めが必要ではないのかなというところと，必ず何かヒューマンエラーというのですか，ここは絶対生じるものなので，AIが入ってきても，AIも完全ではないので，ロボットエラーではないですが，エラーが出る可能性はあります。

司会　メキシコでは電子インボイスの発行停止処分を課税庁が行うことがあるようです。そうしたら，結局，商売ができなくなってしまうではないですか。ですから，おそらく石村理事長が心配されているのは，電子インボイスの導入によっ

て，政府がCTC方式による集中管理を行って，電子インボイスが発行できない，あるいは発行停止になった企業については，結局，ビジネスができない状態になってしまう。そういう企業の選別につながり，個人事業主や零細な中小企業に対する排除につながっていく可能性があるのではないかということをおそらく危惧されているのだと思います。

司会　では，司会のほうで画面を共有しますか。先ほどの谷口会員の質問のスライドですね。画面が見られるでしょうか。オンライン市場のVAT相当額の質問でしょうか。

石村（白鷗大学）　そうです。これに答えてもらってください。

山元（税理士）　オンライン市場というのは，Amazonとかで購入した場合ということですかね。

石村（白鷗大学）　だから，何をセッティングで言っているのか。だから，たぶん個別のVATの問題をお話しされているのではないですか，デジタル課税ではなくて。

山元（税理士）　リバースチャージのお話ですかね。

石村（白鷗大学）　そうそう，リバースチャージです。

山元（税理士）　リバースチャージになると，結局，逆にその国の付加価値税がオンされるということになりますね。ただ，消費者向けのオンライン販売をした場合には，その国の消費税が乗っかって

くるという考え方になるかと思いますが，そういうことではないのかしら。

浦野（立命館大学）　イギリスの場合にどうなるかということ，書いてあったのはどうなのですか。

山元（税理士）　メイキングタックスデジタルの……。

浦野（立命館大学）　のところにあるイギリスの場合のVAT登録事業者になった場合に，なれなくて廃業を余儀なくされるケースが出てくるというようなことはないですかということを聞いたのです。

山元（税理士）　基本的に8万5,000ポンドを超えると，このメイキングタックスデジタルの申告をしなければいけなくなるという話ですが，賦課課税，これが8万5,000ポンドということなのですね。これについて，8万5,000ポンドを超えると，付加価値税申告書を送信しなければいけなくなるというお話です。

司会　以上で山元会員への質疑は終わりということにいたしたいと思います。それでは，次の松井会員の報告に対する質疑に移りたいと思います。松井会員に対しましては，石村理事長からご質問が出ています。石村理事長，よろしくお願いいたします。

石村（白鷗大学）　たぶん松井会員は，山元会員とは対をなすような報告だったと思います。所得型の付加価値税を推奨されるような湖東案というのは，私は所得型の付加価値税の1つの変形のような感じに見ていますね。日本でも，シャウ

189

プ勧告で所得型の付加価値税みたいなものが出てきた感じがします。松井会員の報告の中に，ミシガン州のシングルビジネスタックス（SBT）といって，SBTは「単一事業税」と訳しているのですが，これは所得型の付加価値税を唯一アメリカで入れた例です。何度も改正したのですが，やっぱり評判が悪くて，今から10年ぐらい前に廃止してしまいました。

ですから，現在，はっきり言って，アメリカで所得型の付加価値税を導入している州はありません。問題は，それでは今の消費型の付加価値税，つまりVATを所得型の付加価値税に直したらどうかというのですが，松井会員がご指摘されたように，付加価値そのものは計算上は変わらないのだから，所得型にしろ消費型にしろ，同じではないかということを言っていましたが，それはまさにそのとおりです。

ですから，問題は，手間を考えると，むしろ消費型の付加価値税から所得型の付加価値税に直すというのがいいかどうかということに非常に大きな問題があるわけです。むしろ，それだったらこれまで通り帳簿型，いわゆる帳簿で控除する形でやれば同じになるのだから，所得型に直す必要はないのではないかという議論もあると思うのです。

ですから，そこのところが私から見ると，インボイス方式が反対だからといって，新付加価値税とかいって所得型に直しても，直す手間を考えたら，そんなこ

とをやらないでいたほうがいいのではないかと感じています。なんとなく今の雰囲気を見ていますと，インボイス方式にしないと世界に遅れるみたいな議論があります。これは全くのフェイクです。アメリカなんかは付加価値税を入れなくても，あれだけ経済がちゃんとなっているわけですから，別に付加価値税があるかどうか，あるいはインボイス方式にしなければ世界の潮流から遅れるなんていうことはないと思うのですね。

ただ，1つだけ考えられることは，だったら思い切って，ここに書いているように，先ほどお話ししたように，むしろ小規模零細事業者については，収入の一定割合を手取りとみなして，その分に係る所得税，消費税を申告納税すればいいとして，紙とか電子とかを問わず，帳簿等の収入についてのみ作成，保存すれば足りるぐらいの対案も考えられると思います。どちらかといったら，アフリカとか発展途上国では，この方式がいいと思うので，日本も思い切って，そういう方式に零細企業については戻ってしまうというのもどうかと思います。このへんについてご質問いたします。

松井（税理士） 山元会員と私は対極をなしておるような感じなのです。石村理事長さんの話と同じく，結局，私の報告は経済的な問題を重視しています。ゆくゆく電子インボイスという話になって，やっぱり監視社会になっていくような雰囲気ですので，この面はさらに問題とし

て大きいと思っています。石村理事長さんの山元会員への指摘は当たっていると思います。私もそのように思っています。

　私への質問ですが，超簡易課税にしてもいいのではないかという話なのですが，私の報告の趣旨は，結局，今の消費型の賦課価値税が投資について即時控除してしまう。ここを問題にしておって，結局，最終消費課税という理屈でそういうことをしているのですが，最終消費課税とか，そういうのは国民経済上の目的であって，企業課税の範疇には合わないですね。企業課税の範疇では，あくまで応能負担という形ですので，企業の消費税の計算だと，機械とか設備を買ったら，即日，控除という話になると思うのですね。

石村（白鷗大学）　先生のテーマはインボイス制度なのですが。

松井（税理士）　そうです。

石村（白鷗大学）　だから，インボイス制度について議論しているのですが。

松井（税理士）　インボイス制度……。

石村（白鷗大学）　格差拡大を……。

松井（税理士）　格差拡大ということ……。

石村（白鷗大学）　格差拡大とインボイス制度というのが先生が今日発表されているテーマですよ。

松井（税理士）　消費型の付加価値制度の問題点と考えていますが……。

石村（白鷗大学）　それに対して私はご質問を申し上げているわけです。

松井（税理士）　簡易課税的なものでは，結局，各国やっているところも，所得に

対して一定率等を掛けてやっているところは，カナダとかオーストラリアとかあると思うのですが，私は，そこを改めて問題にしていなくて，結局，格差を拡大するものとして投資促進税制というものを，また，それを促進するものとしてインボイスというのが要となっていますから，その点を批判して，新しい帳簿方式の新付加価値税にしたほうがいいのではないか。だから，結局，今の消費税の書類保存方式で足りるのではないかと私は思っています。

石村（白鷗大学）　前のね。

松井（税理士）　今の現行の。

石村（白鷗大学）　今，経過期間中です。ですから，前のでしょう。経過期間中の前のやつに，帳簿方式に変えろということを言っているのでしょう。そうではないのですか。

松井（税理士）　そこまでは考えていないのですが。

石村（白鷗大学）　今は経過期間中で，2年後にはインボイス方式になりますが。

松井（税理士）　帳簿と領収証があれば，それでもういいのではないか。

石村（白鷗大学）　だから，そこへ書いたような形にして，先祖返りするのも1つではないかということを言っているのです。

松井（税理士）　私は単一税率の直接付加価値税への変更を推奨しています。先祖返りの部分を含めて，お察し願いたいと思います。

石村（白鷗大学） わかりました。ありがとうございました。では，湖東先生の追加質問をお願いします。

司会 湖東先生，ご質問をよろしくお願いします。

湖東（静岡大学） 今の石村先生との難しい話は置いて，私の質問はあまりに単純です。先生はアメリカの付加価値税の歴史からずっと研究をなさって，付加価値税，今の消費税は，企業の付加価値に課税する税金だということは一致すると思うのですね。ですから，消費税，付加価値税というのは極めて直接税的な税制であって，物に課税するきれいな間接税ではないとお考えになっていると思うのです。

それを前提にして考えますと，これは女性の団体などが計算をしている家計簿から見た逆進性ということで，所得の低いものは負担が大きくて，所得の高い人のほうが負担が小さいというようなことをいいます。松井先生も，途中でこの家計調査から，第1分類から第5分類を示して，消費税は税負担の逆進性が強いということをおっしゃっていましたね。これはどうなのでしょうか，意味があるのでしょうか。

私は，消費税の逆進性という場合は，中小企業と大企業の負担の逆進性はある。要するに，人件費の高い中小事業者ほど負担率が高くて，単一税率ですから，大企業ほど低いと思って逆進性はあると思うのですが，消費者間の税の逆進性というのは，転嫁というものが法的に決められていない限りはあまり意味がないのではないかと思うのですが，その点が第1点です。

もう1点，これはすごく簡単ですが，先生はまたこういうふうに言っておられます。インボイス制度は，家計ばかりか事業者間に格差をもたらすというご指摘をしておられます。事業者間の格差というのはよくわかります。インボイス制度によって零細事業者が課税事業者になるわけですから，そういう点では格差が新たに発生すると思うのですが，インボイス制度が家計に格差をもたらすというのは具体的にどういうことかなと。私は直接的にはインボイス制度は，家計。消費者には被害はないと思っているのですが，いかがでしょうか。2点にわたります。

松井（税理士） 消費者間の逆進性を強めるという趣旨です。先生のご質問について私はあまり意識しなくて，ずうっと消費税というものは消費者が負担するということが当然だと思ってやっているのです。消費税は取引上の弱者が負担するということになるので，場合によっては事業者につく場合もありますが，ほとんどの場合は消費者が負担すると思っています。

だから，年間収入ベース負担率をやる場合にも，消費税は消費者が負担するものとして仮定しますと書いてありますが，大企業の製品はほとんど消費者が負担する。中小企業の場合は，先生がおっしゃ

ったとおり，転嫁できない場合があります。農業とかもそうですが，結局，農協とかが入ると農協が決めてしまい，思うような値段が設定できないから，結局，消費税といっても当然価格に上乗せできないのですが，だいたいの商品は消費者が負担する。消費者については，年間収入，収入の中から払うしかないものですから，そういうふうに思っています。そういう質問は意外でかえって勉強になりました。どうもありがとうございました。

2番目のインボイス制度の導入が格差を拡大するということ……。

湖東（静岡大学） いや，家計に及ぼす……。

松井（税理士） 書き方が悪いので，消費者間の逆進性のほかにインボイス制度によって事業者間の格差が加わるということで，事業者については消費者を兼ねているから，双方相まって格差が拡大するという意味であって，格差の拡大というのは，零細事業者の没落とか，そういうのを意識していて，既存の消費税である負担の逆進性と相まって格差が拡大するという文脈でありますので，今回のインボイス制度が家計の格差を拡大するという意味は，一部事業者が家計を兼ねている部分がありますから入ってくるのですが，直接的には事業者さんの格差を拡大するということで，湖東先生のおっしゃるとおりです。

湖東（静岡大学） わかりました。家計ばかりかという表現があったので。

松井（税理士） 書き方がちょっとまずかったです。申し訳ありません。

湖東（静岡大学） なかなかないのですよね。そう思います。いいと思います。また後で。

松井（税理士） 湖東先生は消費税の圧倒的第一人者なので，畏れ多いです。指摘していただいて，ありがとうございます。

司会 だいたいお時間が参ったようなので次に道下会員への質疑に移りたいと思います。道下会員に対しましては，まず，神奈川大学の藤間会員より質問が出ています。藤間会員，よろしくお願いいたします。

藤間（神奈川大学） 特に補足すべき点はありません。途中から読みます。ノンコンプライアンスというと，故意に違法な受給を受ける場合が想起されるように思いますが，道下会員の報告は，むしろ過失による場合が主たる検討対象だったように感じます。この点，両者は同じような方策で改善は可能なのでしょうか，または分けて対策を行うべきものでしょうか。よろしくお願いいたします。

道下（青山学院大学） こちらなのですが，1つの傾向があると思っています。納税者単体の申告の場合は，過失が多い。意図的なものというよりは，法解釈の誤り，条文の適用の誤りなどの過失が多いということはいえると思います。かたや申告代理業者の申告の場合は故意のほうが多く，不正行為のほうが多い，もしくはデ

ューディリジェンス，税務監査の不備の違反が多いかと思います。

そうすると，今回，主に細かい裁判例を見たところは，過失のほうが確かに結果として多かったのですが，問題となるのは，その次に述べた2つの大きい論点で，ともに不正，最終的には納税者に不合理な結果となってしまった事例ということで，不当な，つまり不正の場合のほうが問題視されているといったところかと思います。

ただ，ご質問のように，過失に関してだけ考えてみると，まずはわかりやすい立法をするべきであるということ及びキャンペーンや啓蒙活動といった年に1回や年に2回，例えばEITCであれば，それについてのどこかの教育をするというのは非常に対策としては必要なのではないかと思います。現段階でも，IRSを監察するNTA，TIGTAも，IRSにより多く啓蒙活動をするように促している形をとっているかと思います。

もう一方の故意に関しては，こちらは罰則の関係もあると思うのですが，ここはどうしても不合理である納税者がいるという背景がありますので，こちらはキャンペーンも含めた教育が重要になるかと思います。これは代行者に対しての教育，これはいろいろとIRSもいろんな背景，例えばレジュメには書いて，こちらの報告ははしょったのですが，いろいろと申告代理業者に対してIRSも教育しようといったところから，その促し方が

結果として裁判になって違憲となってしまって，また別の代理の方法が取られているというような状況なのですが，こちらとしても，同じように代行者への教育というのが非常に重要になってくると思います。

そこで，提案としてお伝えしたのは，やはりある一定の特定した税務代行者を納税者が利用することを促進するべきだといった提案です。つまり，IRSのプログラムに登録しない作成者からの申告書は，監査リスクが高くなることを公表することができるようにすれば，納税者が自主的にデューディリジェンス義務をきちんと把握している代行者を利用する等も可能であろうといったことがありますので，こちらを推奨していくのは大切になろうかと思います。

もう一方で，IRSの従業員に対しての法律トレーニング，もしものことに備えてということであるのですが，こちらも必要ではないかということをNTAなどが述べているところです。不正受給については，これは辛抱強く，どういう面から防いでいくべきか，もしくは改善していくべきかということで，もうイタチごっこみたいになっているのですが，今後はどちらかというと抑えるのではなくて，キャンペーンをすることによって適正な申告者がちゃんと使えるように，要はわかりやすく理解できるようにすることが必要だと思います。IRSの対応が申告時でも申告後も，納税者に対してなかなか

厳しい，ちょっと理解できないようなレターを送ったりしているという批判があるとのことですので，こちらは余計に，私は改善の対応が必要なのではないかと思っています。これで回答になっていますでしょうか。

藤間（神奈川大学） ありがとうございました。勉強になりました。

司会 それでは続きまして，石村理事長よりご質問が出ています。よろしくお願いします。

石村（白鷗大学） 自分も勉強しているところなので，いろいろと気になっています。1つだけ，題目に EITC とか，NTA とか，outreach とか，やたらと英語が出てくるのですね。私も海外の大学におりましたので，英語を使うのが大好きです。ただ人によっては非常に嫌な感じを受けるかも知れません。若い人も，私も含めてフレンドリーな日本語表記をしてほしいと思います。そうすると，実務家の方で，今日初めてこの話を聞く方もよくわかります。私が常に注意していることでもあります。しかし，それでもいろいろとクレイムが出ます。税理士会などで話をして，リアル，デジタルといった言葉を使っていました。そうしたら，「リアルって何なんだ，先生，ちゃんと現実の目に見える空間とか，正しい日本語を使って下さい」と注意を受けました。道下会員の報告タイトルを見ると，EITC のノンコンプライアンスと出てきます。ほとんど始めから拒否反応を示す人もい

ると思います。そのへんは本学会の方針としてご協力をいただきたいと思います。

以前，関信会，関東信越税理士会の新任税理士の研修会のときに，政府税調の中里会長が講演されたときに，関信会ですから私がいた大学の地域なのですが，石村という人物がいて，彼と私とは余り意見が合わないのですが，唯一合うところは EITC に彼は積極的に賛成していないところだといわれたとか？ 中村理事から聞きました。確かに私も必ずしも EITC 導入については賛成していないのです。

なぜ賛成していないかは，EITC，日本語では勤労所得税額控除といいますが，要するに，市民主導の非常に包括的な税務援助の仕組みがないと，うまく機能しないからです。道下会員は，「コンプライアンス」という言葉を使っていますが，日本語では「法令遵守」または「受忍義務」ですが，果たすのが至難なのです。そうしますと，日本の税理士法は政府規制の塊のような造りです。税理士業務は，無償独占で，非税理士は何もやっちゃいけないというような仕組みです。勤労所得税額控除（EITC）を導入して，税理士が大量の働いても貧しい人たちの税務援助ができるといってもほとんど不可能なのです。

しかも，勤労所得税額控除というのは，全員確定申告の仕組みの中で展開されます。日本のように年末調整中心でやってきた国で，EITC の導入を積極的に考え

るべきかどうかというと，費用対効果とか，それから人権保護，特に税務調査はすごいですから，普通の人でもどんどん税務調査の対象になりますから，私は日本に向かないと考えているのです。

ですから，政策的には，どちらかというと，ベーシックインカムのような単純な制度がベターだと思うのです。ベーシックインカムでも公正さを期すとすると，最後に申告で調整をしなければいけません。今回の 10 万円のコロナ禍給付金のように，最後に金持ちも貧乏人も同一で，あとは申告で調整をしないというのは，アメリカでは支持が得られません。日本でそうやってしまうのはなぜかというと，いわゆる年末調整制度とかが崩れてしまうからです。

だから，現実的に考えられて，果たして日本に EITC が妥当なのかどうなのか考える必要があります。私はどちらかというとノーという考え方なのです。そのへんについて，特にアメリカの場合は市民が助け合って税務援助をします。納税申告は市民共有の仕組みなのです。日本のように非税理士を排除する税理士制度の中で，果たして EITC が機能するかは疑問です。そして，市民が主体となって税務援助ができる仕組みをつくり，そこに EITC を入れていくことが可能だと考えられているのかどうなのか，そこのところを教えていただければと思います。

道下（青山学院大学） まずご指摘の点，片仮名が多いという点はご指摘ありがと

うございます。気をつけていたものの，今までどおりに書いていたところがありましたので，今後，この点は努力して気をつけたいと思っています。

先生のご指摘なのですが，日本では税務援助という点で至難ではないか，消極的に考えるべきではないかという点なのですが，アメリカはそもそもさまざまな人種がいて，移民や滞在者もいるところで，言語の問題もそうなのですが……。

石村（白鷗大学） 日本もそうなのですがね。

道下（青山学院大学） はい。だと思いますが，日本よりは，そういった点が大きいということは認識しています。だから，日本がそうではないかというわけではないのですが，日本語メインでやれているというところがあるかと思います。ただ，こちらの税務支援がどうなのかというところなのですが，確定申告時は税理士会の税理士支部によって無料の相談会が毎年毎年行われていまして，そちらのほうも……。

石村（白鷗大学） それは知っているのですが，交流事業とかほとんどやっていないでしょう。

道下（青山学院大学） いえ，しているとは思っています。課税実務を見ていると，結構皆さん相談しに来ているというところはあると思います。前はあったのですが（今はなくなりましたが），税務署への電話での問い合わせ，ファックスでの問い合わせも常に可能でありました。

石村（白鷗大学）　それだけでは EITC の実施は無理でしょう。

道下（青山学院大学）　それだけではそうだとは思うのですが。

石村（白鷗大学）　日本の場合は申告前支援が中心です。一方，アメリカは申告前支援を加え，申告中，申告後支援を含む仕組みです。こうした包括的な税務支援（税務援助）のないまま EITC 導入をするのは僕は反対だということを言っているのです。

道下（青山学院大学）　そうですね。逆に給与所得の場合は年末調整で終わってしまっていったところがあるのですが，医療費控除などの点に関しましては，還付申告も多く行われていますので，制度自体で考えると絶対できないということはなく，現段階での執行上の問題については，不可能ではないのではないかと考えてはいます。

　そうすると，還付申告ということで，EITC に倣っているわけではないのですが，金額が大きいですから，やはり還付申告をしようという給与所得者も自営業者もそうなのですが，いるのではないかということで，改めて確定申告をするということも出てくると私は今段階では考えています。なので，不可能ではないと考えられるということをまずはお伝えしたいと思っています。

　そして，先生がベーシックインカムのような単純な制度がベターだと思う，とのご意見，それはおっしゃるとおりかと

思います。費用の観点や，IRS の通信調査は，相当厳しくて納税者が困っているといったことが問題になっているというのは認識しています。それを日本でどう考えるかということなのですが，導入されたとしたら，日本の課税庁がどこまで調査をしていくのかというのはまだよめないところではあるとは思います。

　そうすると，EITC に関しては，先ほど NTA の組織が提案していたように，勤労者だけに特化した給付付き税額控除と子ども給付の給付に分けてやるとどうかという提案もありますので，そこも含めて参考になるところではないかと私は思っています。

　そして，民主党時代の子供手当に変えたところの経験で，結局，所得制限がついてしまって，なかなか万人が子供手当を使えることではなくなっています。加えて，年少の扶養控除もなくなっています。ここも問題視いたしますと，ベーシックインカムの子供の手当を併存して考えるのはもちろん大切かと思っていますが，一方で，勤労だけに捉われずにさまざまな政策がありますから，これを踏まえて還付付きの税額控除もあってもいいのではないかというのが現段階での私の理解です。

司会　石村理事長，よろしいでしょうか。

石村（白鷗大学）　ともかく，日本のサラリーマンが年末調整で植物人間化しているところに，勤労所得税額控除を入れるとなると，先ほど報告されたアメリカ

のように争訟だらけになります。それから税務調査の洪水になります。わが国のような貧弱な税務援助体制がネックになります。私の近隣を見渡しても，ギグワーカーばかりか，おじいさん，おばあさんが，年金とわずかばかりの副業所得の確定申告で四苦八苦しています。こういう実情をみていて，安易に全員確定申告にできないと感じているから言ったのです。道下会員のように若い人たちがいいのだと言うのであれば，それも1つの案だと思いますが。

道下（青山学院大学） 雑多な意見で申し訳ありません。

司会 それでは，続きまして，八代会員から道下会員に対しましてご質問があります。八代会員，よろしくお願いします。

八代（税理士） 私の質問は非常に素朴な質問で，私の理解を深める上で質問させていただきます。そこに書いてあるように，アメリカのEITC制度は，今，石村先生もお話しされたので，だいたい理解が深まったのですが，これはあえてもう1回同じような質問ですが，電子申請，いわゆる電子申告だけなのでしょうかということなのです。アメリカの場合はEファイルとかという電子申告制度になっていると思うのですが，いわゆる紙媒体での申請というのが認められているのかどうか。電子申請の場合，例えばパソコンの操作に不慣れな方の場合に，どのようなサポート，石村先生が今おっしゃっていた税務援助というような形になると

思うのですが，どのようなものがあるのかということの質問です。

質問した趣旨は，何年か前に，先生はご覧になっているかどうかわからないのですが，イギリス・フランスの映画で「わたしは，ダニエル・ブレイク」というのが放映されて，イギリスの給付というのでしょうか，ダニエル・ブレイクという大工さんがけがで働けなくなって役所に給付の申請をしたら，パソコン操作でやってくださいと言われて，大工さんなのでパソコンを使ったことがないのですね。マウスを操作してくださいと言ったときに，そのままダニエル・ブレイクが手を挙げて，マウスをこうやってやったのですね。平面でやるのではなくて，こうやってやったというシーンに私は衝撃を受けたのです。

そういうことがあって，いわゆる情報格差というのでしょうか，それに対するサポートがアメリカでどのようになされているのかということを質問させていただいて，その質問する背景は，コロナの中で持続化給付金とか，それから家賃支援給付金とか月次支援金とか支給支援金の制度があったわけですが，それを私どもで，税理士なのですが，お手伝いしたというようなことがあって，年配の方は電子申請というのが非常に不慣れなのですね。そういう中で，アメリカのEITC制度というのがなじむのかどうか，私も不安はあります。

ところが，民主党政権が2009年にで

きたときに，所得控除から手当へということで，このときに給付付き税額控除が盛んに議論になっていますし，イギリスの場合はユニバーサルクレジットというような形で導入がされていますが，そういう世界的な動向があるということが背景にあると思うのです。質問の趣旨はそういうことなので，先生に回答していただきたいのは，ここに書いてある中身だけの話です。

道下（青山学院大学） まずはアメリカに関しての申請なのですが，こちらはそもそも文書申告書，電子申告書ともに認められています。ただし，今の時代の流れから，急速に文書申告書のほうが縮小されていまして，電子申告を推奨しているということが現状です。IRS に提出するキャンパスの場所も，2012 年からは文書申告の処理作業は 3 つの州に集約されてしまっている状況で，電子申告は，2015 年度の申告期では先進国は 86％，来年ぐらいは推測としては 91％になるのではないでしょうか。こちらは石村先生のご本に書いてあるのですが，なるほどなと思いながら　いつもこれを読んで勉強している次第ですが，とりあえずともに認められているというところです。

そして，電子申告の場合，さっき先生がおっしゃったご高齢の方などは，パソコンを使うのが大変だ，どうなのだということなのですが，まずアメリカでは，ボランティアの税務支援のプログラムがありまして，EITC は特にですが，一般

的に個人所得税では VITA というプログラムがメインで皆さん無料で利用している。そのときに申告書を作成するための手続や支援はどうなのだということで 3 つあります。一つは伝統的な方式で対面で，そこのキャンパスの会場に行って聞いて，そこで助けを受けて作り，その会場から IRS に電子申告をすることも可能です。

そして，次にバーチャル方式といって，こちらは 2 つの場所を確保して，1 つ目の場所で郵便とかファックスで自分の情報を送って，2 つ目の場所で VITA のプログラムの方々がそれを受けて，その方が作成して電子申告をするといったパターンです。

そして 3 つ目が自書作成申告支援方式ということで，こちらは納税者自らが申告書のファイルを選んで使って作成して，かつ電子申告できるように支援するという方法がとられています。VITA は申告期の限定された税制のプログラムで，一方特に低所得者の方には LITC という低所得納税者クリニックがありまして，申告後の恒久的な支援があります。LITC は，その申告後の IRS からの問い合わせの対応とか，税務調査の対応とか税務訴訟の対応，通訳に関しての助言，支援をしています。これをもっと有効活用するべきで，LITC の正義をより押し出すべきだと主張する最近の 2019 年度の文献もあり，私も大変勉強になっているのですが，そのようにアメリカではなってい

ます。

　では，日本ではどうなのかと考えると，先ほど申したように，税理士会での支部で会場を借りて，例えば新宿であれば西新宿のアイランドタワーとかあるのですが，そういったところで，そのときに税理士会等からボランティアで税理士が待機していて，何人も相談を毎年しているわけですので，そこに持っていって対面で作るか計算するか，パソコンを持っていくかといった形も考えられ得るのかなと私などは思っています。

　最後に，イギリスの映画を見たことはないのですが，すぐにチェックいたしました。マウスが空中に浮いているというのは知らなかったのです。私も痛感しているのですが，低所得の方々が相当辛い思いをしているという認識をとても強く持っており，EITC に反映して研究していますが，あくまでも納税者の権利を支援してやっていくべきだという根本的な気持ちはありますので，今後もそのような研究をしていきたいと心から願っておる次第です。

司会　以上で道下会員への質疑を終わります。それでは，最後の報告者である篠田会員のご報告に対する質問です。鶴田会員からご質問が出ています。鶴田会員，ご質問をよろしくお願いいたします。

鶴田（関西大学）　そこに一応書かせていただきましたが，今回，篠田さんの報告は非常に丁寧なご報告で，アメリカの税制改革と OECD を中心に進められているデジタル課税改革の関連を極めてクリアに分析されたということで，両者に非常に密接な関わりがあるということが非常によくわかりました。私が分析していたのは 19 年の段階で，20 年の夏頃ぐらいまでの状況だったのですが，それ以後の状況を含めて非常に正確な分析をしていただきまして大変参考になりました。

　それで質問というか，私自身が現在の状況について多少懸念を持っているということと関わっているのですが，最後のところで国際課税が大きな転換点を迎えていることは確かだが，その論理に一貫性があるとは言いがたいと結論をされているわけですが，私もそのとおりだと認識しています。その点では，論理の一貫性を欠くわけですから，では，一貫性をどのようにすれば改革として望ましい方向に行くのか，そのあたりについてどう考えているかということが 1 つの質問です。

　それから，その点では私自身は全体として，先ほど定式配分と定式配分法は違うというのはそのとおりなのですが，私は，アメリカでもアビオナさんとかキンバリー・クラウジングだとか，有力な税法学者が定式配分法に転換すべきだという議論を非常に積極的に展開されているわけです。要するに，今回のピラー 1 の Amount A というのは，先ほどの図の中で税引前利益 700 のうちわずか 125 しか配分されないという計算が出されているわけですが，非常に小さいのですね。

ささやかになったところをさらにまたそれぞれ残余利益が500になって，そしてAmount Aが125ということで，それをさらに各国の，今のところ一応売上高となっていますが，将来的にまだここがはっきりしていないところがあって，ひょっとするとMarketing intangibleというマーケティング無形資産の要素を入れてくるとなると，これはアメリカにさらに有利になるのではないかという感じがして，結局，そういう意味でAmount Aの配分についても少なすぎるし，これが最終的にはひょっとするとアメリカに税収が大きく傾いてくるという結論になるのではないかと考えているわけです。

そういう意味では，私は税引前利益全体について定式配分法を適用して，各国の売上高なり，あるいは雇用なり，その指標をどうとるかというのがありますが，日本の法人事業税の分割のような議論がまた出てくるわけですが，そのあたりで全体を定式配分で分けるということが一番すっきりするので，要するに，移転価格税制のような複雑怪奇でほとんど迷路に次ぐ迷路のような論理で，OECDでも実際上それが不可能になりつつあるという認識に立っているのではないかと思うのですが，そのあたりから見ると，やはりもう定式配分法に移行するというのが一番すっきりしている。

これはRICTという国際法人課税独立委員会というスティグリッツとかピケティとかが主導している国際的なNGOが

ありますが，そこでもやはり批判をしていて，定式配分法に移行すべきだという議論をしているわけですね。ですから，そのあたりをどう考えるのかということなのです。

もう1つ，ピラー2のほうで所得合算ルールが，結局，過少課税になった場合に親事業体に上乗せ税をつくるとなるのですが，親事業体というのが実際上はアメリカ企業ということになりかねないので，そうなると，税収配分ではAmount Aよりも遥かに大きなピラー2の配分部分がまたアメリカに帰属していくということで，アメリカが今回主導して，こういう形で妥協的な合意にこぎつけつつあるわけですが，結局，それはアメリカファーストのような税制になってしまっているのではないかという危惧もあって，そのあたりも，妥協の産物ですからやむを得ないといえばやむを得ないのですが，これでいいのかどうか，そのあたりを含めてコメントをいただければということです。

篠田（立命館大学） まず，アメリカに配慮した形になっているということは，もう否めないかなと思います。先ほど谷口先生がおっしゃったように，合意を優先させるという中での妥協かなと思います。

ただ，当初，欧州諸国が主張していたデジタルか，デジタルでないかというような議論，イギリス提案のユーザー参加のような議論ではなくて，そういうデジ

タル，非デジタルの切り分けを排したということについては，（アメリカの意図は当然デジタル狙い撃ちを避けたいというのはあるにしても，）やはり多国籍企業自体が製造業であれ，小売業であれ，無形資産中心のビジネスになってきているというのは現実だと思うので，このあたりは現実に合致した方向性ではないかと私自身は思っています。デジタル課税という名称は，そもそももう必要ないというようなレベルになっています。

ただ，全ての所得について，定式配分でやるのかどうかということになってくると，これは非常に難しいところなのですが，例えば利潤全体に定式配分を適用するということになると，アメリカの州の法人税のように，やはり売上ベースということになっていくのかなと思います。資産や賃金というのを配分基準に入れていくと，低税率国に資産や雇用を移すということであるとか，税率の高い国から資産や賃金を移すインセンティブにどうしてもなってしまうので，売上ベースに収れんしていくのではないかと思います。

そうすると，売上がある国になんで法人所得が配分されるのかということについての説明が今の時点ではできないのではないかというのをちょっと危惧しています。仕向地主義に向かうというところで，デベローなんかがDBCFTという仕向地ベースのキャッシュフロー法人税を提案する際には，結局のところ，仕向地以外で課税をするということが困難になってきているというところに帰着します。

要するに，稼働性が低い，顧客の所在地でしか課税できないのではないかという議論の仕方になっていますし，彼らが所得に基づく残余利益配分（RPAI）とかいう提案もしていますが，これも結局，配分困難ゆえに市場国に配分するというような論理構成になっていまして，果たしてそれは法人の所得を配分するのに十分な根拠なのかどうかがあまり明確ではないのではないかというのがありまして，それで売上ベースの定式配分についても少し留保させていただいているところです。

では，それをどういうふうに論拠づけるのかというところで，Amount Aに関して言うと，それなりの合理性が今のところあるのかなとは思っています。これは，やはり残余利益の一部は市場国で創造された無形資産に関連する所得である。そこに，その無形資産投資に対するリターンに市場国側が課税するという意味では，相当苦しいですが，まだなんとなくBEPS以来の価値創造の議論をわずかながら引き継いでいるのかなという印象を持っています。

ただ，現在，世界の売上高2,000億ユーロ以上という非常に高い基準で対象企業を絞っている。これは100社程度というお話もありましたが，かなりアメリカの意向であろうと思います。なので，ここについては，やはり対象企業を増やしていく必要はあるかなと思っています。

なので，この基準を下げていく。ここにも今表示していただいている，7年目のレビューを経て100億ユーロに引き下げられる予定と一応声明には書かれているのですが，方向性としてはやはり引き下げていくということが1つの方向かなと思っています。対象企業の点ではそうです。

あと，よくわからないのが，売上高利益率でなぜ残余利益と通常利益を分けるのかというところで，しかも，なぜ10%なのかということについてもかなり疑問は持っています。資料の中でサリバンの数字をグラフ化したものを載せたのですが，Amazon.com は売上高利益率が非常に低いので，今回の Amount A ではほとんど影響を受けないです。Amazon のようなまさにビジネスモデルが市場国に利益を配分しないというのは，制度の目的からいってどうなのかなという気もしていまして，このあたりについてはまだまだ改善の余地があるのではないかと思っています。

この間の改革で明らかになったのは，高度にデジタル化した多国籍企業に対し，何かしら無形資産関連の所得を捉えようとすると，結局，移転価格ではなくて，定式に頼らざるを得ないのではないかということだと思います。残余利益，無形資産からの利益というような考え方をするにしても，定式に頼らざるを得ないとはいえ，これをどうやって説明可能な課税権としてふさわしい形にしていく

のかというのが私自身の関心ではあります。

鶴田（関西大学）　いろいろ議論したいところは残るのですが，非常に参考になりました。ただ，私は，法人税の課税根拠というのは国内の場合でもはっきりしていないというか，課税根拠についてはもう依然として，いわば定説がないような状況で，しかも今のグローバル時代で，やはり法人課税のあり方というのはもうグローバル PACS の考え方を入れてこないと事実上解決できないのではないか。そういう意味でいくと，例えば日本国内で法人税の地方の事業税を課税分割しているように，世界政府ができれば実際上，法人課税として分割するということを売上税なり雇用なり，そのあたりがまた議論は分かれるとこですが，あり得るのではないか。

つまり，今はそういう意味で過渡期にあるので，従来型の考え方だけではいけないのではないかという印象を持っているものですから，それで余計に今の改革がどうも中途半端で，逆に下手をするとまた元に戻りかねないというおそれもあって，ですから，将来の展望をどういうふうに描きながら現状を評価するかというあたりがいるのではないかということで，こういう質問をさせてもらったのですが，結構です。

司会　続きまして，最後の質問になりますが，石村理事長から，篠田会員へのご質問があります。石村理事長，よろしく

お願いいたします。

石村（白鷗大学） 篠田会員，本当にまとまった報告でありがとうございました。法律系の人はごちゃごちゃで，財政学の会員が発表するとすっと流れるようにわかるので，これは何とかしなければいけないなと深く反省しています。

　私の質問は，これまでも国際デジタル課税とかデジタル課税についていろいろ議論されてきたのですが，最近は，どちらかというと課税，歳入の面での課題に傾斜する形で議論が集中していまして，以前は財源をどう使うか，使途，歳出についてどうするかと。もちろん，片務的な対応をやめて，できるだけグローバルに考えていこうという傾向があると思うのです。しかし，使途，歳出の面での環境目的に使うとか，他国間での議論が弱いと思うのですね。使途，歳出については，やはり国家主権に関わる事項で，多数国間議論にはあまりなじまないというか，あるいは使い道については片務的に考えるべきであるということなのか，そのへんについて，私は財政学専門ではないのですが，ご教示いただければと思います。

篠田（立命館大学） おそらくデジタルサービス税のような一国レベルのデジタル税であれば，これは当然支出や歳出をセットでどの国も提案し，国内で合意を得ていっていると思うのですが，今回のOECD，G20の議論というのは，あくまで国家間での課税権の配分ルールとグロ

ーバルミニマム課税という議論であるので，無形資産が中心となった社会，デジタル化した経済への課税のルールの見直しということですので，あくまで課されている税金自体は法人税，税収はあくまで法人税収で，各国の一般財源ということになろうかと思いますので，この税収の使途については国民が決めるべきだということは，これまでの法人税と変わらないと思います。また，これによって増収になる国と減収になる国というのが出てくると思いますので，デジタルサービス税を追加で課すという場合とは違って，使途の議論というのはなかなか難しいのかなと思います。

　グローバルタックスみたいな議論になって，EU共同税みたいな議論とかになってくれば，これは国際公共財としての話というのが出てくると思うのですが，そういう次元では今回の改革はないのかなと思っています。

石村（白鷗大学） 例えばフランスが入れた，どこが入れたと。そうすると，国際的なルールができるとフランスはやめるとか，そういう議論をしているのですが，そのほかに個別に例えば環境目的とか脱炭素とか，そういう目的で個別にまたこういうデジタル課税のようなものを入れていくということは，このルールの下でも可能なのですか。

篠田（立命館大学） 今回の合意の中身には，先ほどもご紹介したように，こういう個別的なデジタル課税は廃止すると

書いてあるのですが，意外と難しいのではないのかなと私は思っていまして，既にある税を廃止するというのはなかなか難しいので，そのあたりは形を変えて残っていく部分もやはり出てくるのではないかと思ってはいます。

石村（白鴎大学）　この学会でも，以前は国際デジタル課税とかが問題になる前は，特定の目的でのいわゆる環境目的とか地球環境目的とか，そういう個別のものを入れるべきだという議論を，財政学の人たちはしていたような気がします。最近，すっとみんな国際デジタル課税に行って，全くその議論をしないものですから，私から見ると，はしごを外されたのではないかなという感じを受けているのですよ。だから，そのへんはどうなのですか，学会の動きとしてもそういう状況なのですか。

篠田（立命館大学）　どうでしょうか。この学会での議論の経緯というのをあまり存じ上げないのでご教示いただけますでしょうか。

石村（白鴎大学）　ですから，要するに，地球環境目的でいろいろなものを個別に課税すればどうだという議論を盛んに私は聞いていたのです。ところが，最近は，みんな財政学の会員は国際デジタル課税，国際デジタル課税と，前に議論したのはどこへ行ったのだという感じを受けて，これは前の理事長に聞いたほうがいいかもしれませんが。

篠田（立命館大学）　環境税とか政策課

税としての税というのは，もちろんあると思います。

石村（白鴎大学）　タックスペナルティとして，要するに，いわゆる負荷を与えるものに対して課税するとかという議論がありましたでしょう。けれども，最近は，そういう環境改善なんかにもデジタル税なんかの税収を使ったらどうかという議論に変わっています。ですから，私ども法律をやっている人間としては，法律というのは技術屋ですから，財政学者が適当に好きなようにつくったものを一生懸命法律で理論づけているので，そのへんはどうなのでしょうか。

篠田（立命館大学）　今回，個別のデジタル税というのは，同じような課税対象に各国が好き勝手にかけるというのを牽制したいということになります。

石村（白鴎大学）　ダブルになるのをやめるということですよね。ダブルというか，過重になるのをね。

篠田（立命館大学）　そうですね。なので，それは特にアメリカが嫌がったことでもあると思います。ただ，環境目的で新しい税をつくるとか，そういうものに国民の了承が得られれば，もちろん，それは積極的にやっていくべきことであろうし，今回の議論とは別に依然としてそういう議論はあるかと思います。今回，デジタルを財源にというのは，目的税としてもちょっと理屈づけが難しいかなと思います。

石村（白鴎大学）　なるほど。そうすると，

一般財源として徴収して，それをそれぞれの国が独自に使途を定めて使うという形ですか。

篠田（立命館大学）　そうですね。

司会　それでは，以上で質問事項が全て終わりということになりました。長時間にわたりましたが，最後に閉会のご挨拶ということで石村理事長，お願いできますでしょうか。

石村（白鷗大学）　今回は本当に多角的で，コロナ禍のほうが逆にみんな勉強しているのか，いろんな議論ができまして，感心しております。

　この学会は結論を出すとか，特定の政策を支持するとか，そういうことではないので，いろんな議論があっていいと思います。ですから，特に今回も消費税の問題では対極的な意見もありました。また，国際例えばデジタル課税についても，これは何かすごくみんなで固まっているような感じを受けました。しかし，いろんな議論がありました。

　長い間，今日はいろんな形でいろんな議論ができまして，ありがとうございました。今後とも，この学会が日本一の租税関係の学会になれるように尽力していきたいと思います。ありがとうございました。

司会　以上，皆様方のご協力をもちましてシンポジウムの討論を無事終えることができました。最後に，改めてご報告いただいた会員に御礼を申し上げたいと思います。どうもありがとうございました。

Ⅱ　一般報告

課税所得計算調整制度の日米比較

倉 見 智 亮

（同志社大学法学部教授）

I　はじめに

　過年度に所得課税の対象となった収入又は現年度において所得として計上されるべき収入が返還されるに至った場合，課税所得計算の調整（遡及的調整又は現年度調整[1]）が必要となる。本稿の目的は，課税所得計算調整制度の日米比較を通じて，日本法の特徴及び問題点を明らかにし，制度改革の方向性を提示することにある。とりわけ，本稿においては，後述するように近時の最高裁判例が判断の中核的論拠とした期間計算主義を分析の基軸に据えて，人為的に区切られた課税年度ごとに課税所得計算を行うことを要請する期間計算主義（所税 36 条 1 項，法税 5 条，税通 15 条 2 項）が課税所得計算調整制度にいかなる影響を与えており，また与えるべきかについて検討する[2]。

II　日本法の考察

1　国税通則法上の課税所得計算の調整方法

　国税の全税目に共通する課税所得計算の調整手続として，更正の請求（税通 23 条）がある。更正の請求は，納税者から課税当局に対して過年度に確定された納付税額を減額する更正処分を行うよう促す請求であり，課税当局による減額更正処分を通じて遡及的調整を実現するための手続として位置づけられている。

　更正の請求は，過年度の課税所得計算が「法律の規定に従っていなかったこと」（以下「実体的違法」という）又は「計算に誤りがあったこと」（以下「計算誤り」という）を理由に納付すべき税額が過大である場合に，原則として法定申

告期限から5年以内に限り認められる（税通23条1項）。ただし，一定の後発的理由により納付すべき税額が過大となった場合，法定申告期限から5年以内ではなく，後発的理由の発生日の翌日から2か月以内に限り，更正の請求が認められる（税通23条2項）。

このように遡及的調整のための要件を限定することで課税年度を跨いだ調整を制約しているのは，期間計算主義が制度上採用されているからではなく，更正の請求を無制限に認めれば政府の財政が不安定になり，税務行政の確実性が保証されない，との懸念に基づくものである。また，後発的理由に基づく更正の請求は，更正の請求期間内に請求できなかったことについて正当な理由があると認められる場合に納税者の立場を保護する趣旨による「期限の特例」として，要件を厳格化している。

なお，租税実体法と租税手続法との相互関係につき，国税通則法4条は，「この法律に規定する事項で他の国税に関する法律に別段の定めがあるものは，その定めるところによる」旨規定する。当該規定によれば，更正の請求に基づく遡及的調整と異なる調整方法について定める別段の定めが所得税法又は法人税法に存在する場合，別段の定めに基づく調整方法が優先されることになる。そこで以下においては，所得税法及び法人税法における課税所得計算調整規定について概観する。

2 所得税法上の課税所得計算の調整方法

所得税法においては，調整の対象となっている所得の種類によって，遡及的調整と現年度調整の使分けがなされている。一方で，事業非関連所得については，遡及的調整が要求されている。すなわち，退職手当の返納など事業外収入を返還した場合，各種所得の金額の合計額のうち返還額に対応する部分の金額がなかったものとみなされる（所税64条1項）。同規定はもともと，事業非関連所得が継続的に発生しないために現年度調整では救済を図れないことを考慮した事業外の貸倒損失に係る取扱いを拡大したものである。この規定により返還額対応部分がなかったものとみなされる結果，更正の請求事由（税通23条1項）が生じることで，更正の請求が認められる（所税152条）。さらに，過年度

の法律行為の無効又は取消しに基因して経済的成果が失われた場合，所得の遡及的消滅により更正の請求事由（税通23条1項1号）が生じることで，更正の請求が認められる（所税152条，所税令274条）。

他方で，事業関連所得については，例外的な場面を除き，現年度調整が要求されている。すなわち，法律行為の無効又は取消しに基因して経済的成果が喪失された場合，それにより生じた損失を発生年度の必要経費に算入することが求められている（所税51条2項，所税令141条3号）。同様に，解除権の行使や合意解除による契約の解除に基因する経済的成果の喪失により生じた損失についても，販売した商品の返戻又は値引き（これらに類する行為を含む）に基因する収入金額の減少により生じた損失（所税令141条1号）として，損失発生年度の必要経費に算入されることになるものと解されている[7]。これらの現年度調整は，昭和37年度税制改正において法人所得課税との差異を解消し，かつ財産増加説的所得概念の徹底を図る観点[8]から事業上の資産損失を必要経費に含めたことと平仄を合わせるために昭和40年度税制改正において整備された取扱いであり[9]，期間計算主義が制度上採用されていることを根拠とした取扱いではない。

上記のような二分法による調整枠組みを初めて提示し，その後の制度設計の基礎となった昭和36年7月の税制調査会答申は，遡及的調整を原則的な調整方法と位置づけた上で，収入の喪失が収入稼得年度内あるいは同年度に係る法定申告期限前に生じた場合には収入の不発生を前提とした申告又は訂正申告[10]を行う一方で，申告期限後に生じた場合には更正の請求によるべきことを説いている[11]。これに対して，同答申は，事業所得者や法人については，例えば売買の取消しがあればその年度の売上勘定を借記することで益金を減少させることになるから税務計算において特に調整を加える必要がなく，さらに確定した過年度の決算を修正する必要がないだけに納税者と税務官庁の双方にとって望ましい処理であるとして，例外的に現年度調整によるべきことを説いている[12]。

以上によれば，所得税法においては，期間計算主義が課税所得計算の調整方法を左右する要素とはされておらず，救済可否を左右する所得発生の経常性や，会計慣行，税務執行上の便宜などが制度設計における考慮要素とされているこ[13]

とが窺われる。

3 法人税法上の課税所得計算の調整方法

　法人税法に設けられていた更正の請求に関する規定が昭和37年に制定された国税通則法に移され，さらに更正の請求要件がそのまま引き継がれたという規定の変遷[14]にもかかわらず，法人税法においては，更正の請求を通じた遡及的調整ではなく，損失控除（法税22条3項3号）を通じた現年度調整によるべきであると解されてきた。このような調整方法によるべき論拠が課税当局側から初めて明示されたのが，法人税基本通達の昭和55年5月改正においてである。

　同改正により新設された法人税基本通達2-2-16は，契約の解除若しくは取消し又は商品の値引き若しくは返戻がなされた場合，収益を遡及的に調整するのではなく，各事実の発生年度に損失控除をすべき旨定めている。その論拠に関して，同通達の立案担当者は，法人税法において継続企業の原則に基づく期間損益計算が要求されており，このような計算原理（期間計算主義）が個別法たる法人税法において採用されているがために更正の請求を通じた遡及的調整が排除される[15]，との解釈を展開している。同通達の標題に「前期損益修正」と付されていたことから推察するに，一般に公正妥当と認められる会計処理の基準に従って課税所得計算を行うべきことを要請する企業会計準拠主義（法税22条4項）も現年度調整の論拠として想定されていたことが窺われる。

　その後，現年度調整によっては納税者の法的救済が不完全となる事例が現れた。このような局面における遡及的調整を通じた救済可能性を巡り，下級審の判断が分かれていたところ[16]，最高裁判所の判断が近時示された。すなわち，クラヴィス事件最高裁判決は[17]，前期損益修正が公正処理基準（法税22条4項）に該当する論拠として期間計算主義（法税21条，税通15条2項3号）を挙げた上で，年度を跨ぐ調整を認める特別の規定が存在する中で，過年度の制限超過利息等の不当利得返還請求権に係る破産債権が破産手続により確定した場合に前期損益修正と異なる取扱いを許容する規定が存在しないことを根拠に，納税者による更正の請求を排除した。かかる判断は，期間計算主義や年度を跨いだ調整規定の存否といった法人税法の制度構造から課税所得計算の調整方法を導き

出そうとする立場であると評価されよう。

III　アメリカ法の考察

1　所得課税制度の根幹にある年次会計原理

　所得課税制度において現実的に採用可能な期間計算方法として，取引会計（transactional accounting）と年次会計（annual accounting）があるといわれてきた。取引会計が個々の取引ごとに取引完了時（最終損益確定時）に課税所得計算を要請する計算方法であるのに対して，年次会計は一定の計算期間（通常1年）ごとに当該期間の終結時点における現況に基づいた課税所得計算を要請する計算方法である[18]。アメリカ連邦所得税においては，取引会計に基づく制定法上ないし判例法上の例外的取扱いはあるものの，制度創設当初から現在に至るまで年次会計に基づく課税所得計算を維持してきた。

　純粋な年次会計の下では，ある取引に係る収入の稼得と返還が年度を跨いで生じた場合，関連する両事象が打ち消し合う結果をもたらしたとしても，両事象を一体的に捉えるようなことはせず，完全に独立した課税事象と捉えて現年度調整がなされる[19]。他方，収入の稼得と返還が同一年度に生じた場合についても各事象を完全に独立した課税事象と捉えることが，課税の基本原理であるとされる[20]。以上のような取引会計及び課税事象独立の原則は，以下に論じるように，課税所得計算の調整場面において制定法及び判例法による取引会計に基づいた修正を例外的に受けている[21]。

2　収入の稼得と返還が同一年度に生じた場合の課税所得計算の調整方法

　課税事象独立の原則の下では，収入の稼得と同一年度に生じた当該所得の返還は，収入の稼得により生じる課税関係（所得計上）とは独立した課税関係（費用控除又は損失控除）を生じさせる。しかし，特定の事由による収入の返還について，課税事象独立の原則を修正し，収入の稼得と返還を一体的に捉えて課税所得計算の調整を行う判例法理が形成されている。

（1）巻戻法理

　その判例法理の一つが，いわゆる巻戻法理（rescission doctrine）である。巻

戻法理は，契約の巻戻し（わが国の民事法における無効，取消し又は解除に相当[22]）に基因して収入が返還された場合における課税所得計算の調整方法を規律する判例法理である。同法理は，同一課税年度要件（same-taxable-year requirement）と原状回復要件（*status quo ante* requirement）の双方を充足した場合にのみ適用される[23]。すなわち，収入の稼得と契約の巻戻しによる当該収入の返還が同一年度に生じ，かつ当該年度内に目的物の返還など原状回復が完了している場合，取引がそもそも行われなかったものとして課税上扱われることになる[24]。

当該処理方法は，年次会計原理を理論的根拠としつつ[25]，年次会計に基づく課税所得計算を歪めない限り，契約の巻戻しによる私法（州法）上の効果を連邦所得税法においても受容すべきであるとの政策判断を基礎とするものであるとされる[26]。例えば，A が保有する土地を B に対して現金を対価として売却し，同一年度に契約の巻戻しにより対価が返還された場合，A は土地の売却に係る利得の認識（I.R.C. §1001）を求められることはなく[27]，B が購入してから返還するまでの間の土地保有期間も A の土地保有期間に加算する調整がなされることになる[28]。

(2) *Couch-Russel* 法理・*Merrill* 法理

課税事象独立の原則を修正する今一つの判例法理が，いわゆる *Couch-Russel* 法理及び *Merrill* 法理である。両法理は，契約の巻戻しに基因する収入の返還を適用対象とする巻戻法理とは異なり，もっぱら給与の返還を適用対象とする判例法理である。

一連の裁判例[29]を通じて確立した *Couch-Russel* 法理は，給与の受給と返還とが同一年度に生じた場合に，当事者間の合意により最終的に調整された金額をもって粗所得として計上することを要請する。このように，同法理は，課税事象独立の原則によれば給与の受給と独立した課税事象として扱われるべき給与の返還について，当初の支給と結び付けて課税所得計算を調整する機能を果たしている[30]。より具体的には，同法理は，給与返還時に粗所得からの費用又は損失の控除を認めているわけではなく，給与の総額から返還額を除いた純額を納税者の真実の所得額と捉える[31]ことで，返還額に相当する給与がそもそも支払われなかったものとして課税上扱っているのである[32]。

以上の *Couch-Russel* 法理が事前の合意に基づく給与の返還ないし給与の自発的返還を適用対象とするのに対して，誤って支給された経済的成果全般（給与を含む）の返還を適用対象とするのが *Merrill* 法理である。*Merrill* 法理は，経済的成果の受給年度において現実的な返還がなされていなかったとしても，誤謬の認識及び請求権の放棄がなされている場合[33]，請求権の法理（claim of right doctrine）[34]の例外として[35]，経済的成果の受給がなかったかのように課税上[36]扱うことで課税関係の調整を図る判例法理である。

3 所得の稼得と返還が年度を跨いで生じた場合の課税所得計算の調整方法

収入の返還など課税所得計算の調整を要する事象が生じたとしても，過年度の所得計上に誤りがない限り，過年度の申告の誤謬を是正するための減額修正申告（amended return）[37]は認められず，異なる処理が行われることになる。例えば，A が保有する土地を B に対して現金を対価として売却し，年度を跨いで契約の巻戻しにより対価を返還した場合，同一課税年度要件の充足を求める巻戻法理は適用されず，土地の売却と契約の巻戻し（対価の返還）はそれぞれ独立した租税効果をもたらす課税事象として扱われることになる。その結果，A は，土地の売却に係る利得の認識（I.R.C. §1001）を求められるとともに，返還する対価額をもって土地を再取得したものとして処理することを求められることになる[38]。

他方，契約の巻戻しによらない事由に基づき経済的成果の返還（給与の返還も含む）が年度を跨いで生じた場合，費用控除（I.R.C. §§162 or 212）又は損失控除（I.R.C. §165）による調整がなされることになる。もっとも，返還年度における帳尻合わせとしての控除は，返還年度における所得税率や納税者の属する税率区分（tax bracket）によって，納税者の有利にも不利にも働きうる[39]。このうち，控除型の現年度調整が納税者の不利に働き，完全な法的救済が与えられないことがとりわけ問題となる。こうした年次会計の遵守によりもたらされる不公平な課税に対処するため，取引会計の考えに基づく内国歳入法典1341条が1954年に立法化されている。

内国歳入法典1341条は，所得に対する制約のない権利を有しているように

見受けられたことを理由として所得計上がなされ，所得計上年度終結後に所得に対する制約のない権利を有していなかったことが確定した場合において，返還額につき控除の権利があり，かつ控除額が 3,000 ドルを超えるときに適用される（I.R.C. §1341(a)）。同規定が適用された場合，費用等控除方式と税額控除[40]方式のうち，所得税額が最も小さくなる調整方法の採用が求められることになる（I.R.C. §1341(a)(4), (b)(3)[42])。[41]

なお，控除型調整による不完全な法的救済を克服するため，次のような運用細則が定められている。第 1 に，税額控除額が収入返還年度の所得税額を超える場合，当該超過額は，還付又は他の税目若しくは課税年度の不足税額への充当の対象となる（I.R.C. §1341(b)(1)）。第 2 に，過年度の所得計上額を遡って修正した結果として純事業損失が生じた場合，当該損失の繰戻し及び繰越しが認められる（I.R.C. §1341(b)(4)(B), (b)(5)(B); Treas. Reg. §1.1341-1(d)(4)(ii)）。第 3 に，どの年度に計上された収入の返還であるかが明らかでない場合，返還額額に関連すると推測される各課税年度の所得計上額に比例して，返還額を過年度の所得計上額に簡便的に配分する比例配分法が採用されている（Treas. Reg. §1.1341-1(d)(1)(i), (d)(3)）。

IV　結びに代えて―日本法への若干の示唆

1　アメリカ法との比較からみる日本法の特徴

アメリカ法においては，年次会計原理が課税所得計算調整制度の根幹を成している。収入の稼得と返還が同一年度に生じた場合，課税事象独立の原則を緩め，取引が当初から存在しなかったものとして課税上扱うことで，遡及的調整が実現されている。他方，収入の稼得と返還が年度を跨いで生じた場合，遡及的調整は課税年度の壁に阻まれることになるため，費用控除又は損失控除を通じた現年度調整が用いられている。もっとも，現年度調整の不完備性を克服するべく，費用等控除方式に代えて税額控除方式が適用されることがある。この税額控除方式は，除斥期間を徒過しているか否かにかかわらず所得計上年度に係る所得税額の再計算を求めつつも，返還年度における税額控除による法的救済の実現を図る点において，取引会計の考えを織り込んだ遡及的調整の効果を

もたらしつつも，年次会計に基づく現年度調整を維持した調整方法であると評価できる。

　これに対して，日本法においては，期間計算主義は課税所得計算調整制度の根幹を成しているとはいえない。国税通則法の制定に関する答申において提示されている通り，わが国の原則的な課税所得計算の調整方法は更正の請求を通じた遡及的調整と捉えられており，この点において期間計算主義の制度的採用が遡及的調整を排除する要因になるとは位置づけられていない。事業関連所得及び法人所得に関して提案された現年度調整も，会計慣行や税務執行上の便宜を踏まえた例外的な調整方法であった。実際の制度化に当たっても，事業関連所得に対する現年度調整については所得税法全体における資産損失の取扱いの統一を図る趣旨により採用されているし，他方で事業非関連所得に対する遡及的調整については現年度調整の不完備性（不完全な法的救済）を考慮して採用されたものであった。そのような中で，法人税基本通達の改正論議及びクラヴィス事件最高裁判決における期間計算主義の強調は，従来の制度論とは一線を画した根拠論として見受けられることになろう。

2　課税年度の人為性と異なる制度的可能性

　法人税法の領域においては，現年度調整では納税者に対する法的救済が不十分なものにとどまる局面においてでさえ，期間計算主義が採用されていることを根拠として現年度調整が堅守されてきた。人為的に区切られた課税年度の下では，収入の稼得と返還が年度を跨いで生じるか否かという偶然に左右される事由によって，課税所得計算の調整方法が決せられることになる。とりわけ現年度調整による不完全な法的救済を解消するための立法上の手当てがなされていない現行制度を前提とすれば，収入の返還時期という偶然の要素が，調整方法を決定すると同時に，救済の内容（完全な法的救済の実現可能性）を左右することになる。さらに，収入の不発生を前提とした申告又は訂正申告が緩やかに認められている一方で，更正の請求が厳格な要件の下で認められている現状においては，救済の機会そのものに差が生じるおそれもある。

　仮に課税年度が長期に設定された場合，収入の稼得と返還が同一年度に生じ

る可能性が高まり，それに連動して現年度調整が適用される余地が拡大することになる。課税年度の長短によって調整方法や救済結果が左右される不安定性に鑑みれば，期間計算主義を救済結果に直結する要素（現年度調整の正当化根拠）に位置づけることに妥当性を見出すことは困難であるように思われる[43]。納税者の権利保護を図る観点から更正の請求が導入されたように[44]，課税所得計算の調整局面において重視されるべきは，納税者に対する公平な法的救済の実現という視点であろう[45]。

なお，クラヴィス事件最高裁判決は，期間計算主義という実体法上の規律を修正して遡及的調整を行うためには別段の定めを要する旨説いている。上記のように期間計算主義が遡及的調整の排除を正当化する根拠とはいいがたいことに加えて，法人税法にもともと配置されていた更正の請求規定が国税通則法に移されたという立法経緯を踏まえた場合，このような裁判所の判断の妥当性には疑義が残る。所得税法の領域においても，遡及的調整に関する別段の定めが同法に置かれていない場合であっても，例えば契約解除権の行使又は合意解除に基因する収入の返還について，国税通則法 23 条に基づく更正の請求が可能である[46]，との解釈論が展開されているところである。

3 制度改革の二つの方向性

本稿における以上の考察を踏まえた場合，日本法の制度改革の方向性として，二つの方向性が考えられる。その一つが，課税所得計算の調整方法を，古くから原則的な調整方法とされてきた遡及的調整に純化させる方向性である。所得発生の継続性を基準として調整可能性に配慮した二分法的調整制度を採用する所得税法にあっても，事業関連所得については未だ現年度調整が不完全な法的救済にとどまる可能性が残存しているため，遡及的調整への純化は当該問題の解決に繋がる。もっとも，わが国における現年度調整が税務執行の簡便性などの観点から採用された経緯があることを踏まえれば，更正の請求手続の簡素化や人員の限られた課税当局による処理の迅速化が制度改正に際しての大きな課題となろう。

今一つの方向性が，現年度調整が不完全な法的救済にとどまる余地があるこ

とを踏まえ，アメリカ法のような税額控除方式による現年度調整を導入すると
いうものである。この場合，現行の課税所得計算調整制度の枠組みを維持する
形での導入もありうるが，事業関連所得に対する税額控除方式による現年度調
整と事業非関連所得に対する更正の請求が併存することになり，救済要件の違
いなどから不公平な法的救済の発生に繋がるおそれがあることを踏まえれば，
税額控除方式による現年度調整への一本化が検討されることになろう。なお，
具体的な制度設計に当たっては，アメリカ法における税額控除方式の運用細則
が法的救済の観点から参考となろう。

注

1) 本稿においては，過年度の課税所得計算を遡って調整する方法を「遡及的調整」といい，
現年度の課税所得計算で帳尻合わせする方法を「現年度調整」ということにする。

2) 本稿は，拙著『課税所得計算調整制度の研究』（成文堂，2021 年）を基礎としつつも，
同書において検討が不十分であった期間計算主義の観点からの制度のあり方に焦点を当
てて再検討するものである。

3) ここにいう後発的理由とは，判決等による計算の基礎となった事実の変動（税通 23 条
2 項 1 号），課税物件の帰属者の変更（同項 2 号），計算の基礎となった事実に関する官
公署の処分の取消し（税通令 6 条 1 項 1 号），解除権の行使による契約解除又はやむを得
ない事情による契約の解除若しくは取消し（同項 2 号），帳簿書類の押収その他記録に基
づく適正な計算を不能にさせるやむを得ない事情の消滅（同項 3 号），租税条約に規定す
る権限ある当局間における申告等と異なる内容の合意の締結（同項 4 号），国税庁長官に
よる法令解釈の変更（同項 5 号）をいう。

4) 川端健司「更正の請求」財政 24 巻 11 号 50 頁（1959 年）。

5) 税制調査会「税制簡素化についての第三次答申」（昭和 43 年 7 月）54 頁，第 61 号国会
参議院人蔵委員会第 31 号（昭和 44 年 7 月 17 日）24 頁〔早田肇発言〕参照。

6) 拙著・前掲注（2）325 頁及び 330-331 頁参照。

7) 髙橋祐介「フリーはつらいよ」佐藤英明編著『租税法演習ノート（第 3 版）』（弘文堂，
2013 年）139 頁。

8) 税制調査会「答申の審議の内容と経過の説明（答申別冊）」（昭和 36 年 12 月）552-554
頁，大蔵省主税局「税制調査会における資産損失及び借地権に関する税制整備の審議経
過」（昭和 37 年 1 月）12 頁以下。

9) 拙著・前掲注（2）329 頁参照。

10) 収入の不発生を前提とした申告が認められた事例として，いわゆる大谷建装事件（東
京地判昭和 60 年 10 月 23 日行集 36 巻 10 号 1763 頁，東京高判平成元年 10 月 16 日行集
40 巻 10 号 1437 頁，最判平成 2 年 5 月 11 日訟月 37 巻 6 号 1080 頁）がある。

11) 税制調査会「国税通則法の制定に関する答申の説明（答申別冊）」（昭和 36 年 7 月）23

頁及び 54-55 頁。

12) 税制調査会・前掲注（11）23 頁。

13) 渡辺伸平『税法上の所得をめぐる諸問題（司法研究報告書 19 輯 1 号）』（司法研究所，1967 年）49-50 頁，増井良啓「〔所得税 8〕費用控除（3）」法学教室 365 号 129-130 頁（2011 年）。

14) 拙著・前掲注（2）316-318 頁及び 327 頁参照。

15) 戸島利夫「法人税基本通達等の一部改正について（その一）」税協 37 巻 7 号 25 頁（1980 年），渡辺淑夫『逐条解説 法人税基本通達等の一部改正について』（大蔵財務協会，1980 年）53-54 頁。

16) 大元密教本部事件下級審判決（東京地判昭和 60 年 7 月 3 日行集 36 巻 7 = 8 号 1081 頁，東京高判昭和 61 年 11 月 11 日行集 37 巻 10 = 11 号 1334 頁）及び TFK 事件下級審判決（東京地判平成 25 年 10 月 30 日判時 2223 号 3 頁，東京高判平成 26 年 4 月 23 日訟月 60 巻 12 号 2655 頁）とクラヴィス事件控訴審判決（大阪高判平成 30 年 10 月 19 日民集 74 巻 4 号 1121 頁）との比較。

17) 最判令和 2 年 7 月 2 日民集 74 巻 4 号 1030 頁。拙稿「判批」中里実ほか編『租税判例百選（第 7 版）』（有斐閣，2021 年）130 頁，三宅知三郎「判解」ジュリスト 1564 号 92 頁（2021 年）なども参照。

18) Note, *Income Tax — Recovered Property Previously Deducted Included in Gross Income in Year of Recovery — Alice Phelan Sullivan Corp. v. United States*, 66 MICH. L. REV. 381, 382-83 (1967); Myron C. Grauer, *The Supreme Court's Approach to Annual and Transactional Accounting for Income Taxes: A Common Law Malfunction in a Statutory System?*, 21 GA. L. REV. 329, 331 (1986).

19) Jasper L. Cummings, Jr., *Circular Cash Flows and the Federal Income Tax*, 64 TAX LAW. 535, 559 (2011).

20) *Id.* at 559-60 and n.101.

21) *Id.* at 560.

22) 拙著・前掲注（2）172-174 頁参照。

23) *See, e.g.*, Priv. Ltr. Rul. 1998-29-044, PLR 9829044 (July 17, 1998); Priv. Ltr. Rul. 2005-33-002, PLR 200533002 (Aug. 19, 2005).

24) Rev. Rul. 80-58, 1980-1 C.B. 181 (1980).

25) Penn v. Robertson, 115 F.2d 167 (4th Cir. 1940).

26) NEW YORK STATE BAR ASSOCIATION TAX SECTION, REPORT ON THE RESCISSION DOCTRINE 17-18 (2010).

27) Rev. Rul. 80-58.

28) Priv. Ltr. Rul. 1980-20-140, PLR 8020140 (Feb. 26, 1980).

29) *See* Couch v. Commissioner, 1 B.T.A. 103 (1924); Couch v. Commissioner, 1 B.T.A. 103 (1924); Fulton v. Commissioner, 11 B.T.A. 641 (1928); Russel v. Commissioner, 35 B.T.A. 602 (1937).

30) John Prebble & Chye-Ching Huang, *The Fabricated Unwinding Doctrine: The True Meaning of Penn v. Robertson*, 7 HASTINGS BUS. L. J. 117, 150 (2011).

31) Cummings, *supra* note 19, at 600.

32) Rosina B. Barker & Kevin P. O'Brien, *Pay Back Time: Tax Treatment of Executive Compensation Clawback*, in New York University Review of Employee Benefits And Executive Compensation 2011, §1C.03[1]（2011）.

33) 事実誤認のみならず，法の誤認（基礎にある取引の課税関係に関する誤認を含む）も，ここにいう誤謬に該当するとされる。*See* Barker & O'Brien, *supra* note 32, at 861-62.

34) United States v. Merrill, 211 F. 2d 297, 303-04 (9th Cir. 1954).

35) 請求権の法理は，将来的に収入を返還する可能性があるとしても，処分に関する制約のない所得の現実受領があった時点で所得の計上を求める判例法理である。North American Oil Consolidated v. Burnet, 286 U.S. 417, 424 (1932).

36) John W. Lee, *Tax Tarp Needed for Year One and Year Two Returns of Executive Bonus to Tarp Recipient: A Case Study of Year One Rescission/Exclusion from Income and Year Two Deduction under Section 1341*, 1 Wm. & Mary Bus. L. Rev. 323, 372 (2010).

37) 過年度の納税申告に誤謬があった場合に納税者に修正申告を義務づける規定は内国歳入法典には存在せず，修正申告を「すべき（should）」旨を定める財務省規則（Treas. Reg.§1.461-1(a)(3)）が存在するにとどまる。

38) Rev. Rul. 80-58.

39) Healy v. Commissioner, 345 U.S. 278, 284 (1953).

40) 費用等控除方式とは，収入返還年度に返還額を費用又は損失として控除する方式をいう（I.R.C.§1341(a)(4)）。

41) 税額控除方式とは，所得計上年度の所得から返還額が除外されたと仮定した場合における税額減少額を収入返還年度の税額から控除する方式をいう（I.R.C.§1341(a)(5)）。

42) 両方式により算出した所得税額が同額の場合，費用等控除方式が適用される（Treas. Reg.§1.1341-1(b)(3)）。このような費用等控除方式の優先性は，年次会計の遵守を重要視する立法姿勢の表れであると評価される。

43) 文脈は異なるが，同様の視点を示すものとして，佐藤英明『スタンダード所得税法（第3版）』（弘文堂，2022年）341頁。

44) 拙著・前掲注（2）317頁参照。

45) 拙著・前掲注（2）385頁も参照されたい。

46) 髙橋・前掲注（7）136-140頁，今村隆「私法行為の無効・取消し・解除と更正の請求」小川英明ほか編『租税争訟（改訂版）』（青林書院，2009年）109頁。

一般報告への質疑応答

課税所得計算調整制度の日米比較

倉 見 智 亮（同志社大学法学部教授　報告時は西南学院大学法学部教授）

〔司会〕
　　望月　爾（立命館大学）
〔質問者〕
　　石村耕治（白鷗大学）／藤間大順（神奈川大学）

司会　それでは一般報告の質疑を行います。まず，日米の期間計算主義に対する考え方について，藤間会員から質問が出ております。藤間会員お願いします。

藤間（神奈川大学）　期間計算主義を維持しつつその弊害を取り除くために税額控除方式を導入するという提案を興味深く拝聴しました。日本では，米国よりも期間計算主義に拘る傾向が強いというか，そもそもその問題点が（学説レベルはともかく，少なくとも裁判例レベルでは）あまり意識されず，当たり前の前提として考えられてきたように思います。それは何故だと考えられますか？

倉見（西南学院大学）　藤間会員の仰る期間計算主義に拘っているというのがどういうことなのかにもよるのかもしれませんが，私としては，アメリカの方が期間計算主義を厳格に運用していて，日本法はあまり期間計算主義に拘っていないと考えていました。とりわけ，巻戻法理については，年度を超えて契約が無効となると，課税所得計算の調整が現年度調

整でも認められませんので，かなり厳格な面があろうかと思います。ただ，アメリカ法は厳格な年次会計を適用することによる不公平を除去しようとする考え方が強いのだと思います。日本法では，期間計算主義を厳格に適用することの問題が，特定の場面にしか現れないという特徴があろうかと思います。例えば，繰越欠損金の場面などがその典型例だと思います。課税所得計算の調整の場面では，これまで企業会計準拠主義との関係に議論の重点が置かれてきましたので，あまり期間計算主義の観点が意識されませんでしたが，クラヴィス判決では最高裁が期間計算主義の観点を前面に押し出してきたために問題が顕在化したのではないかと思います。

司会　次に，石村理事長から法人税の日米比較について質問があります。石村理事長よろしくお願いします。

石村（白鷗大学）　倉見会員，内容の濃いご報告，ありがとうございました。大変勉強になりました。1つだけ，入口

（いりぐち）の問題として，法人税法を日米比較する場合に，わが国の「確定決算主義」の所在をどうとらえているのか，教えてほしいのです。

　ご承知のように，わが国の法人税法では，株主総会（会社法437条・438条）または取締役会（同439条）で承認/確定した決算（企業利益）をベースに必要な税務調整を行い，課税所得を計算する「確定決算主義」を取っております（法人税法74条）。また，税務調整では，経理処理上必要となる「決算調整事項（減価償却費や各種引当金の繰入など）」や申告書上加算・減算する「申告調整事項（各種の所得控除や交際費の損金不算入など）」があります。

　一方，アメリカ連邦法人所得課税（「法人課税」，「法人税法」）の仕組みでは，わが国のような確定決算主義を採用していません。このため，法人所得税の申告上，総所得（gross income）から税法上認められた費用・損失などを控除して課税所得を計算する仕組みとなっています。すなわち，財務会計上の決算とは切り離されたかたちで，税法に基づいて，総所得（gross income）から，通常の控除項目〔事業上通常かつ必要な費用（ordinary and necessary expenses）〕に加えて，欠損金や特別控除項目〔例えば，受取配当控除（DRD＝Dividends received deduction）など〕を控除して課税所得を計算する仕組みになっています。それから税引き後所得の配当は，各州の会社

法では一般に，取締役会が決定することになっています。いずれにしろ，連邦税法（IRC）上，法人所得税と個人所得税の計算において，「総所得（gross income）」の概念は，原則として共通です。法人所得税の計算において，わが国のような「益金」，「損金」の概念を採用していません。この辺について，倉見会員は，どうお考えなのでしょうか。

倉見（西南学院大学）　これまで，法人税法で課税所得計算の遡及的な調整を排除する根拠として，企業会計準拠主義や確定決算主義が挙げられてきました。本報告では期間計算主義に軸を据えるというアプローチを採用しましたので，税務会計上の問題については詳しく触れませんでした。ご質問の点については，刊行した私の著書において詳しく論じたところではありますが，課税所得計算の調整というのは本報告の対象との関係では益金の額の是正でありますので，確定決算主義に基づき会社の利益計算を出発点として，別段の定めによる修正を通じて会計上の収益から益金に転換した後の話となります。企業会計主義や確定決算主義は会社の利益計算を課税所得計算に取り込む場面に適用される制度であり，課税所得計算の調整問題とは直接的な関わりがないのではないか，という疑問を持っております。

石村（白鷗大学）　アメリカの連邦法人所得税の申告においても，連邦法人所得税申告書〔様式（Form 1120：U.S.

Corporation Income Tax Return)〕に，別表 M-1〔帳簿上の利益（費用）と申告上の所得との調整（Schedule M-1：Reconciliation of income (loss) per Books with income per Return)〕，別表 M-2〔帳簿上の特定用途に充当されていない留保の表示（Schedule M2：Analysis of inappropriate retained earnings per books)〕を添付するように求められます。確かではないのですが，別表 M-1 では，会計経理上の当期利益から税務上の加算・減算調整を行い，課税所得を計算する必要があると記憶しています。別表 M-1 には，欠損金控除や受取配当控除をする前の課税所得，さらに別表 M-2 では，期首から期末の利益剰余金残高の変動なども表示されます。それから，課税庁（IRS）は，これら法人から提出された別表 M-1 や M-2（さらには別表 M3〔1,000 万ドル以上の資産を有する法人〕）などを使い，会計上の利益と課税所得とを突合することになっていると思います。裁判例とかには詳しくないのですが……。

倉見（西南学院大学）　先程のアメリカ法に関する質問部分について答え忘れていた箇所に関する再度のご指摘だと思いますが，アメリカ法において「益金」と「損金」という概念を用いず，純粋に税法上の規定に基づいて課税所得計算が行われているという点からすれば，先程申し上げたような私の考えによりますと，課税所得計算の調整問題は税法独自の観点から議論すべき性質の問題だという方向になるのではないかと思います。それに対して，申告書上，会計上の利益と課税所得との突合がなされているという側面からはコンバージェンスの問題にも配慮すべきとのご意見かと理解しましたが，やはりその場合でも，先ほど申し上げた理由から，課税所得計算の調整に際しては，税務会計の問題に重きを置く必要はないのではないか，と考えた次第でございます。

石村（白鷗大学）　いずれにしろ，アメリカだけでなく，ドイツやイギリスなどを含めグローバルにみても，わが国のような「益金」，「損金」の概念は採用していません。会計基準のグローバル化の波を受けて，IFRS（＝International Financial Reporting Standards/国際財務報告基準）への収斂作業（コンバージェンス）に伴う確定決算主義の見直し論議が盛んになってきています（例えば，日本公認会計士協会「会計基準のコンバージェンスと確定決算主義」租税研究会報告 20 号（2010 年 6 月 15 日）参照）。なお，日税連は「平成 24 年度・税制改正に関する建議書」（2011 年 6 月 29 日）で，こうしたグローバルな流れを意識しつつ，わが法人税法での「確定決算主義の維持」を打ち出しています。

司会　IFRS へのコンバージェンスに伴う確定決算主義の見直しの視点から，課税所得計算調整制度の日米比較を議論することは大変重要だと思います。この点

について興味をお持ちの会員も多いと思います。今後，倉見会員や税務会計のご専門の会員には，コンバージェンスの面から改めてご報告お願いできればと思います。これで，倉見会員のご報告への質疑は終わりにいたします。倉見会員，ご報告と質疑への応答ありがとうございました。

日本租税理論学会規約

（1989年12月 9 日　制定）
（2002年11月16日　改正）
（2011年11月12日　改正）
（2019年12月 7 日　改正）

第1章　総　則

第1条　本会は、日本租税理論学会（Japan Association of Science of Taxation）と称する。

第2条　本会及び事務局は、日本国内に置く。

第2章　目的及び事業

第3条　本会は、租税民主主義の理念に立脚し、租税問題を関連諸科学の協力を得て総合的・科学的に研究することを目的とする。

第4条　本会は、前条の目的を達成するために、左の事業を行う。

1　研究者の連絡及び協力促進
2　研究会、講演会及び講習会の開催
3　機関誌その他図書の刊行
4　外国の学会との連絡及び協力
5　その他理事会において適当と認めた事業

第3章　会員及び総会

第5条　本会は、租税問題の研究にたずさわる者によって組織される。

第6条　会員になろうとする者は、会員2人の推薦を得て理事会の承認を受けなければならない。

第7条　会員は、総会の定めるところにより、会費を納めなければならない。3年の期間を超えて会費を納めない場合は、当該会員は退会したものとみなす。

第8条　本会は、会員によって構成され、少なくとも毎年1回総会を開催する。

第4章　理事会等

第9条　本会の運営及び会務の執行のために、理事会を置く。

理事会は、理事長及び若干人の理事をもって構成する。

第 10 条　理事長は、理事会において互選する。

　理事は、総会において互選する。

第 11 条　理事長及び理事の任期は、3 年とする。但し、再任を妨げない。

第 12 条　理事長は、会務を総理し、本会を代表する。

第 12 条の 2　理事会内に若干人の常任理事で構成する常任理事会を置く。任期は 3 年とする。但し、再任を妨げない。

第 13 条　本会に、事務局長を置く。

　事務局長は、理事長が委嘱する。

第 14 条　本会に、会計及び会務執行の状況を監査するために、若干人の監事を置く。

　監事は、総会において互選し、任期は 3 年とする。但し、再任を妨げない。

第 14 条の 2　理事会は、本会のために顕著な業績のあった者を顧問、名誉会員とすることができる。

第 5 章　会　計

第 15 条　本会の会計年度は、毎年 1 月 1 日に始まり、その年の 12 月 311 日に終わるものとする。

第 16 条　理事長は、毎会計年度の終了後遅滞なく決算報告書を作り、監事の監査を経て総会に提出して、その承認を得なければならない。

第 6 章　改　正

第 17 条　本規約を改正するには、総会出席者の 3 分の 2 以上の同意を得なければならない。

附　則

第 1 条　本規約は、1989 年 12 月 9 日から施行する。

租税理論研究叢書 32

令和4年10月30日　初版第1刷発行

災害・デジタル化・格差是正と税制のあり方

編　者　日　本　租　税　理　論　学　会

発行者　日　本　租　税　理　論　学　会

〒603-8577　京都府京都市北区等持院北町56-1
立命館大学法学部共同研究室内（望月　爾）

発売所　株式会社　財経詳報社

〒103-0013　東京都中央区日本橋人形町1-7-10
電　話　03（3661）5266（代）
ＦＡＸ　03（3661）5268
http://www.zaik.jp

印刷・製本　創栄図書印刷
Printed in Japan 2022
ISBN　978-4-88177-493-9

租税理論研究叢書

日本租税理論学会編　　　　　　　　　　　各Ａ５判・150〜250頁

26　中小企業課税　　　　　　　　　● 3080円（税込）

中小企業の課税状況の現状と今後の課題から，アメリカの法人税改革Ｓ法人課税，外形標準課税の中小企業への拡充問題，中小企業会計基準の複線化に伴う公正処理基準などを取り上げ，討論や一般報告も収録。

27　消費課税の国際比較　　　　　　● 3080円（税込）

わが国における消費税引上げに伴う一連の展開を受けて，英国，ドイツ，カナダ，EUなど諸外国の消費税についての研究報告を中心に，消費税の国際比較に関する討論や税理士のあり方，英国の高額所得課税などの研究報告も掲載。

28　所得概念の再検討　　　　　　　● 3080円（税込）

イギリス型の支出税構想，ドイツの市場所得概念から，わが国の法人税法上の課税所得概念のあり方に至るまで，所得概念に関する研究報告を踏まえて，研究者と実務家が一体となって，多角的に討論を展開する。

29　税制改革の今日的課題　　　　　● 3080円（税込）

所得税，法人税，相続税の現状，トランプ税制改革から英国税制，ドイツの企業税改革などの研究報告とともに，シンポジウムでは，日・米・英・独など税制改革の今日的な課題について議論が展開される。

30　租税上の先端課題への挑戦　　　● 3080円（税込）

タックス・ジャスティス，プラットフォーマー，クラウドファンディング，暗号資産取引，シェアリングエコノミー，デジタル化・グローバル化，韓国における納税者権利保護，東アジアの儒教的経営などの分析報告と多角的な議論。

31　企業課税をめぐる内外の諸問題　● 3080円（税込）

地方法人２税の税源偏在と東京，国際的デジタル企業課税と各国の動向，コロナ禍と災害税制・被災者支援税制の課題，パンデミック下の国税通則法11条適用を巡る諸問題，ドイツにおけるコロナ危機下の税制支援，の報告と討論。

表示価格は本体（税別）価格です　　　　10号〜25号のバックナンバーもございます